시대에듀 **국가전문자격 네이버카페**(https://cafe.naver.com/sdwssd)에서
시험과 관련된 모든 정보를 아낌없이 제공합니다. 지금 접속하세요!

정보획득

국가전문자격은 시대로

카페 방문을 환영합니다.
사회조사분석사, 스포츠지도사, 심리/상담/사회복지, 무역, 관광, 빅데이터
자격증 합격을 위해 정보/자료를 공유하는 카페입니다.

02
혜택

추록 및 피드백

도서가 출간된 후 바뀌는 정책, 시험에서
중요하게 다뤄질 내용 등 항상 최신의 정
보로 학습할 수 있도록 지속적인 피드백을
약속드립니다. 합격하는 그날까지!

01
혜택

최신 기출문제 제공

독자님들의 합격을 위해 도서가 출간된
후에 치러진 시험의 기출문제를 항시 제
공합니다. 지금 접속해 최신의 기출문제를
확인하세요!

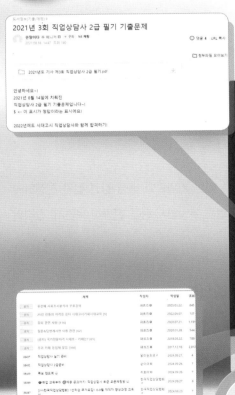

03
혜택

직업상담사의 모든 Q&A

학습하다가 모르는 게 있나요? 묻고 싶어 답답한 내용이 있나요? 언제나 카페에 접속해 글을 남겨주세요.
25년 연속 직업상담사 1등 시대에듀 직업상담연구소가 속 시원하게 답변해드립니다!

머리말

2차 시험까지 합격해야 직업상담사가 될 수 있습니다.
직업상담사, 적은 시간을 들여 빨리 취득하고 싶으시죠?
어떻게 하면 보다 빨리, 쉽게 딸 수 있을까를 생각하면서 이 책을 출간합니다.

첫째 시험에 가장 많이 출제된 문제만을 뽑았습니다.

시대에듀의 노하우를 담아 시험에서 가장 많이 출제된 문제만을 뽑아서 구성했습니다. 2000~2024년 기출복원문제의 분석을 통해 기출데이터를 축적하였으며, 이를 바탕으로 반드시 학습하고 시험장에 들어가야 할 문제들만 모았으므로 단기간에 효율적으로 학습할 수 있습니다.

둘째 기출복원문제 중에서 유사한 문제들은 추가로 표시하였습니다.

합격의 열쇠가 기출문제라는 것은 모든 수험생들이 알고 있는 사실입니다. 효율적인 학습을 위해 유사한 유형의 기출복원문제들을 한데 모아 보여드리고, 함께 학습하면서 학습시간을 줄일 수 있도록 하였습니다.

셋째 문제해결 키워드 및 배점 관련 팁을 수록하였습니다.

단순히 문제와 해설만을 제시하는 것에서 한걸음 더 나아가 문제를 해결할 수 있는 키워드와 배점 관련 팁을 친절하게 설명하였습니다. 문제에서 요구하는 것이 무엇인지, 부분점수를 딸 수 있는 방법은 무엇인지 등을 찬찬히 보면서, 합격의 노하우를 다져갈 수 있습니다.

넷째 새롭게 추가된 직업상담사례형 출제예상문제를 수록하였습니다.

2017년 제1회 시험부터 새롭게 도입된 직업상담사례형 출제예상문제 20문항을 부록으로 추가하여 새로운 유형에 대비할 수 있도록 하였습니다.

2차 합격률은 매우 낮습니다. 그만큼 어려운 시험입니다. 어려운 시험이니만큼 합격한 후에는 보람도 더 큽니다. 열심히 공부한 분들에게 행운이 함께 하기를 바랍니다.

편저자 씀

자격시험안내(2급)

- **응시자격 :** 제한 없음

- **실시기관 및 원서접수 :** 한국산업인력공단(www.q-net.or.kr)

- **시험일정(2025년 기준)**

구 분	필기시험접수	필기시험	합격(예정)자 발표	실기시험접수	실기시험	최종 합격자 발표
제1회	1.13~1.16	2.7~3.4	3.12	3.24~3.27	4.19~5.9	6.13
제2회	4.14~4.17	5.10~5.30	6.11	6.23~6.26	7.19~8.6	9.12
제3회	7.21~7.24	8.9~9.1	9.10	9.22~9.25	11.1~11.21	12.24

※ 정확한 시험일정은 시행처인 한국산업인력공단의 확정공고를 필히 확인하시기 바랍니다.

- **시험방법 및 과목**

구 분	1차	2차
시험형식	객관식 4지 택일형	필답형(서술형)+사례형
출제범위	• 직업심리 • 노동시장 • 직업상담 및 취업지원 • 고용노동관계법규(Ⅰ) • 직업정보	• 직업심리 • 직업정보 • 직업상담 및 취업지원 • 노동시장 ※ 4과목 출제(고용노동관계법규(Ⅰ) 제외)
문항 수	• 총 5과목 100문제 • 1~5과목 각각 20문제씩 출제	• 약 18문제 내외 • 1~2과목에서 약 70% 출제
필기도구	CBT 시험으로 필기도구는 필요 없어요.	검정색 필기구만 사용가능 • 답안 정정 시 수정테이프는 사용가능해요! • 지워지는 볼펜류는 사용할 수 없어요!
시험시간	150분(2차 시험은 시간이 부족해서 답안을 작성하지 못하는 경우는 거의 없어요!)	
참 고	4과목 노동시장에서 계산문제가 등장하기도 하는데요, 시험장에 계산기를 지참해 가시면 수월하게 문제를 풀 수 있어요. 다만 부정행위 방지를 위해 계산기는 리셋된 상태거나, 메모리 칩이 없는 상태여야 합니다.	

- **합격점수**

  ❶ **1차 시험(필기)**

  한 과목당 100점 만점(한 문제당 5점)으로 매 과목 40점 이상, 전 과목 평균 60점 이상을 맞아야 합격입니다.

  ❷ **2차 시험(실무)**

  • 100점 만점으로 하여 60점 이상을 획득해야 합격입니다.

  • 2차 시험은 서술형으로 작성하는 것이기 때문에 부분점수를 얻을 수도 있어 모르는 문제라고 포기하는 것보다는 아는 범위에서 적는 것이 중요합니다.

이 책의 구성과 특징

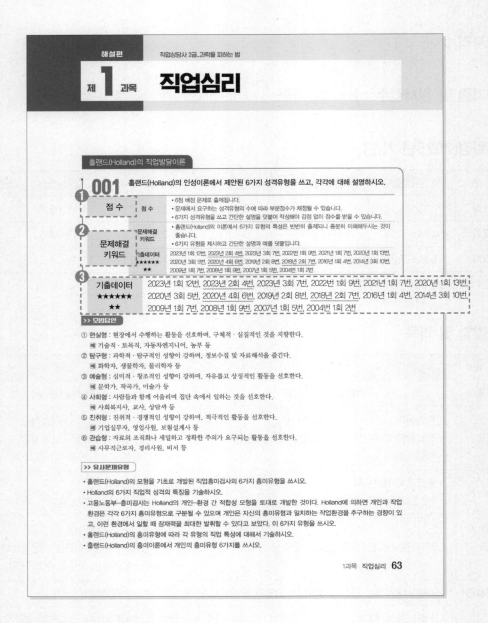

❶ 점 수

평균 몇 점 배점의 문제로 출제되는지 표시하였습니다. 부분배점이 적용될 수 있는 문제에 대한 팁도 알려드립니다.

❷ 문제해결 키워드

문제를 해결하기 위한 기본적인 이론, 실수할 수 있는 부분에 대한 안내 등 답안을 작성할 때 알아두면 좋을 키워드를 친절하게 알려드립니다.

❸ 기출데이터

기출데이터를 기반으로 추출한 문제들을 대표유형으로 수록하였습니다. 1회 이상 기출일 경우에는 ☆, 2회 이상 기출일 경우에는 ★로 표시했습니다. 예를 들어 '★★☆'로 표시된 경우 5회 기출되었던 문제라는 의미로 해석하시면 됩니다. 밑줄은 동일한 기출문제가 출제된 회차를 의미합니다.

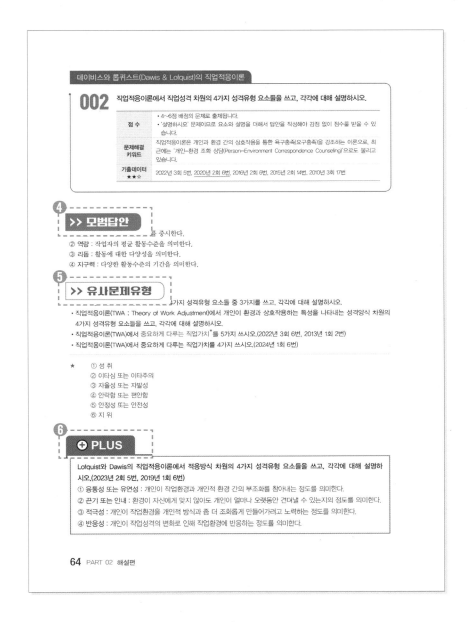

데이비스와 롭퀴스트(Dawis & Lofquist)의 직업적응이론

002 직업적응이론에서 직업성격 차원의 4가지 성격유형 요소들을 쓰고, 각각에 대해 설명하시오.

점수	• 4~6점 배점의 문제로 출제됩니다. • '설명하시오' 문제이므로 요소와 설명을 더해서 답안을 작성해야 감점 없이 점수를 받을 수 있습니다.
문제해결 키워드	직업적응이론은 개인과 환경 간의 상호작용을 통한 욕구충족(요구충족)을 강조하는 이론으로, 최근에는 '개인-환경 조화 상담(Person-Environment Correspondence Counseling)'으로도 불리고 있습니다.
기출데이터 ★★☆	2022년 3회 5번, 2020년 2회 6번, 2016년 2회 6번, 2015년 2회 14번, 2010년 3회 17번

❹ ▶▶ 모범답안

_____을 중시한다.
② 역량 : 작업자의 평균 활동수준을 의미한다.
③ 리듬 : 활동에 대한 다양성을 의미한다.
④ 지구력 : 다양한 활동수준의 기간을 의미한다.

❺ ▶▶ 유사문제유형

_____4가지 성격유형 요소들 중 3가지를 쓰고, 각각에 대해 설명하시오.
• 직업적응이론(TWA ; Theory of Work Adjustment)에서 개인이 환경과 상호작용하는 특성을 나타내는 성격양식 차원의 4가지 성격유형 요소들을 쓰고, 각각에 대해 설명하시오.
• 직업적응이론(TWA)에서 중요하게 다루는 직업가치*를 5가지 쓰시오.(2022년 3회 6번, 2013년 1회 2번)
• 직업적응이론(TWA)에서 중요하게 다루는 직업가치를 4가지 쓰시오.(2024년 1회 6번)

★   ① 성 취
② 이타심 또는 이타주의
③ 자율성 또는 자발성
④ 안락함 또는 편안함
⑤ 안정성 또는 안전성
⑥ 지 위

❻ ⊕ PLUS

Lofquist와 Dawis의 직업적응이론에서 적응방식 차원의 4가지 성격유형 요소들을 쓰고, 각각에 대해 설명하시오.(2023년 2회 5번, 2019년 1회 6번)
① 융통성 또는 유연성 : 개인이 작업환경과 개인적 환경 간의 부조화를 참아내는 정도를 의미한다.
② 끈기 또는 인내 : 환경이 자신에게 맞지 않아도 개인이 얼마나 오랫동안 견뎌낼 수 있는지의 정도를 의미한다.
③ 적극성 : 개인이 작업환경을 개인적 방식과 좀 더 조화롭게 만들어가려고 노력하는 정도를 의미한다.
④ 반응성 : 개인이 작업성격의 변화로 인해 작업환경에 반응하는 정도를 의미한다.

64 PART 02 해설편

❹ 모범답안
실제 시험장에 가서 답안을 작성하실 때 '모범답안'에 있는 내용을 그대로 답안으로 작성하시면, 무리 없이 합격선에 다가설 수 있습니다.

❺ 유사문제유형
비슷한 유형의 기출문제라도 구체적으로 요구하는 답안이 다를 수 있습니다. 유사문제유형들을 모아서 효율적으로 학습할 수 있도록 구성했습니다.

❻ PLUS
대표유형문제와 유사문제유형들을 학습하면서, 함께 학습하면 유리한 이론 및 추가 문제들을 수록하였습니다. 다시 한번 이론을 탄탄히 다지세요.

직업상담사 FAQ

Q **직업상담사 자격시험은 많이 어려운가요? 시험이 1, 2차로 나눠진다고 들었는데, 최종합격까지 보통 어느 정도의 기간이 소요되는지 알고 싶습니다.**

통상적으로 1차 필기시험은 2~3개월, 2차 실기시험은 6개월 정도의 준비 기간이 필요합니다. 그러나 얼마나 열심히 공부하느냐에 따라, 오프라인 · 온라인 강의 수강 여부에 따라 그 기간은 개인별로 차이를 보이기도 합니다.

Q **직업상담사 2급! 어떻게 준비해야 하는지 알려주세요.**

합격 수기에 따르면 『직업상담사 2급 한권으로 끝내기』로 기초를 다진 후 『직업상담사 2급 2차 실기 직업상담실무 기출문제해설』과 『직업상담사 2급 2차 실기 직업상담실무 이론서』로 2차 실무를 준비하시는 것이 일반적입니다. 동영상 강의와 연계하여 학습하시면 더 빠르고 효율적인 학습이 가능합니다.

Q **작년에 교재를 구매했는데, 시간이 흘러 한 해가 지났습니다. 올해 다시 공부를 시작하려고 하는데 책을 새로 구매해야 하나요?**

도서의 개정 정도는 수험생마다 느끼는 정도가 달라 일괄적으로 말씀드리기 어렵습니다. 개정된 도서의 특징을 살펴보신 후, 최종 선택은 어디까지나 독자님의 판단에 따라야 할 것으로 보입니다.

Q **필기시험에 합격하고 실기시험을 준비하고 있는데요. 실기시험은 필답형으로 진행된다고 하는데, 답안에 무엇을 얼마나 써야 하나요? 틀린 답만 아니라면 최대한 많이 쓰는 것이 좋은가요?**

먼저 출제자가 수험생에게 어떤 답을 듣고 싶어 할지를 파악하고, 문제에서 요구하는 답만 간략히 적으시면 됩니다. 실기시험의 취지는 수험생의 실무능력 파악인데 마구 풀어서 쓴 형식의 답안으로는 그 능력을 측정할 수 없겠지요. 문항에 따라 다르겠지만, 질문 하나당 5줄 안으로 최대한의 핵심만 적는 연습을 해 두시기 바랍니다. 또한, 한 항에 정답과 오답을 함께 기재할 경우 오답으로 처리된다는 점을 유의하세요.

Q **실기시험을 처음 치르게 되었어요. 필답형이라던데, 필기구는 어떤 것을 사용해야 하나요? 답안을 작성하다가 틀리면 어떻게 하죠?**

검정색 필기구만 사용 가능합니다. 답안을 연필로 적으신 후 볼펜으로 옮겨 쓰셔도 되지만, 답안지에 연필 자국이 남아 있으면 부정행위로 간주될 수 있으므로 주의해야 합니다. 답안 수정이 필요한 경우 수정테이프를 사용하실 수 있으며, 볼펜은 두 줄을 긋고 다시 기재할 수 있습니다.

필답형 시험지 답안 작성법

다음 사항은 시행처인 한국산업인력공단에 게시된 수험자 유의사항을 바탕으로 작성되었습니다. 시험 전 최신 공고사항을 반드시 확인하시기 바랍니다.

❶ 문제지를 받는 즉시 응시 종목의 문제가 맞는지 확인해야 합니다.

❷ 답안지 내 인적사항 및 답안 작성(계산식 포함) 시 검정색 필기구만을 사용해야 합니다.

❸ 답안 정정 시에는 두 줄을 긋고 다시 기재할 수 있으며, 수정테이프를 사용하셔도 됩니다.

❹ 계산문제는 반드시 계산과정과 답란에 정확히 기재해야 하며, 계산과정이 틀리거나 없는 경우 0점 처리됩니다.

❺ 연습이 필요한 경우 연습란을 이용해야 하며, 연습란은 채점 대상이 아닙니다.

❻ 계산문제는 최종결과 값(답)에서 소수 셋째 자리에서 반올림하여 둘째 자리까지 구하여야 하나, 개별 문제에서 소수 처리에 대한 별도의 요구사항이 있을 경우 그에 따라야 합니다.

❼ 답에 단위가 없으면 오답으로 처리됩니다. 단, 문제의 요구사항에 단위가 주어졌을 경우에는 생략되어도 무방합니다.

❽ 문제에서 요구한 가지 수 이상을 답란에 표기한 경우 답란 기재 순으로 요구한 가지 수만 채점합니다.

직업상담실무 공략 비법

1

필답형이라는 시험형식에 주눅 들지 마세요

필답형 시험이라고 해서 어떤 이론에 대한 전반적인 논의를 요구하거나 필기시험에서 접해보지 못했던 분야를 서술하라는 문제가 출제되는 것이 아닙니다. 필기시험을 대비하며 쌓았던 지식을 바탕으로 본서와 함께 실기시험을 준비한다면, 수월하게 합격하실 수 있습니다.

2

체계적으로 학습하세요

과목별로 학습에 할애할 시간을 미리 분배하여 계획을 세워보세요. 짧은 시간 안에 빠른 속도로 학습하는 것보다 미리 세운 계획을 바탕으로 여유 있게 학습하는 것이 훨씬 효과적입니다. 단순한 지식 암기뿐만 아니라 답안을 직접 작성하는 훈련이 필요한 시험인 만큼 체계적인 계획은 합격의 밑거름이 됩니다.

3

필기시험 대비 시 활용했던 도서를 참고하세요

실기시험을 분석해 보면 필기시험에 출제되었던 객관식 문항을 필답형으로 변형하여 출제한 문항이 다수 있습니다. 따라서 실기시험 도서뿐만 아니라 앞서 여러 차례 보았던 필기시험 도서를 함께 참고하는 것이 심도 있고 탄탄한 학습을 하는 데에 도움이 됩니다.

4

출제자의 의도를 파악하세요

시험문제는 기존에 출제되었던 문제와 그렇지 않은 문제로 나누어집니다. 처음 보는 문제가 출제되었다고 해도 걱정하지 마세요. 출제자가 해당 문제를 통해 어떤 것을 묻고 싶은지, 구체적으로 어떤 실무능력을 파악하고자 하는지 이해한다면, 보다 수월하게 정답에 가까워질 수 있습

5

기출문제는 합격의 열쇠

기출문제가 합격의 열쇠라는 원칙은 필기시험과 마찬가지로 실기시험에도 동일하게 적용됩니다. 기출문제를 반복적으로 학습하다 보면 연도별 기출문제를 관통하는 특정 키워드나 출제 맥락을 파악할 수 있고, 이를 바탕으로 앞으로 출제될 문제를 예상해 대비한다면 합격은 여러분의 것입니다.

중요하지 않은 문제는 없다

실기시험은 필기시험과 다르게 문항 수가 적고 배점이 크기 때문에 한두 개의 문제만 지나쳐도 불합격에 가까워집니다. 따라서 최대한 모든 문제에 답안을 작성할 수 있도록 빈틈없이 대비하는 것이 중요합니다. 본서의 '기출복원문제'와 '적중예상문제'가 무심코 놓치는 부분 없이 학습할 수 있도록 안내합니다.

공부는 머리가 아닌 손이 하도록

필기구를 활용해 답안을 직접 작성해야 하는 시험 특성상 이론을 눈으로 열 번 정독하는 것보다 한 번이라도 문제를 작성하는 훈련을 해보는 것이 중요합니다. 답안을 손으로 자주 써보며 손이 답안의 흐름이나 답안에 필수로 포함되어야 하는 키워드 등을 익힐 수 있도록 하세요.

검증되지 않은 답안들에 유의하세요

직업상담사 자격시험이 높은 응시율을 기록하면서 기출문제와 그 답안의 수요 또한 높아지고 있습니다. 이에 인터넷에는 출처가 불분명하고 검증을 거치지 않은 답안이 여럿 떠돌곤 하는데요. 수험생 여러분께서는 이러한 비공식적인 자료들이 정확한 학습을 방해하지 않도록 유의하시기 바랍니다.

나만의 요약본 만들기

실기시험은 필기시험보다 학습해야 하는 양이 적지만, 답안 작성 시 정확도가 높아야 합니다. 정확도 높은 답안 작성을 위해 취약한 부분이나 중점적으로 살펴볼 부분을 파악하는 것은 중요합니다. 나만의 전략적인 학습을 위해 요약본을 만들어 반복적인 복습에 활용하세요.

이 책의 목차

PART

01

문제편

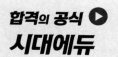

제 **1** 과목 **직업심리**

홀랜드(Holland)의 직업발달이론 ★★★★★★★★

001

☑ 확인 Check!

○	△	X
□	□	□

홀랜드(Holland)의 인성이론에서 제안된 6가지 성격유형을 쓰고, 각각에 대해 설명하시오.

데이비스와 롭퀴스트(Dawis & Lofquist)의 직업적응이론 ★★☆

002

☑ 확인 Check!

○	△	X
□	□	□

직업적응이론에서 직업성격 차원의 4가지 성격유형 요소들을 쓰고, 각각에 대해 설명하시오.

로(Roe)의 욕구이론 ★☆

003

☑ 확인 Check!

○	△	X
□	□	□

로(Roe)는 활동에 초점을 맞추는 수평차원과 책임, 능력, 기술 등 기능수준에 초점을 맞추는 수직차원으로 직업을 분류하였다. 로(Roe)의 2차원 직업분류체계에서 수직차원 6단계를 쓰시오.

긴즈버그(Ginzberg)의 직업발달이론 ★★☆

004

☑ 확인 Check!

○	△	X
□	□	□

긴즈버그(Ginzberg)의 진로발달단계 중 현실기의 3가지 하위단계를 쓰고, 각각에 대해 설명하시오.

고트프레드슨(Gottfredson)의 직업발달이론 ★★☆

005

☑ 확인 Check!

○	△	X
□	□	□

고트프레드슨(Gottfredson)의 직업과 관련된 개인발달의 4단계를 쓰고, 각 단계에 대해 설명하시오.

크롬볼츠(Krumboltz)의 사회학습이론 ★★★

006

☑ 확인 Check!

○	△	X
□	□	□

크롬볼츠(Krumboltz)의 사회학습이론에서 개인의 진로선택에 영향을 미치는 것으로 가정한 요인 3가지를 쓰시오.

007

☑ 확인 Check!

○	△	X
□	□	□

직업상담에서 검사선정 시 고려해야 할 사항 3가지를 쓰시오.

008

☑ 확인 Check!

○	△	X
□	□	□

심리검사 제작을 위한 예비문항 제작 시 고려해야 할 3가지를 설명하시오.

심리검사의 일반적 분류 ★★★☆

009
☑ 확인 Check!

○	△	X
□	□	□

직업심리검사의 분류에서 극대수행검사와 습관적 수행검사에 대해 설명하고, 각각의 대표적인 유형 2가지를 쓰시오.

객관적 검사 ★★★★☆

010
☑ 확인 Check!

○	△	X
□	□	□

심리검사에는 선다형이나 '예, 아니요' 등 객관적 형태의 자기보고형 검사(설문지 형태의 검사)가 가장 많이 사용된다. 이런 형태의 검사가 가지는 장점을 5가지 쓰시오.

011

☑ 확인 Check!

○	△	X
□	□	□

심리검사 유형 중 투사적 검사의 장점 및 단점을 각각 3가지 쓰시오.

012

☑ 확인 Check!

○	△	X
□	□	□

Tinsley와 Bradley가 제시한 검사 결과 검토의 2단계를 설명하시오.

013

☑ 확인 Check!

○	△	X
□	□	□

심리검사 사용의 윤리적 문제와 관련하여 주의하여야 할 사항을 6가지 쓰시오.

014

☑ 확인 Check!

○	△	X
□	□	□

규준의 유형 중 백분위 점수, 표준점수, 표준등급의 의미를 간략히 설명하시오.

015

☑ 확인 Check!

○	△	X
□	□	□

직업상담사가 구직자 A와 B에게 각각 동형검사인 직무능력검사(I형)과 직무능력검사(II형)을 실시한 결과, A는 115점, B는 124점을 얻었으나 검사유형이 다르기 때문에 두 사람의 점수를 직접 비교할 수 없다. A와 B 중 누가 더 높은 직무능력을 갖추었는지 각각 표준점수인 Z점수를 산출하고 이를 비교하시오(각각의 Z점수는 반올림하여 소수점 둘째 자리까지 산출하며, 계산과정을 반드시 기재하시오).

> A : 직무능력검사(I형) 표준화 집단 평균 : 100, 표준편차 : 7
> B : 직무능력검사(II형) 표준화 집단 평균 : 100, 표준편차 : 15

016

☑ 확인 Check!

○	△	X
□	□	□

심리검사는 사용목적에 따라 규준참조검사와 준거참조검사로 구분할 수 있다. 규준참조검사와 준거참조검사의 의미를 각각 예를 들어 설명하시오.

017

☑ 확인 Check!

○	△	X
□	□	□

직업심리검사에서 측정의 기본단위인 척도의 4가지 유형을 쓰고, 각각에 대해 설명하시오.

018

☑ 확인 Check!

○	△	X
□	□	□

어떤 집단의 심리검사 점수가 분산되어 있는 정도를 판단하기 위하여 사용되는 기준 3가지를 쓰고 그 의미를 설명하시오.

019

☑ 확인 Check!

○	△	X
□	□	□

직업상담 시 내담자 이해를 위한 질적 측정 도구 3가지를 쓰고, 각각에 대해 설명하시오.

020

☑ 확인 Check!

○	△	X
□	□	□

규준 제작 시 사용되는 확률표집방법 3가지를 쓰고 각 방법에 대해 설명하시오.

021

☑ 확인 Check!

○	△	X
□	□	□

신뢰도 검증방법 중 검사-재검사법의 단점 4가지를 쓰시오.

022

☑ 확인 Check!

○	△	X
□	□	□

심리검사의 신뢰도에 영향을 주는 요인을 4가지만 쓰고 설명하시오.

023

☑ 확인 Check!

○	△	X
□	□	□

직업심리검사의 신뢰도를 추정하는 방법을 3가지 쓰고, 각각에 대해 설명하시오.

024

☑ 확인 Check!

○	△	X
□	□	□

측정의 신뢰성(Reliability)을 높이기 위해서는 측정오차(Measurement Error)를 최대한 줄여야 한다. 측정오차를 최대한 줄이기 위한 구체적인 방법을 3가지 기술하시오.

025

☑ 확인 Check!

○	△	X
□	□	□

심리검사에서 준거타당도 계수의 크기에 영향을 미치는 요인을 3가지만 쓰고, 각각에 대해 설명하시오.

026

☑ 확인 Check!

○	△	X
□	□	□

다음 물음에 답하시오.

(1) 준거타당도의 종류 2가지를 쓰고 설명하시오.

(2) 여러 가지 타당도 중 특히 직업상담에서 준거타당도가 중요한 이유 2가지를 설명하시오.

(3) 실제 연구에서 타당도 계수가 낮아지는 이유 3가지를 설명하시오.

027

☑ 확인 Check!

○	△	X
□	□	□

준거타당도의 의미를 쓰고, 준거타당도가 낮은 검사를 사용하는 것이 왜 문제가 되는지 설명하시오.

028

☑ 확인 Check!

○	△	X
□	□	□

구성타당도를 분석하는 방법 3가지를 제시하고, 각 방법에 대해 설명하시오.

타당도 V ★★★★☆

029

☑ 확인 Check!

○	△	X
□	□	□

예언타당도와 공인타당도를 예를 들어 설명하시오.

심리검사 결과 ★★

030

☑ 확인 Check!

○	△	X
□	□	□

부정적인 심리검사 결과가 나온 내담자에게 검사결과를 통보하는 방법을 4가지 기술하시오.

미네소타 다면적 인성검사(MMPI) ★★

031

☑ 확인 Check!

○	△	X
□	□	□

MMPI의 타당성 척도 중 ?척도, L척도, K척도에 대해 설명하시오.

마이어스-브릭스 성격유형검사(MBTI) ★

032

☑ 확인 Check!

○	△	X
□	□	□

마이어스-브릭스 유형지표(MBTI)는 자기보고식의 강제선택 검사이다. 이 검사에서 나타나는 4가지 양극 차원의 선호 부분에 대해 쓰시오.

일반 직업적성검사(GATB) ★★

033

☑ 확인 Check!

○	△	X
□	□	□

일반 직업적성검사(GATB)에서 사용하는 적성 항목을 3가지만 쓰고, 간략히 설명하시오.

직업흥미검사 ★★★

034

☑ 확인 Check!

○	△	X
□	□	□

스트롱(Strong) 직업흥미검사의 하위척도 3가지를 쓰시오.

직업성숙검사 ★★★

035

☑ 확인 Check!

○	△	X
□	□	□

진로성숙도검사(CMI)는 태도척도와 능력척도로 구분된다. 태도척도와 능력척도의 측정내용을 각각 3가지씩 쓰시오.

진로시간전망검사 ★★

036

☑ 확인 Check!

○	△	X
□	□	□

진로시간전망검사 중 코틀(Cottle)의 원형검사에서 시간전망 개입의 3가지 측면을 쓰고, 각각에 대해 설명하시오.

037

☑ 확인 Check!

○	△	X
□	□	□

표준화를 위해 수집한 자료가 정규분포에서 벗어나는 것은 검사도구의 문제라기보다 표집절차의 오류에 원인이 있다. 이를 해결하기 위한 방법을 3가지 쓰고, 각각에 대해 설명하시오.

038

☑ 확인 Check!

○	△	X
□	□	□

고용노동부 성격검사는 성격 5요인 모델인 Big-5에 근거하고 있다. Big-5의 구성요인을 쓰고, 각각에 대해 설명하시오.

039

☑ 확인 Check!

○	△	X
□	□	□

생애진로사정(LCA)의 평가 의미와 그로 인해 알 수 있는 정보 3가지를 쓰시오.

040

☑ 확인 Check!

○	△	X
□	□	□

생애진로사정(LCA ; Life Career Assessment)의 구조 4가지와 이를 통해 알 수 있는 정보 3가지를 쓰시오.

가치사정 ★★★

041

☑ 확인 Check!

○	△	X
□	□	□

'자기보고식 가치사정하기'에서 가치사정법 6가지를 쓰시오.

흥미사정 ★★★☆

042

☑ 확인 Check!

○	△	X
□	□	□

내담자의 흥미사정기법을 3가지만 쓰고, 각각에 대해 설명하시오.

제 **2** 과목 # 직업상담 및 취업지원

직업상담사가 갖추어야 할 자질 ★★☆

043

☑ 확인 Check!

○	△	X
□	□	□

직업상담사가 갖추어야 할 자질을 3가지 쓰고, 각각에 대해 설명하시오.

특성-요인 상담 I ★★★★☆

044

☑ 확인 Check!

○	△	X
□	□	□

윌리암슨(Williamson)의 특성-요인 직업상담에서 변별진단의 4가지 범주를 쓰고 설명하시오.

045

☑ 확인 Check!

○	△	X
□	□	□

윌리암슨(Williamson)의 특성-요인이론에서 검사의 해석단계에서 이용할 수 있는 상담기법 3가지를 쓰고, 각각에 대해 설명하시오.

046

☑ 확인 Check!

○	△	X
□	□	□

정신분석적 상담은 내담자의 자각을 증진시키고 행동에 대한 지적 통찰을 얻도록 돕는다. 내담자는 직업적인 방법으로 불안을 통제할 수 없을 때 무의식적으로 방어기제를 사용하는데, 내담자가 사용하는 방어기제의 종류를 3가지 쓰고, 각각에 대해 설명하시오.

047

☑ 확인 Check!

○	△	X
□	□	□

역전이의 의미와 해결방안을 기술하시오.

048

☑ 확인 Check!

○	△	X
□	□	□

아들러(Adler)의 개인주의 상담에서 개인주의 상담과정의 목표를 4가지 쓰시오.

실존주의 상담 ★★★☆

049

☑ 확인 Check!

○	△	X
□	□	□

실존주의 상담자들이 내담자의 궁극적 관심사와 관련하여 중요하게 고려한 요인 3가지를 쓰고 설명하시오.

내담자중심 상담 I ★★

050

☑ 확인 Check!

○	△	X
□	□	□

로저스(Rogers)의 인간중심(내담자중심) 상담의 철학적 가정을 5가지 쓰시오.

★★★★☆

051

☑ 확인 Check!
◯ △ ✕
□ □ □

로저스(Rogers)는 내담자중심 상담을 성공적으로 이끄는 데 있어서 상담자의 능동적 성향을 강조하였으며, 패터슨(Patterson)도 내담자중심 직업상담은 기법보다는 태도가 필수적이라고 보았다. 내담자중심 접근법을 사용할 때 직업상담자가 갖추어야 할 3가지 기본 태도에 대해 설명하시오.

★

052

☑ 확인 Check!
◯ △ ✕
□ □ □

내담자중심 직업상담에서 직업정보 활용의 원리는 검사해석의 원리와 같다. 패터슨(Patterson)은 이를 어떻게 설명하고 있는지 3가지를 쓰시오.

내담자중심 직업상담과 특성-요인 직업상담의 차이점 ★☆

053

☑ 확인 Check!

○	△	X
□	□	□

내담자중심 직업상담과 특성-요인 직업상담의 차이점을 2가지 설명하시오.

형태주의(게슈탈트) 상담 ★★★★☆

054

☑ 확인 Check!

○	△	X
□	□	□

게슈탈트 상담기법 중 3가지를 쓰고, 각각에 대해 설명하시오.

055

☑ 확인 Check!

○	△	X
□	□	□

의사교류분석 상담의 제한점 3가지를 설명하시오.

056

☑ 확인 Check!

○	△	X
□	□	□

교류분석적 상담에서 주장하는 자아의 3가지 형태를 쓰고 각각에 대해 간략히 설명하시오.

내담자의 정보 및 행동에 대한 이해와 해석 ★★★★☆

057

☑ 확인 Check!

○	△	X
□	□	□

내담자의 정보 및 행동에 대한 이해기법 중 가정 사용하기, 왜곡된 사고 확인하기, 변명에 초점 맞추기에 대해 간략히 설명하시오.

행동주의 상담 Ⅰ ★

058

☑ 확인 Check!

○	△	X
□	□	□

행동주의 상담이론의 기본적인 가정 3가지를 쓰시오.

059

행동주의 직업상담의 상담기법은 크게 불안감소기법과 학습촉진기법의 유형으로 구분할
수 있다. 각 유형별 대표적인 방법을 각각 3가지씩 쓰시오.

060

체계적 둔감화의 의미를 쓰고, 그 단계를 설명하시오.

인지 · 정서 · 행동적 상담(REBT) Ⅰ　★★☆

061

☑ 확인 Check!

○	△	X
□	□	□

인지 · 정서적 상담이론에서 개인을 파멸로 몰아가는 근본적인 문제는 개인의 비합리적 신념 때문이다. 비합리적 신념의 뿌리를 이루고 있는 3가지 당위성을 예를 들어 설명하시오.

인지 · 정서 · 행동적 상담(REBT) Ⅱ　★★★★★★

062

☑ 확인 Check!

○	△	X
□	□	□

인지 · 정서 · 행동적 상담의 기본개념으로서 A-B-C-D-E-F 모델의 의미를 쓰시오.

063

☑ 확인 Check!

○	△	X
□	□	□

벡(Beck)의 인지치료에서 인지적 오류의 유형을 3가지만 쓰고, 각각에 대해 설명하시오.

064

☑ 확인 Check!

○	△	X
□	□	□

보딘(Bordin)은 정신역동적 직업상담을 체계화하면서 직업문제의 진단에 관한 새로운 관점을 제시하였다. 그가 제시한 직업문제의 심리적 원인 3가지를 쓰고, 각각에 대해 설명하시오.

정신역동적 직업상담 II ★★★★

065

☑ 확인 Check!

○	△	X
□	□	□

정신역동적 직업상담 모형을 구체화시킨 보딘(Bordin)의 직업상담 과정을 쓰고, 각각에 대해 설명하시오.

발달적 직업상담 I ★★★☆

066

☑ 확인 Check!

○	△	X
□	□	□

수퍼(Super)가 제안한 발달적 직업상담의 6단계를 쓰고 설명하시오.

067

☑ 확인 Check!

○	△	X
□	□	□

발달적 직업상담에서 Super는 '진단' 대신 '평가'라는 용어를 사용했다. Super가 제시한 3가지 평가를 쓰고, 각각에 대해 설명하시오.

068

☑ 확인 Check!

○	△	X
□	□	□

발달적 직업상담에서 직업상담사가 사용할 수 있는 기법으로 '진로자서전'과 '의사결정일기'가 있다. 각각에 대해 설명하시오.

포괄적 직업상담 ★★★

069

☑ 확인 Check!

○	△	X
□	□	□

크라이티스(Crites)의 포괄적 직업상담의 상담과정 3단계를 단계별로 설명하시오.

상담의 주요 기법 ★★

070

☑ 확인 Check!

○	△	X
□	□	□

상담자가 갖추어야 할 기본기술인 적극적 경청, 공감, 명료화, 직면에 대해 설명하시오.

071

☑ 확인 Check!

○	△	X
□	□	□

실업과 관련된 Jahoda의 박탈이론에 따르면 일반적으로 고용상태에 있게 되면 실직상태에 있는 것보다 여러 가지 잠재적 효과가 있다고 한다. 고용으로 인한 잠재효과를 3가지만 쓰시오.

072

☑ 확인 Check!

○	△	X
□	□	□

부처(Butcher)의 집단직업상담을 위한 3단계 모델을 쓰고, 각 단계에 대해 설명하시오.

집단직업상담 II ★★

073

☑ 확인 Check!

○	△	X
□	□	□

톨버트(Tolbert)가 제시한 것으로 집단직업상담의 과정에서 나타나는 5가지 활동유형을 제시하시오.

집단직업상담 III ★★★★★★☆

074

☑ 확인 Check!

○	△	X
□	□	□

집단상담의 장점을 5가지를 쓰시오.

075
☑ 확인 Check!
○ △ X
□ □ □

직무분석은 직무기술서나 작업자 명세서를 만들고 이로부터 얻어진 정보를 여러모로 활용하는 것을 목적으로 한다. 이와 같은 직무분석으로 얻어진 정보의 용도를 4가지만 쓰시오.

076
☑ 확인 Check!
○ △ X
□ □ □

직무분석방법 중 최초분석법에 해당하는 방법을 3가지만 쓰고, 각각에 대해 설명하시오.

제3과목 직업정보

한국표준직업분류 Ⅰ ★★★★★★

077

☑ 확인 Check!

○	△	X
□	□	□

한국표준직업분류(KSCO)에서 직업으로 보지 않는 활동 5가지를 쓰시오.

한국표준직업분류 Ⅱ ★★★☆

078

☑ 확인 Check!

○	△	X
□	□	□

한국표준직업분류(KSCO)에서 직업(활동)으로 규명되기 위한 요건 4가지를 쓰고, 각각에 대해 간략히 설명하시오.

079

☑ 확인 Check!

○	△	X
□	□	□

한국표준직업분류에서 직능수준을 정규교육과정에 따라 정의하시오.

080

☑ 확인 Check!

○	△	X
□	□	□

한국표준직업분류(KSCO)의 직업분류 원칙 중 포괄적인 업무에 대한 직업분류 원칙 3가지를 쓰고, 각각에 대해 간략히 설명하시오.

한국표준직업분류 Ⅴ ★★★★☆

081
☑ 확인 Check!

○	△	X
□	□	□

한국표준직업분류(KSCO)에서 다수 직업 종사자의 분류원칙 3가지를 순서대로 쓰고, 각각에 대해 설명하시오.

한국표준산업분류 Ⅰ ★★★★

082
☑ 확인 Check!

○	△	X
□	□	□

한국표준산업분류(KSIC)에서 산업, 산업활동, 산업활동의 범위를 각각 설명하시오.

083

☑ 확인 Check!

○	△	X
□	□	□

한국표준산업분류(KSIC)의 산업분류기준 3가지를 쓰시오.

084

☑ 확인 Check!

○	△	X
□	□	□

다음은 한국표준산업분류(KSIC)의 통계단위이다. A, B, C에 들어갈 용어를 쓰시오.

구 분	하나 이상의 장소	단일 장소
하나 이상의 산업활동	A	B
	기업체 단위	
단일 산업활동	C	사업체 단위

한국표준산업분류 Ⅳ ★★★★★

085

☑ 확인 Check!

○	△	X
□	□	□

한국표준산업분류(KSIC)에서 통계단위의 산업을 결정하는 방법을 3가지 쓰시오.

직업정보의 이해 ★★★☆

086

☑ 확인 Check!

○	△	X
□	□	□

특성–요인의 직업상담이론에서 브레이필드(Brayfield)가 제시한 직업정보의 기능을 3가지 쓰고, 각각에 대해 설명하시오.

087

특정 시기의 고용동향이 다음과 같을 때 경제활동참가율을 구하시오(단, 소수점 셋째 자리에서 반올림하고, 계산과정을 제시하시오).

- 만 15세 이상 인구 수 : 35,986천명
- 비경제활동인구 수 : 14,716천명
- 취업자 수 : 20,149천명(자영업자 : 5,646천명, 무급가족종사자 : 1,684천명, 상용근로자 : 6,113천명, 임시근로자 : 4,481천명, 일용근로자 : 2,225천명)

088

특정 시기의 고용동향이 다음과 같을 때 임금근로자는 몇 명인지 계산하시오(단, 계산과정을 제시하시오).

- 만 15세 이상 인구 수 : 35,986천명
- 비경제활동인구 수 : 14,716천명
- 취업자 수 : 20,149천명(자영업자 : 5,646천명, 무급가족종사자 : 1,684천명, 상용근로자 : 6,113천명, 임시근로자 : 4,481천명, 일용근로자 : 2,225천명)

089

☑ 확인 Check!

○	△	X
□	□	□

다음 보기의 조건을 보고 실업률을 구하시오(단, 소수점 둘째 자리에서 반올림하고, 계산과정을 제시하시오).

- 만 15세 이상 인구 수 : 35,986천명
- 비경제활동인구 수 : 14,716천명
- 취업자 수 : 20,149천명(자영업자 : 5,646천명, 무급가족종사자 : 1,684천명, 상용근로자 : 6,113천명, 임시근로자 : 4,481천명, 일용근로자 : 2,225천명)

고용률 ★☆

090

☑ 확인 Check!

○	△	X
□	□	□

다음의 경제활동참가율, 실업률, 고용률을 구하시오(단, 소수점 둘째 자리에서 반올림하고, 계산과정을 제시하시오).

[단위 : 천명]

- 전체 인구 수 : 500
- 15세 이상 인구 수 : 400
- 취업자 수 : 200
- 실업자 수 : 20
- 정규직 직업을 구하려고 하는 단시간근로자 수 : 10점

091

다음의 표를 보고 답하시오(단, 소수점 발생 시 반올림하여 둘째 자리까지 표시하고 계산식도 함께 작성하시오).

구 분	신규구인	신규구직	알선건수	취업건수
A	103,062	426,746	513,973	36,710
B	299,990	938,855	1,148,534	119,020

(1) A기간과 B기간의 구인배수는?
(2) A기간과 B기간의 취업률은?

092

A회사의 9월 말 사원수는 1,000명이었다. 신규채용인원수는 20명, 전입인원수는 80명일 때, 10월의 입직률을 계산하시오.

093

☑ 확인 Check!

○	△	X
□	□	□

공공직업정보의 특성 3가지를 쓰시오.

094

☑ 확인 Check!

○	△	X
□	□	□

한국직업사전에 수록된 부가 직업정보를 6가지만 쓰시오.

095

☑ 확인 Check!

○	△	X
□	□	□

다음은 한국직업사전의 부가 직업정보 중 작업강도에 관한 내용의 일부이다. 빈칸에 들어갈 숫자를 보기에서 찾아 각각 쓰시오.

- 보통 작업 : 최고 (ㄱ)kg의 물건을 들어 올리고, (ㄴ)kg 정도의 물건을 빈번히 들어 올리거나 운반한다.
- 힘든 작업 : 최고 (ㄷ)kg의 물건을 들어 올리고, (ㄹ)kg 정도의 물건을 빈번히 들어 올리거나 운반한다.
- 아주 힘든 작업 : (ㅁ)kg 이상의 물건을 들어 올리고, (ㅂ)kg 이상의 물건을 빈번히 들어 올리거나 운반한다.

━━━━━━━ 보기 ━━━━━━━

10   20   30   40   50   60

ㄱ – (   )   ㄴ – (   )

ㄷ – (   )   ㄹ – (   )

ㅁ – (   )   ㅂ – (   )

제4과목 노동시장

노동의 수요 ☆

096

☑ 확인 Check!

○	△	X
□	□	□

노동수요에 영향을 미치는 요인을 5가지 쓰시오.

기업의 이윤극대화 노동수요 ★★★

097

☑ 확인 Check!

○	△	X
□	□	□

완전경쟁시장에서 A제품을 생산하는 어떤 기업의 단기 생산함수가 다음과 같을 때, 이 기업의 이윤극대화를 위한 최적고용량을 도출하고 그 근거를 설명하시오(단, 생산물 단가는 100원, 단위당 임금은 150원).

노동투입량	0단위	1단위	2단위	3단위	4단위	5단위	6단위
총생산량	0개	2개	4개	7개	8.5개	9개	9개

098

다음의 물음에 답하시오(계산식도 함께 작성하시오).

K제과점의 종업원 수와 하루 케이크 생산량은 다음과 같다.

종업원 수	0	1	2	3	4
케이크 생산량	0	10	18	23	27

(단, 케이크 가격은 10,000원)

(1) 종업원 수가 2명인 경우 노동의 한계생산은?

(2) 종업원 수가 3명인 경우 한계수입생산은?

(3) 종업원 1인당 임금이 80,000원일 때 이윤극대화가 이루어지는 제과점의 종업원 수와 케이크 생산량은?

099

노동수요의 탄력성 및 노동공급의 탄력성을 산출하는 공식을 각각 쓰시오.

★★★★

100

☑ 확인 Check!

○	△	X
□	□	□

노동수요의 탄력성에 영향을 미치는 요인을 3가지 쓰시오.

노동수요의 탄력성 Ⅱ ★☆

101

☑ 확인 Check!

○	△	X
□	□	□

시간당 임금이 500원일 때 1,000명을 고용하던 기업에서 시간당 임금이 400원으로 감소하였을 때 1,100명을 고용할 경우, 이 기업의 노동수요 탄력성을 계산하시오(단, 소수점 발생 시 반올림하여 소수 첫째 자리로 표현).

102

☑ 확인 Check!
| ○ | △ | X |
| □ | □ | □ |

노동공급을 결정하는 요인 4가지를 쓰고 설명하시오.

103

☑ 확인 Check!
| ○ | △ | X |
| □ | □ | □ |

기혼여성의 경제활동참가율을 결정하는 요인 6가지와 그 상관관계를 설명하시오.

대체효과와 소득효과 ★★☆

104

☑ 확인 Check!

○	△	X
□	□	□

여가와 소득의 선택 모형에서 여가의 대체효과와 소득효과의 의미를 쓰고, 여가가 열등재일 때 소득증대에 따른 노동공급의 변화를 설명하시오.

내부노동시장의 형성요인 ★★★★

105

☑ 확인 Check!

○	△	X
□	□	□

내부노동시장의 형성요인을 3가지 쓰고, 각각에 대해 간략히 설명하시오.

106

☑ 확인 Check!

○	△	X
□	□	□

노동시장의 분석이론 중 내부노동시장이론, 이중노동시장이론, 인적자본이론의 의미를 간략히 설명하시오.

107

☑ 확인 Check!

○	△	X
□	□	□

교육의 사적 수익률이 사회적 수익률보다 낮을 경우 정부의 개입방법을 쓰시오.

최저임금제 ★★★★☆

108

☑ 확인 Check!

○	△	X
□	□	□

최저임금제의 기대효과(장점)를 4가지 쓰시오.

임금의 하방경직성 ★★★★★

109

☑ 확인 Check!

○	△	X
□	□	□

임금의 하방경직성의 의미를 설명하고, 임금의 하방경직성이 되는 이유 5가지를 쓰시오.

110

☑ 확인 Check!

○	△	X
□	□	□

부가급여의 의미를 설명하고, 사용자와 근로자가 선호하는 이유를 각각 2가지 쓰시오.

111

☑ 확인 Check!

○	△	X
□	□	□

보상적 임금격차의 발생원인을 3가지만 쓰고 설명하시오.

112

생산성 임금제에 의하면 명목임금의 상승률을 결정할 때 부가가치 노동생산성 상승률과 일치시키는 것이 적정하다고 하였다. 어떤 기업의 2010년 근로자 수가 40명, 생산량이 100개, 생산물단가는 10원, 자본비용이 150원이었으나, 2011년에는 근로자 수는 50명, 생산량은 120개, 생산물단가는 12원, 자본비용은 200원으로 올랐다고 가정하자. 생산성 임금제에 근거할 때 이 기업의 2011년 적정임금상승률을 계산하시오(단, 소수점 발생 시 반올림하여 소수 첫째 자리로 표현하시오).

113

실업의 유형 중 경기적 실업, 마찰적 실업, 구조적 실업에 대하여 각각 설명하시오.

114

던롭(Dunlop)이 제시한 노사관계를 규제하는 3가지 여건을 쓰고, 각각에 대해 설명하시오.

해설편

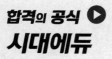

제 **1** 과목 **직업심리**

홀랜드(Holland)의 직업발달이론

001 홀랜드(Holland)의 인성이론에서 제안된 6가지 성격유형을 쓰고, 각각에 대해 설명하시오.

점 수	• 6점 배점 문제로 출제됩니다. • 문제에서 요구하는 성격유형의 수에 따라 부분점수가 채점될 수 있습니다. • 6가지 성격유형을 쓰고 간단한 설명을 덧붙여 작성해야 감점 없이 점수를 받을 수 있습니다.
문제해결 키워드	• 홀랜드(Holland)의 이론에서 6가지 유형의 특성은 빈번히 출제되니 충분히 이해해두시는 것이 좋습니다. • 6가지 유형을 제시하고 간단한 설명과 예를 덧붙입니다.
기출데이터 ★★★★★ ★★	2023년 1회 12번, 2023년 2회 4번, 2023년 3회 7번, 2022번 1회 9번, 2021년 1회 7번, 2020년 1회 13번, 2020년 3회 5번, 2020년 4회 6번, 2019년 2회 8번, 2018년 2회 7번, 2016년 1회 4번, 2014년 3회 10번, 2009년 1회 7번, 2008년 1회 9번, 2007년 1회 5번, 2004번 1회 2번

※ 기출데이터에서 밑줄은 동일한 문제가 출제된 회차를 의미합니다.

>> 모범답안

① **현실형** : 현장에서 수행하는 활동을 선호하며, 구체적 · 실질적인 것을 지향한다.
　　예 기술직 · 토목직, 자동차엔지니어, 농부 등
② **탐구형** : 과학적 · 탐구적인 성향이 강하며, 정보수집 및 자료해석을 즐긴다.
　　예 화학자, 생물학자, 물리학자 등
③ **예술형** : 심미적 · 창조적인 성향이 강하며, 자유롭고 상징적인 활동을 선호한다.
　　예 문학가, 작곡가, 미술가 등
④ **사회형** : 사람들과 함께 어울리며 집단 속에서 일하는 것을 선호한다.
　　예 사회복지사, 교사, 상담사 등
⑤ **진취형** : 진취적 · 경쟁적인 성향이 강하며, 적극적인 활동을 선호한다.
　　예 기업실무자, 영업사원, 보험설계사 등
⑥ **관습형** : 자료의 조직화나 세밀하고 정확한 주의가 요구되는 활동을 선호한다.
　　예 사무직근로자, 경리사원, 비서 등

>> 유사문제유형

• 홀랜드(Holland)의 모형을 기초로 개발된 직업흥미검사의 6가지 흥미유형을 쓰시오.
• Holland의 6가지 직업적 성격의 특징을 기술하시오.
• 고용노동부–흥미검사는 Holland의 개인–환경 간 적합성 모형을 토대로 개발한 것이다. Holland에 의하면 개인과 작업
　환경은 각각 6가지 흥미유형으로 구분될 수 있으며 개인은 자신의 흥미유형과 일치하는 작업환경을 추구하는 경향이 있
　고, 이런 환경에서 일할 때 잠재력을 최대한 발휘할 수 있다고 보았다. 이 6가지 유형을 쓰시오.
• 홀랜드(Holland)의 흥미유형에 따라 각 유형의 직업 특성에 대해서 기술하시오.
• 홀랜드(Holland)의 흥미이론에서 개인의 흥미유형 6가지를 쓰시오.

002 직업적응이론에서 직업성격 차원의 4가지 성격유형 요소들을 쓰고, 각각에 대해 설명하시오.

점 수	• 4~6점 배점의 문제로 출제됩니다. • '설명하시오' 문제이므로 요소와 설명을 더해서 답안을 작성해야 감점 없이 점수를 받을 수 있습니다.
문제해결 키워드	직업적응이론은 개인과 환경 간의 상호작용을 통한 욕구충족(요구충족)을 강조하는 이론으로, 최근에는 '개인–환경 조화 상담(Person–Environment Correspondence Counseling)'으로도 불리고 있습니다.
기출데이터 ★★☆	2022년 3회 5번, 2020년 2회 6번, 2016년 2회 6번, 2015년 2회 14번, 2010년 3회 17번

▶▶ 모범답안

① 민첩성 : 정확성보다는 속도를 중시한다.
② 역량 : 작업자의 평균 활동수준을 의미한다.
③ 리듬 : 활동에 대한 다양성을 의미한다.
④ 지구력 : 다양한 활동수준의 기간을 의미한다.

▶▶ 유사문제유형

• 직업적응이론에서 직업성격 차원의 4가지 성격유형 요소들 중 3가지를 쓰고, 각각에 대해 설명하시오.
• 직업적응이론(TWA ; Theory of Work Adjustment)에서 개인이 환경과 상호작용하는 특성을 나타내는 성격양식 차원의 4가지 성격유형 요소들을 쓰고, 각각에 대해 설명하시오.
• 직업적응이론(TWA)에서 중요하게 다루는 직업가치*를 5가지 쓰시오.(2022년 3회 6번, 2013년 1회 2번)
• 직업적응이론(TWA)에서 중요하게 다루는 직업가치를 4가지 쓰시오.(2024년 1회 6번)

★ ① 성 취
   ② 이타심 또는 이타주의
   ③ 자율성 또는 자발성
   ④ 안락함 또는 편안함
   ⑤ 안정성 또는 안전성
   ⑥ 지 위

⊕ PLUS

Lofquist와 Dawis의 직업적응이론에서 적응방식 차원의 4가지 성격유형 요소들을 쓰고, 각각에 대해 설명하시오.(2023년 2회 5번, 2019년 1회 6번)
① 융통성 또는 유연성 : 개인이 작업환경과 개인적 환경 간의 부조화를 참아내는 정도를 의미한다.
② 끈기 또는 인내 : 환경이 자신에게 맞지 않아도 개인이 얼마나 오랫동안 견뎌낼 수 있는지의 정도를 의미한다.
③ 적극성 : 개인이 작업환경을 개인적 방식과 좀 더 조화롭게 만들어가려고 노력하는 정도를 의미한다.
④ 반응성 : 개인이 작업성격의 변화로 인해 작업환경에 반응하는 정도를 의미한다.

003 로(Roe)는 활동에 초점을 맞추는 수평차원과 책임, 능력, 기술 등 기능수준에 초점을 맞추는 수직차원으로 직업을 분류하였다. 로(Roe)의 2차원 직업분류체계에서 수직차원 6단계를 쓰시오.

점수	• 6점 배점 문제로 출제됩니다. • '쓰시오' 문제로, 문제에서 요구한 대로 답안을 작성해야 합니다.
문제해결 키워드	이 문제는 '수직차원'의 각 단계별 명칭을 답안으로 작성하는 것인 만큼 가급적 1단계 명칭부터 순서대로 작성하시기 바랍니다.
기출데이터 ★☆	2024년 2회 1번, 2019년 1회 7번, 2014년 3회 14번

>> **모범답안**

① 고급 전문관리
② 중급 전문관리
③ 준전문관리
④ 숙 련
⑤ 반숙련
⑥ 비숙련

>> **유사문제유형**

로(Roe)의 2차원 직업분류체계에서 6가지 수직 차원을 쓰시오.

⊕ PLUS

로(Roe)의 2차원 직업분류체계에서 책임, 능력, 기술의 정도에 의한 6가지 수직차원의 각 단계별 명칭은 교재에 따라 약간씩 다르게 제시되기도 하지만 사실상 동일한 것입니다. 몇 가지 예를 들어보겠습니다.

• 전문 · 관리(상급), 전문 · 관리(보통), 준전문 · 관리, 숙련, 준숙련, 비숙련
• 전문관리―상급, 전문관리―중급, 준전문관리, 숙련, 준숙련, 비숙련
• 전문적이고 관리적인 단계 1, 전문적이고 관리적인 단계 2, 준전문적인 소규모의 사업단계, 숙련직 단계, 반숙련직 단계, 비숙련직 단계

위의 해설은 '김봉환 外, 『학교진로상담』, 학지사 刊'에 제시된 명칭을 사용하였습니다.

004 긴즈버그(Ginzberg)의 진로발달단계 중 현실기의 3가지 하위단계를 쓰고, 각각에 대해 설명하시오.

점수	• 6점 배점 문제로 출제됩니다. • 3가지를 쓰고, 설명하라는 문제의 경우 한 가지 답안당 2점씩 채점되며, 설명을 누락하거나 틀리게 되면 감점처리됩니다.
문제해결 키워드	• 긴즈버그(Ginzberg)의 직업발달단계는 환상기, 잠정기, 현실기로 구분됩니다. • 발달이론은 긴즈버그(환·잠·현, 흥·능·가·전·탐·구·특), 수퍼(성·탐·확·유·쇠) 등으로 전체적 단계를 무조건 외워두시는 게 좋습니다.
기출데이터 ★★☆	2024년 3회 1번, 2018년 2회 8번, 2014년 1회 4번, 2012년 3회 11번, 2010년 2회 18번

>> 모범답안

① 탐색단계 : 직업선택의 다양한 가능성을 탐색하며, 직업선택의 기회와 경험을 가지기 위해 노력한다.
② 구체화 단계 : 직업목표를 구체화하며, 자신의 결정과 관련된 내적·외적 요인들을 종합한다.
③ 특수화(정교화) 단계 : 자신의 결정에 대해 세밀한 계획을 세우며, 고도로 세분화·전문화된 의사결정을 하게 된다.

>> 유사문제유형

긴즈버그(Ginzberg)의 진로발달단계 중 현실기의 3가지 하위단계를 쓰고 설명하시오.

⊕ PLUS   긴즈버그(Ginzberg)의 진로(직업)발달단계

• 환상기(Fantasy Period, 6~11세 또는 11세 이전)
  – 이 시기에 아동은 자기가 원하는 직업이면 무엇이든 하고 싶고, 하면 된다는 식의 환상 속에서 비현실적인 선택을 하는 경향이 있다.
  – 직업선택과 관련하여 자신의 능력이나 가능성, 현실여건 등을 고려하지 않은 채 자신의 욕구를 중시한다.
• 잠정기(Tentative Period, 11~17세)
  – 이 시기에 아동 및 청소년은 자신의 흥미나 취미에 따라 직업선택을 하는 경향이 있다.
  – 후반기에 가면 능력과 가치관 등의 요인도 어느 정도 고려하지만, 현실 상황을 그다지 고려하지 않으므로 직업선택의 문제에서 여전히 비현실적인, 즉 잠정적인 성격을 띤다.
  – 흥미단계 → 능력단계 → 가치단계 → 전환단계
• 현실기(Realistic Period, 17세 이후~성인 초기 또는 청·장년기)
  – 이 시기에 청소년은 자신의 개인적 요구 및 능력을 직업에서 요구하는 조건과 부합함으로써 현명한 선택을 시도한다.
  – 능력과 흥미의 통합단계로서, 가치의 발달, 직업적 선택의 구체화, 직업적 패턴의 명료화가 이루어진다.
  – 탐색단계 → 구체화 단계 → 특수화(정교화) 단계

005 고트프레드슨(Gottfredson)의 직업과 관련된 개인발달의 4단계를 쓰고, 각 단계에 대해 설명하시오.

점 수	• 4점 배점 문제로 출제됩니다. • 문제에서 요구한 4단계 중 한 단계라도 누락되거나 틀린 답안이 있으면 1점이 감점될 수 있습니다.
문제해결 키워드	• 고트프레드슨(Gottfredson)의 직업과 관련된 개인발달 단계를 순서에 맞게 작성하세요. • 발달 4단계를 쓰고 간단한 설명을 덧붙입니다.
기출데이터 ★★☆	2023년 2회 7번, 2016년 3회 5번, 2015년 3회 10번, 2011년 2회 12번, 2011년 3회 6번

>> 모범답안

① 힘과 크기 지향성(3~5세) : 사고과정이 구체화되며, 어른이 된다는 것의 의미를 알게 된다.
② 성역할 지향성(6~8세) : 자기개념(자아개념)이 성의 발달에 의해서 영향을 받게 된다.
③ 사회적 가치 지향성(9~13세) : 사회계층 및 사회질서에 대한 개념의 발달과 함께 '상황 속 자기'를 인식하기에 이른다.
④ 내적, 고유한 자기(자아) 지향성(14세 이후) : 자아성찰과 사회계층의 맥락에서 직업적 포부가 더욱 발달하게 된다.

>> 유사문제유형

• 고트프레드슨(Gottfredson)이 제시한 직업포부 4단계를 연령별로 설명하시오.
• 고트프레드슨(Gottfredson)의 직업포부 발달단계 4단계 중 '내적, 고유한 자아지향성'을 제외한 나머지 3단계를 쓰고 설명하시오.
• 고트프레드슨(Gottfredson)의 직업과 관련된 개인발달의 4단계를 순서대로 쓰시오.

⊕ PLUS

고트프레드슨(Gottfredson)은 제한-타협이론(제한-절충이론)에서 제한을 통해 선택된 선호하는 직업대안들 중 자신이 극복할 수 없는 문제를 가진 직업을 포기하는 과정으로 타협(절충)을 제시하였다. 고트프레드슨이 제시한 타협 과정의 기본원리를 3가지 기술하시오.
① 자아개념(자기개념)의 어떤 측면은 다른 측면보다 중요하며, 그로 인해 진로목표를 타협해 나가는 과정에서 이와 같은 측면이 우선권을 가지게 된다.
② 진로선택의 과정은 반드시 최상의 대안선택에서 종료되는 것이 아닌 만족할 만한 선택에서 종료된다.
③ 진로선택 이후에는 그와 같은 진로선택을 위해 자신이 취한 타협에 심리적으로 적응하게 된다.

006 크롬볼츠(Krumboltz)의 사회학습이론에서 개인의 진로선택에 영향을 미치는 것으로 가정한 요인 3가지를 쓰시오.

점 수	• 6점 배점 문제로 출제됩니다. • 문제에서 요구한 답은 3가지이므로 한 문제당 2점씩 계산하여 6점으로 채점될 수 있습니다.
문제해결 키워드	• 크롬볼츠(Krumboltz)의 진로발달과정에 영향을 미치는 요인 4가지 중 3가지를 작성합니다. • 크롬볼츠는 학습이론의 원리를 직업선택의 문제에 적용하여 행동주의 방법을 통해 진로선택을 도와야 한다고 주장했습니다.
기출데이터 ★★★	2022년 3회 7번, 2018년 2회 9번, 2014년 1회 13번, 2012년 3회 16번, 2010년 2회 4번, 2010년 4회 1번

>> 모범답안

① 유전적 요인과 특별한 능력 : 인종, 성별, 지능 등 타고난 특질
② 환경적 조건과 사건 : 기술개발, 진로 선호 등에 영향을 미치는 환경 및 사건
③ 학습경험 : 도구적 학습 경험 및 연상적 학습 경험
④ 과제접근기술 : 문제해결 기술, 일하는 습관, 정보수집 능력 등

>> 유사문제유형

• 크롬볼츠(Krumboltz)의 사회학습이론에서 개인의 진로에 영향을 미치는 것으로 가정한 요인 3가지를 쓰시오.
• 크롬볼츠(Krumboltz)의 사회학습이론에서 개인의 진로선택에 영향을 미치는 것으로 가정한 요인 4가지를 쓰시오.
• 진로선택이론 중 사회학습이론에서 크롬볼츠(Krumboltz)가 제시한 진로선택에 영향을 주는 요인을 3가지 쓰시오.
• 크롬볼츠(Krumboltz)는 진로발달과정에 영향을 미치는 요인으로서 환경적 요인과 심리적 요인들을 제시하였다. 그와 같은 진로결정 요인들이 상호작용하여 나타나는 결과 4가지를 쓰고 설명하시오.

⊕ PLUS   환경적 요인과 심리적 요인

크롬볼츠(Krumboltz)는 진로발달 과정에 영향을 미치는 요인으로서 환경적 요인과 심리적 요인을 제시하였으며, 환경적 요인으로 '유전적 요인과 특별한 능력' 및 '환경적 조건과 사건'을, 심리적 요인으로 '학습경험' 및 '과제접근기술'을 제시하였습니다. 여기서 환경적 요인은 개인에게 영향을 미치지만 일반적으로 개인이 통제하기 어려우므로 상담을 통해 변화시키는 것이 불가능한 영역인 반면, 심리적 요인은 개인의 생각과 감정과 행동을 결정하며, 상담을 통해 변화가 가능한 영역에 해당합니다.

007 직업상담에서 검사선정 시 고려해야 할 사항 3가지를 쓰시오.

점 수	• 5~6점 배점 문제로 출제됩니다. • 문제에서 요구한 답은 3가지이므로 한 문제당 2점씩 계산하여 6점으로 채점될 수 있습니다.
문제해결 키워드	상담장면에서 검사도구를 선택할 때 고려해야 할 사항에 대해서는 교재마다 약간씩 다르게 제시되고 있습니다. 물론 내용상 큰 차이점은 없으나, 문제상에서 고려사항 3가지를 명시한 것에 착안하여 '김병숙, 『직업상담심리학』, 시그마프레스 刊'을 참고하여 답안을 작성하였습니다.
기출데이터 ★★★☆	2023년 1회 8번, 2020년 1회 11번, 2013년 2회 10번, 2010년 1회 10번, 2007년 1회 10번, 2007년 3회 6번, 2000년 3회 4번

>> 모범답안

① 검사의 사용여부
② 내담자의 목표 및 특성과 연관된 검사도구의 심리측정적 속성
③ 검사선택에 내담자 포함시키기(내담자와 함께 검사를 선택하기)

>> 유사문제유형

• 사용할 검사를 선정할 때 고려해야 하는 기준[*1] 5가지를 설명하시오.
• 심리검사 선정 시 고려해야 할 기준을 4가지 제시하고, 그 의미를 설명[*2]하시오.(2020년 2회 12번)
• 직업상담에서 검사선택 시 고려해야 할 사항 3가지를 쓰시오.

[*1] **심리검사 선택 시 일반적인 고려사항**
  • 검사 목적에의 적합성 : 검사선정은 검사 결과의 사용목적에 적합한 것이어야 한다.
  • 내담자 특성에의 적합성 : 검사는 내담자의 특성에 적합해야 하며, 이를 토대로 검사의 사용여부가 결정되어야 한다.
  • 신뢰도와 타당도 : 검사는 신뢰도와 타당도가 충분히 높아야 한다. 부득이 신뢰도와 타당도가 낮은 검사를 사용하는 경우 그에 대한 근거를 제시하고 검사 결과의 해석에 있어서 제약이 있다는 점을 명시하여야 한다.
  • 표준화 절차 : 표준화 검사의 경우 적법한 표준화 절차에 의해 제작되었는지, 규준 설정에 있어서 표본의 크기 및 대표성에 문제가 없는지 확인하여야 한다.
  • 내담자의 참여 : 검사과정은 내담자의 협조 아래 이루어지므로, 검사선정 과정에 내담자를 포함시켜야 한다.
  • 검사의 실용성 : 검사는 간편하고 경제적이어야 하며, 검사의 실시·채점·해석이 용이해야 한다. 또한 검사 수행 시 시간 및 장소상의 큰 제약이 없어야 한다.

[*2] • 신뢰도 : 동일한 대상에 대해 같거나 유사한 측정도구를 사용하여 반복 측정할 경우 동일하거나 비슷한 결과를 얻을 수 있는가를 말한다.
  • 타당도 : 측정하고자 하는 개념이나 속성을 얼마나 실제에 가깝게 정확히 측정하고 있는가를 말한다.
  • 객관도 : 검사자의 채점이 어느 정도 신뢰할만하고 일관성이 있는가를 말한다.
  • 실용도 : 검사도구가 얼마나 적은 시간과 비용, 노력을 투입하여 얼마나 많은 목표를 달성할 수 있는가를 말한다.

008 심리검사 제작을 위한 예비문항 제작 시 고려해야 할 3가지를 설명하시오.

점 수	• 5~6점 배점 문제로 출제됩니다. • 문제에서 요구한 답은 3가지이므로 한 문제당 2점씩 계산하여 6점으로 채점될 수 있습니다.
문제해결 키워드	'심리검사 선택 시 고려사항' 및 '심리검사 제작을 위한 예비문항 작성 시 고려사항'은 교재에 따라 약간씩 다르게 제시되어 있으나 내용상 큰 차이점은 없습니다. 정해진 답이 있는 것은 아니므로 무조건적인 암기보다는 이해를 필요로 합니다.
기출데이터 ★★	2021년 2회 9번, 2010년 1회 11번, 2007년 3회 3번, 2004년 3회 11번

>> 모범답안

① 문항의 적절성 : 특정 집단에게 유리하지 않도록 제작되어야 한다.
② 문항의 난이도 : 수검자의 수준에 따른 난이도를 고려해야 한다.
③ 문항의 구조화 : 질문 내용이 구체적이고 명확해야 한다.

>> 유사문제유형

• 심리검사 제작을 위한 예비문항 제작 시 가장 바람직한 태도 3가지를 기술하시오.
• 심리검사 제작을 위한 예비문항 작성 시 고려해야 할 사항을 5가지 쓰시오.

⊕ PLUS 심리검사 제작을 위한 예비문항 제작 시 고려사항

① 문항의 적절성 : 문항은 성별, 인종, 종교, 지역, 문화 등의 차이에 따라 특정 집단에게 유리하지 않도록 제작되어야 한다.
② 문항의 난이도 : 문항은 수검자의 수준에 따라 난이도를 고려하여 적절하게 구성되어야 한다.
③ 문항의 구조화 : 문항의 질문 내용은 모호하거나 중의적이어서는 안 되며, 구체적이고 명확해야 한다.
④ 문항의 동기유발 : 문항은 수검자로 하여금 학습동기를 유발할 수 있는 것이어야 한다.
⑤ 문항의 추상성 : 문항은 구체적으로 열거한 사실들을 요약하며, 추상화가 가능한 내용들을 포함하는 것이 바람직하다.
⑥ 문항의 참신성 : 문항은 내용 및 형식에 있어서 참신하며, 기존의 검사 문항들과 차별화하여 수검자에게 새로운 경험을 줄 수 있어야 한다.
⑦ 문항의 복합성 : 문항은 수검자의 고등정신능력을 유효하게 측정할 수 있을 만큼 질적으로 우수해야 한다.

009 직업심리검사의 분류에서 극대수행검사와 습관적 수행검사에 대해 설명하고, 각각의 대표적인 유형 2가지를 쓰시오.

점 수	• 4~6점 배점 문제로 출제됩니다. • 2가지 유형과 설명을 요구했기 때문에 유형 1가지당 2~3점으로 채점될 수 있습니다.
문제해결 키워드	'극대수행검사'는 '최대수행검사', '성능검사', '능력검사', '인지적 검사'에 해당합니다. 또한, '습관적 수행검사'는 '전형적 수행검사', '성향검사', '정서적 검사'에 해당합니다. 이들은 명칭만 서로 다를 뿐 사실상 동일한 것으로 간주되므로 혼동 없으시기 바랍니다.
기출데이터 ★★★☆	2020년 4회 8번, 2013년 3회 4번, 2012년 1회 5번, 2010년 3회 8번, 2009년 2회 17번, 2006년 1회 11번, 2001년 3회 4번

>> 모범답안

(1) 극대수행검사
   ① 의의 : 일정한 시간 내에 자신의 능력을 최대한 발휘하도록 하는 인지적 검사
   ② 대표적 유형 : 지능검사, 적성검사, 성취도검사 등
(2) 습관적 수행검사
   ① 의의 : 일상생활에서의 습관적인 행동을 검토하는 정서적 검사
   ② 대표적 유형 : 성격검사, 흥미검사, 태도검사 등

>> 유사문제유형

• 성능검사와 성향검사[*1]에 해당하는 검사명을 각각 3가지씩 쓰시오.(2020년 4회 9번, 2018년 1회 8번, 2012년 1회 5번)
• 심리검사는 검사내용에 따라 성능검사와 성향검사로 구분된다. 그중 성능검사의 종류[*2] 6가지를 쓰시오.(2024년 3회 2번)

★1   • 성능검사 : 웩슬러 성인용 지능검사(WAIS), 일반 직업적성검사(GATB), 학업성취도검사
      • 성향검사 : 마이어스–브릭스 성격유형검사(MBTI), 직업선호도검사(VPI), 직무만족도검사

★2   ① 지능검사   ② 적성검사
      ③ 사고능력검사   ④ 인지능력검사
      ⑤ 심리언어검사   ⑥ 장애진단검사
      ⑦ 성취도검사 등

010

심리검사에는 선다형이나 '예, 아니요' 등 객관적 형태의 자기보고형 검사(설문지 형태의 검사)가 가장 많이 사용된다. 이런 형태의 검사가 가지는 장점을 5가지 쓰시오.

점 수	• 5점 배점 문제로 출제됩니다. • 한 가지 답안당 1점씩 채점되며, 누락 시 부분점수가 감점됩니다.

문제해결
키워드
	• '객관적 검사'는 '자기보고형(자기보고식) 검사', '구조적 검사', '비투사 검사'라고도 합니다.
	• 투사적 검사와 달리 강제선택 방식의 구조적 과제를 활용하며, 보통 개인의 독특성을 측정하기
	  보다는 개인마다 공통적으로 지니고 있는 특성이나 차원을 기준으로 하여 개인들을 상대적으로
	  비교하는 것을 목적으로 합니다.

기출데이터 ★★★★☆	2022년 3회 11번, 2019년 2회 12번, 2019년 3회 11번, 2014년 3회 3번, 2009년 3회 10번, 2006년 3회 5번, 2002년 1회 4번, 2001년 3회 9번, 2000년 3회 6번

>> 모범답안

① 검사 실시의 간편성
② 시간과 노력의 절약
③ 객관성의 증대
④ 신뢰도 및 타당도의 확보
⑤ 부적합한 응답의 최소화

>> 유사문제유형

• 심리검사 중 선다형이나, '예, 아니요' 등 객관적 형태의 자기보고형 검사(설문지 형태의 검사)가 가지는 4가지 장점을 설명하시오.
• 투사적 검사와 비교하여 객관적 검사의 장점을 3가지[*1] 기술하시오.(2024년 1회 9번, 2021년 2회 10번, 2017년 1회 10번)
• 심리검사에는 선다형이나 '예, 아니요' 등 객관적 형태의 자기보고형 검사(설문지 형태의 검사)가 가장 많이 사용된다. 이런 형태의 검사가 가지는 단점[*2]을 3가지 쓰시오.

[*1] ① 객관적 검사는 투사적 검사에 비해 검사의 시행 · 채점 · 해석이 간편하다.
     ② 객관적 검사는 투사적 검사에 비해 신뢰도 및 타당도 확보에 유리하다.
     ③ 객관적 검사는 투사적 검사에 비해 검사자나 상황변인의 영향을 덜 받으므로 객관성이 증대된다.

[*2] ① 사회적 바람직성, 반응 경향성, 묵종 경향성 등의 영향을 받는다.
     ② 심리내적 특성을 다루는 데 한계가 있다.
     ③ 응답의 범위가 제한된다.

011 심리검사 유형 중 투사적 검사의 장점 및 단점을 각각 3가지 쓰시오.

점 수	• 6점 배점 문제로 출제됩니다. • 문제에서 요구한 답은 각각 3가지이므로 1가지라도 누락되면 점수가 감점됩니다.
문제해결 키워드	• '투사적 검사'는 '비구조적 검사'라고도 합니다. • 객관적 검사와 투사적 검사의 장·단점은 확실하게 숙지하고 있어야 합니다. • 풀어쓰지 않고 간단하게 한 문장으로 적을 수 있도록 합니다.
기출데이터 ★★★★	2024년 3회 6번, 2020년 3회 11번, 2018년 1회 11번, 2016년 1회 9번, 2014년 2회 17번, 2013년 1회 12번, 2010년 3회 14번, 2008년 3회 5번

>> 모범답안

(1) 장 점
　① 반응의 독특성 : 내담자의 독특한 반응을 통해 내담자 개인을 더 잘 이해할 수 있도록 한다.
　② 방어의 어려움 : 내담자의 의도적인 방어적 반응을 방지한다.
　③ 반응의 풍부함 : 내담자의 다양한 표현을 유도하며, 풍부한 심리적 특성을 반영한다.

(2) 단 점
　① 검사의 신뢰도가 전반적으로 부족하다.
　② 검사 결과의 해석에 대한 타당도 검증이 빈약하다.
　③ 여러 상황적 요인들이 검사반응에 강한 영향을 미친다.

>> 유사문제유형

• 심리검사의 유형 중 투사적 검사의 장점 3가지를 쓰시오.
• 심리검사 유형 중 투사적 검사의 장점을 3가지 쓰고, 각각에 대해 설명하시오.
• 직업심리검사 중 투사적 검사의 장단점을 각각 3가지 쓰시오.

⊕ PLUS 투사적 심리검사의 종류

• 로샤 검사 또는 로샤 잉크반점 검사(RIT ; Rorschach Inkblot Test)
• 주제통각검사(TAT ; Thematic Apperception Test)
• 문장완성검사(SCT ; Sentences Completion Test)
• 집-나무-사람 그림검사(HTP ; House-Tree-Person)
• 인물화 검사(DAP ; Draw-A-Person)

012 Tinsley와 Bradley가 제시한 검사 결과 검토의 2단계를 설명하시오.

점 수	• 4~8점 배점 문제로 출제됩니다. • 1단계당 2~4점으로 채점됩니다.
문제해결 키워드	• Tinsley와 Bradley가 제시한 검사 결과 검토의 2단계뿐만 아니라 4단계도 숙지해 놓도록 합니다. • '설명하시오' 문제이므로 간략히 풀어서 답안을 작성합니다.
기출데이터 ★★	2023년 2회 11번, 2020년 4회 12번, 2012년 1회 11번, 2007년 3회 8번

>> 모범답안

① 이해(제1단계) : 내담자의 검사 결과 해석을 위해 우선적으로 규준을 참조하여 검사점수의 의미를 충분히 이해한다.
② 통합(제2단계) : 이해를 통해 얻어진 정보들을 이전에 수집한 내담자에 대한 개인적 · 상황적 정보들과 통합한다.

>> 유사문제유형

Tinsley와 Bradley가 제시한 심리검사 결과 해석의 4단계[*]를 설명하시오.

★ **심리검사 결과 해석의 4단계(Tinsley & Bradley)**
  • 1단계 – 해석 준비하기
    상담자는 내담자가 검사 자체의 의도와 함께 그 결과가 나타내는 의미를 충분히 이해하고 있는지 숙고한다. 또한 검사 결과가 교육수준, 가정환경 등의 주요 개인정보들과 더불어 통합적인 해석이 이루어진다는 사실을 내담자가 명확히 알고 있는지 숙고한다.
  • 2단계 – 내담자 준비시키기
    상담자는 내담자로 하여금 검사 결과 및 해석을 받아들일 수 있도록 준비시켜야 한다. 이 경우 상담자는 검사 결과를 제시하기 전에 먼저 내담자에게 검사의 목적을 다시 한 번 상기시키며, 검사 과정에서의 느낀 점이나 예상되는 결과를 이야기해보도록 요구할 수 있다.
  • 3단계 – 정보(결과) 전달하기
    상담자는 검사 결과 및 그와 관련된 정보들을 내담자에게 전달한다. 이 경우 상담자는 단순히 검사 점수만을 이야기하는 것이 아닌 측정오차 등의 문제를 쉬운 용어로써 설명해 주며, 점수 자체보다는 그것이 의미하는 바가 더욱 중요하다는 사실을 인식시킨다. 또한 내담자가 솔직하게 반응하도록 격려하며, 내담자가 의미 있는 결과를 잘 수용할 수 있도록 가급적 긍정적인 말로 전달한다.
  • 4단계 – 추후활동
    상담자는 상담 결과에 대해 내담자와 이야기를 나누면서 내담자가 그것을 어떻게 이해했는지 확인한다. 또한 검사 결과를 통해 알게 된 내용들을 비롯하여 관련 자료들을 내담자가 잘 통합할 수 있도록 돕는다.

013 심리검사 사용의 윤리적 문제와 관련하여 주의하여야 할 사항을 6가지 쓰시오.

점 수	• 6점 배점 문제로 출제됩니다. • 한 가지 답안당 1점씩 채점되며, 누락시 부분점수가 감점됩니다.
문제해결 키워드	• 심리검사 사용의 윤리적 문제에 관한 주의사항은 학자마다 혹은 교재마다 다양하게 제시되고 있습니다. • '김병숙, 『직업심리학』, 시그마프레스 刊'에서는 심리검사 사용의 윤리적 문제에 관한 내용으로 미국의 심리학회가 제정한 '심리학자 윤리강령'에 제시된 내용을 소개하고 있습니다.
기출데이터 ★★★	2024년 1회 10번, 2022년 2회 9번, 2019년 3회 12번, 2016년 2회 8번, 2010년 2회 11번, 2008년 1회 2번

>> 모범답안

① 평가기법을 이용할 때 그에 대해 고객에게 충분히 설명해 주어야 한다.
② 새로운 기법을 개발하고 표준화할 때 기존의 과학적 절차를 충분히 따라야 한다.
③ 평가 결과를 보고할 때 신뢰도 및 타당도에 관한 모든 제한점을 지적한다.
④ 평가 결과가 시대에 뒤떨어질 수 있음을 인정한다.
⑤ 검사 사용 과정과 프로그램의 타당도에 대한 적절한 증거를 갖출 수 있도록 한다.
⑥ 적절한 훈련이나 교습, 후원이나 감독을 받지 않은 사람들이 심리검사 기법을 이용하지 않도록 한다.

>> 유사문제유형

심리검사의 사용목적* 3가지를 쓰고, 이를 간략히 설명하시오.(2022년 2회 8번, 2020년 1회 7번, 2007년 1회 9번, 2003년 3회 1번)

★ ① 분류 및 진단 : 내담자의 적성·흥미·동기 등에 관한 자료를 수집하여 문제의 원인을 파악한다.
② 자기이해의 증진 : 내담자로 하여금 자신에 대한 올바른 이해를 통해 현명한 의사결정을 내리도록 돕는다.
③ 예측 : 내담자의 특성을 밝힘으로써 장래 행동이나 성취 등을 예측하고 그에 대한 대안을 마련한다.

⊕ PLUS

심리검사의 사용을 적절히 통제해야만 하는 이유를 2가지 쓰시오.
① 첫째, 자격을 갖춘 검사자만이 사용할 수 있도록 하기 위해서이다.
② 둘째, 검사내용에 대한 친숙성을 사전에 방지함으로써 특정의 검사가 쓸모없는 것이 되지 않도록 하기 위해서이다.

014 규준의 유형 중 백분위 점수, 표준점수, 표준등급의 의미를 간략히 설명하시오.

점수	• 6점 배점 문제로 출제됩니다. • 문제출제자 및 채점자 입장에서 생각해 보면, 부분점수를 책정하기에 유리한 문제형태입니다. 6점 배점의 문제라면, 백분위 점수, 표준점수, 표준등급의 의미당 2점을 책정할 수 있습니다.
문제해결 키워드	• 해당 문제는 규준의 유형을 이미 제시하고 있는 친절한 문제로, '집단 내 규준의 종류 3가지를 쓰고 설명하시오'라는 문제가 가장 많이 출제되었습니다. • '설명하시오' 문제이므로 간략히 풀어서 답안을 작성합니다. • 과년도부터 최근까지 출제비율이 높은 문제입니다. 반드시 내 것으로 만들어야 할 문제입니다.
기출데이터 ★★★★★ ★★☆	2024년 2회 4번, 2023년 1회 7번, 2023년 2회 8번, 2023년 3회 9번, 2021년 2회 7번, 2020년 1회 8번, 2019년 1회 9번, 2018년 3회 8번, 2015년 1회 12번, 2014년 3회 2번, 2012년 2회 6번, 2012년 3회 6번, 2010년 4회 9번, 2009년 2회 10번, 2009년 3회 3번, 2008년 1회 14번, 2007년 1회 3번

>> 모범답안

① 백분위 점수 : 원점수의 분포에서 100개의 동일한 구간으로 점수들을 분포하여 변환점수를 부여한 것이다.
② 표준점수 : 원점수를 주어진 집단의 평균을 중심으로 표준편차 단위를 사용하여 분포상 어느 위치에 해당하는가를 나타낸 것이다.
③ 표준등급 : 원점수를 비율에 따라 1~9까지의 구간으로 구분하여 각각의 구간에 일정한 점수나 등급을 부여한 것이다.

>> 유사문제유형

• 집단 내 규준의 종류 3가지를 쓰고 설명하시오.
• 표준화된 심리검사에는 집단 내 규준이 포함되어 있다. 집단 내 규준 3가지를 쓰고, 각각에 대해 설명하시오.
• 규준의 유형 중 백분위* 점수, 표준점수, 표준등급의 의미를 간략히 설명하시오.
• 표준화된 심리검사에는 집단 내 규준이 포함되어 있다. 집단 내 규준의 종류 3가지를 쓰고, 각각에 대해 설명하시오.
• 규준의 종류 중 백분위 점수, 표준점수, 표준등급의 의미를 각각 설명하시오.

★ 백분위와 백분율의 차이
백분위와 백분율은 사용상에 있어서 매우 유사하나 동일한 것이 아닙니다. 이를 간단히 정리하면 다음과 같습니다.

> • 백분위 : 최댓값을 100으로 하여 특정 대상의 상대적인 위치를 수치화한 값
> • 백분율 : 최댓값이 1이며, 여기에 분모 100을 적용하여 분자의 값만을 표기한 것

따라서 백분위의 경우 산출되는 값을 그대로 사용할 수 있으나, 백분율의 경우 해당 값이 항상 1보다 작은 값을 가지게 됩니다.

015

직업상담사가 구직자 A와 B에게 각각 동형검사인 직무능력검사(I형)과 직무능력검사(II형)을 실시한 결과, A는 115점, B는 124점을 얻었으나 검사유형이 다르기 때문에 두 사람의 점수를 직접 비교할 수 없다. A와 B 중 누가 더 높은 직무능력을 갖추었는지 각각 표준점수인 Z점수를 산출하고 이를 비교하시오(각각의 Z점수는 반올림하여 소수점 둘째 자리까지 산출하며, 계산과정을 반드시 기재하시오).

> A : 직무능력검사(I형) 표준화 집단 평균 : 100, 표준편차 : 7
> B : 직무능력검사(II형) 표준화 집단 평균 : 100, 표준편차 : 15

점수	• 5점 배점 문제로 출제됩니다. • 계산하고 비교까지 문제에서 요구하고 있기 때문에 한 가지라도 누락되면 부분점수가 감점됩니다.
문제해결 키워드	• 직접 계산하는 문제가 간혹 출제될 수 있으니 공식을 암기해 놓아야 합니다. • 산출된 값을 간단하게 한 줄 정도로 비교할 수 있도록 합니다.
기출데이터 ★	2014년 3회 7번, 2007년 3회 4번

>> 모범답안

$$Z점수 = \frac{원점수-평균}{표준편차}$$

• A의 Z점수 $= \frac{115-100}{7} ≒ 2.14$

• B의 Z점수 $= \frac{124-100}{15} ≒ 1.60$

∴ A의 Z점수가 B의 Z점수보다 높으므로 A가 B보다 더 높은 직무능력을 갖춘 것으로 볼 수 있다.

⊕ PLUS

구직자 A와 B에게 실시한 직무능력검사(I형)과 직무능력검사(II형)에서 A는 115점, B는 130점을 얻었다. A와 B 중 누가 더 높은 직무능력을 갖추었는지 각각 표준점수인 Z점수를 산출하고 이를 비교하시오(각각의 Z점수는 반올림하여 소수점 둘째 자리까지 산출하며, 계산과정을 반드시 기재하시오).

> A : 직무능력검사(I형) 표준화 집단 평균 : 100, 표준편차 : 10
> B : 직무능력검사(II형) 표준화 집단 평균 : 100, 표준편차 : 15

• A의 Z점수 $= \frac{115-100}{10} = 1.5$

• B의 Z점수 $= \frac{130-100}{15} = 2$

∴ B의 Z점수가 A의 Z점수보다 높으므로 B가 A보다 더 높은 직무능력을 갖춘 것으로 볼 수 있다.

016

심리검사는 사용목적에 따라 규준참조검사와 준거참조검사로 구분할 수 있다. 규준참조검사와 준거참조검사의 의미를 각각 예를 들어 설명하시오.

점 수	• 6점 배점 문제로 출제됩니다. • 각각의 예가 누락되었다면 부분점수 감점이 있을 수 있습니다.
문제해결 키워드	• '설명하시오' 문제이므로 간략히 풀어서 답안을 작성합니다. • '규준참조검사'와 '준거참조검사'의 차이점을 확실하게 구분해 정리하시기 바랍니다.
기출데이터 ★★★★	2021년 3회 10번, 2021년 1회 8번, 2019년 2회 11번, 2018년 3회 9번, 2016년 3회 9번, 2011년 2회 13번, 2010년 1회 7번, 2005년 1회 8번

>> 모범답안

① 규준참조검사 : 개인의 점수를 해석하기 위해 유사한 다른 사람들의 점수를 비교하여 평가하는 상대평가 목적의 검사이다.
   예 각종 심리검사, 선발검사 등
② 준거참조검사 : 개인의 점수를 해석하기 위해 특정 기준점수와 비교하여 평가하는 절대평가 목적의 검사이다.
   예 각종 국가자격시험 등

>> 유사문제유형

심리검사는 규준[*1]에 의한 검사와 준거[*2]에 의한 검사로 나눌 수 있는데, 그 의미와 예를 쓰시오.

. . . .

★1 **규준(Norm)**
특정집단의 전형적인 또는 평균적인 수행 지표를 제공해 주며, 대상자집단의 점수분포를 고려하여 개인의 점수를 해당 분포에 비추어 상대적으로 파악하도록 해준다.

★2 **준거(Criterion)**
개인이 어떤 일을 수행할 수 있다고 대중이 확신하는 지식 또는 기술 수준을 말하며, 목표 설정에 있어서 도달하여야 할 기준을 의미한다.

⊕ PLUS

규준참조검사와 준거참조검사를 구분하는 기준은 검사점수를 다른 대표집단 사람들의 점수와 비교하여 해석하는가(→ 규준참조검사), 아니면 특정 기준을 토대로 해석하고 사용하는가(→ 준거참조검사)의 차이에서 비롯됩니다.

017

직업심리검사에서 측정의 기본단위인 척도의 4가지 유형을 쓰고, 각각에 대해 설명하시오.

점 수	• 4~6점 혹은 8점 배점 문제로 출제됩니다. • 4가지 유형 중 1가지 유형이라도 누락된다면 부분점수 감점이 있을 수 있습니다.
문제해결 키워드	• '설명하시오' 문제이므로 간략히 풀어서 답안을 작성합니다. • 척도의 종류와 그 예도 알아두도록 합니다.
기출데이터 ★★★☆	2024년 2회 2번, 2020년 2회 10번, 2016년 1회 10번, 2016년 2회 11번, 2012년 1회 13번, 2006년 1회 8번, 2003년 3회 6번

>> 모범답안

① 명명척도(명목척도) : 숫자의 차이가 측정한 속성의 차이만을 나타내는 척도
② 서열척도 : 숫자의 차이가 측정한 속성의 차이는 물론 그 서열관계에 대한 정보도 포함하는 척도
③ 등간척도 : 수치상의 차이가 측정한 속성의 차이나 서열관계는 물론 등간관계에 대한 정보도 포함하는 척도
④ 비율척도 : 수치상의 차이가 차이정보, 서열정보, 등간정보는 물론 수의 비율에 관한 정보까지 포함하는 척도

>> 유사문제유형

직업심리검사에서 측정의 기본단위인 척도(Scale)의 4가지 유형을 쓰고, 각각에 대해 설명하시오.

⊕ PLUS

일반적으로 지능검사와 같은 심리검사로 측정한 수치들은 등간척도로 간주하는 경향이 있다. 지능지수(IQ)가 명명척도나 비율척도에 해당하지 않는 이유, 서열척도가 아닌 등간척도로 만들려는 이유를 설명하시오.

(1) 명명척도나 비율척도에 해당하지 않는 이유

지능지수(IQ)의 차이는 단지 "점수가 다르면 사람이 다르다"는 것만을 의미하지 않는다. 또한 지능검사의 점수를 비율로 해석해서 지능지수(IQ) 100을 지능지수(IQ) 50의 두 배라고 해석할 수 없다.

(2) 서열척도가 아닌 등간척도로 만들려는 이유

지능지수(IQ) 100과 110의 지능수준 차이는 지능지수(IQ) 110과 120의 지능수준 차이와 같다고 단정하기 어려우나, 표준화 지능검사는 다양한 통계적 기법들을 활용하여 각 수치들이 일반적으로 등간척도의 성질을 갖도록 제작되었다. 이는 척도의 유형에 따라 적용할 수 있는 통계적 분석방법에 제약이 있기 때문이다. 즉, 관찰한 수치들을 가지고 모집단의 수치를 추정하고자 하는 모수통계를 사용하기 위해서는 등간척도나 비율척도이어야 가능하다.

018 어떤 집단의 심리검사 점수가 분산되어 있는 정도를 판단하기 위하여 사용되는 기준 3가지를 쓰고 그 의미를 설명하시오.

점 수	• 3~6점 배점 문제로 출제됩니다. • 3가지 기준은 각각 1~2점으로 채점될 수 있습니다.
문제해결 키워드	• '설명하시오' 문제이므로 간략히 풀어서 답안을 작성합니다. • 중앙값, 최빈값 등의 검사 관련 주요 개념을 이해할 필요가 있습니다(PLUS 참고).
기출데이터 ★★	2019년 2회 11번, 2014년 2회 1번, 2011년 2회 14번, 2008년 3회 13번

>> 모범답안

① 범위 : 점수분포에 있어서 최고점수와 최저점수까지의 거리를 말한다.
② 분산 : 한 변수의 분포에 있는 모든 변숫값들을 통해 흩어진 정도를 추정한다.
③ 표준편차 : 점수집합 내에서 점수들 간의 상이한 정도를 나타낸다.

>> 유사문제유형

어떤 집단의 심리검사 점수가 분산되어 있는 정도를 판단하기 위하여 사용되는 기준* 2가지를 쓰고 그 의미를 설명하시오.

★　어떤 집단의 심리검사 점수가 분산되어 있는 정도를 판단하기 위하여 사용되는 기준에는 범위, 분산 표준편차, 사분편차를 답안으로 작성할 수 있습니다. 모범답안에서 제시한 답안 외 사분편차는 자료를 일렬로 늘어놓고 제일 작은 쪽에서 1/4 지점(제1사분위수), 3/4 지점(제3사분위수)에 있는 자료 두 개를 택하여 그 차이를 2로 나눈 값을 의미합니다.

⊕ PLUS　검사 관련 주요 개념

• **중앙값(Median)** : 한 집단의 점수분포에서 전체 사례를 상위 1/2과 하위 1/2로 나누는 점. 정규분포상 평균 점수
　예 '12, 13, 16, 19, 20'에서 중앙값은 16
• **최빈값(Mode)** : 가장 많은 빈도를 지닌 점수
　예 '12, 12, 14, 14, 18, 18, 18, 19, 20, 20'에서 최빈값은 18
• **범위(Range)** : 점수분포에서 최고점수와 최저점수까지의 거리, 범위 = 최고점수 − 최저점수 + 1
　예 '2, 5, 6, 8'에서 범위는 8 − 2 + 1 = 7
• **표준편차(Standard Deviation)**
　− 점수집합 내에서 점수들 간의 상이한 정도를 나타내는 것
　− 표준편차가 클수록 평균값에서 이탈한 것이고, 작을수록 평균값에 근접한 것
• **표준오차(Standard Error)**
　− 표집의 과정에서 발생하는 오차와 연관된 것으로서, 각 표본들의 평균과 전체 모집단의 평균 간의 간격을 나타내는 것
　− 다른 조건이 일정한 경우 표본의 크기가 커지면 표준오차는 작아지며, 표준오차가 작을수록 표본의 대표성이 높다고 볼 수 있음

019

직업상담 시 내담자 이해를 위한 질적 측정 도구 3가지를 쓰고, 각각에 대해 설명하시오.

점 수	6점 배점문제로 출제됩니다.
문제해결 키워드	일부 교재에서는 '생애진로사정'을 답안에 포함시키는 경우도 있으나, 가급적 출제자가 요구하는 정답에 근접하도록 모범답안의 4가지 중에서 선택하시기 바랍니다.
기출데이터 ★★	2024년 3회 3번, 2022년 2회 6번, 2017년 3회 6번, 2013년 2회 15번

>> 모범답안

① 자기효능감 척도 : 어떤 과제를 어느 정도 수준으로 수행할 수 있는 능력을 갖추었다고 스스로 판단하는지의 정도를 측정한다.
② (직업)카드분류 : 내담자의 가치관, 흥미, 직무기술, 라이프 스타일 등의 선호형태를 측정하는 데 유용하다.
③ 직업가계도(제노그램) : 내담자의 가족이나 선조들의 직업 특징에 대한 시각적 표상을 얻기 위해 도표를 만드는 것이다.
④ 역할놀이(역할극) : 내담자의 수행행동을 나타낼 수 있는 업무상황을 제시해 준다.

>> 유사문제유형

직업상담 시 내담자 이해를 위한 질적 측정 도구 3가지를 쓰고 설명하시오.

⊕ PLUS **아이작슨과 브라운(Isaacson & Brown)의 직업(진로)검사 도구 분류**

양적 평가	• 직업요구 및 가치관 검사(욕구 및 근로 가치 설문) • 흥미검사 • 성격검사 • 다중 적성검사 • 진단적 검사(진로 결정, 진로 발달, 진로 신념 등) • 다목적 검사 등
질적 평가	• 자기효능감 척도(자기효능감 측정) • 카드분류(직업 카드분류) • 직업 가계도(제노그램) • 역할 놀이(역할극) 등

020 규준 제작 시 사용되는 확률표집방법 3가지를 쓰고 각 방법에 대해 설명하시오.

점수	• 6점 배점 문제로 출제됩니다. • 3가지 방법은 각 2점씩 채점될 수 있습니다.
문제해결 키워드	• '설명하시오' 문제이므로 간략히 풀어서 답안을 작성합니다. • 확률표집방법과 비확률표집방법을 구분하여야 합니다.
기출데이터 ★★★☆	2022년 3회 8번, 2020년 2회 8번, 2018년 3회 10번, 2016년 3회 10번, <u>2015년 2회 13번</u>, 2011년 3회 4번, 2010년 1회 5번

≫ 모범답안

① 단순무선표집(단순무작위표집) : 모집단의 구성원들이 표본에 속할 확률이 동일하도록 표집하는 방법이다.
② 층화표집 : 모집단이 규모가 다른 몇 개의 이질적인 하위집단으로 구성되어 있는 경우 사용하는 방법이다.
③ 집락표집(군집표집) : 모집단을 서로 동질적인 하위집단으로 구분하여 집단 자체를 표집하는 방법이다.

≫ 유사문제유형

• 규준 제작 시 사용되는 확률표집방법의 종류 3가지[*1]를 쓰시오.(2024년 1회 7번)
• 규준 제작 시 사용되는 확률표집방법의 종류 3가지를 쓰고, 각각에 대해 설명하시오.
• 모집단에서 규준집단을 구성하기 위한 표본추출방법으로 확률표집방법과 비확률표집방법이 있다. 그중 비확률표집방법의 종류[*2] 3가지를 쓰고, 각각에 대해 설명하시오.(2024년 2회 3번)

[*1] 모범답안의 3가지 방법 외에 '계통표집(체계적 표집)'도 있습니다. 계통표집은 모집단 목록에서 구성요소에 대해 일정한 순서에 따라 매 K번째 요소를 추출하는 방법입니다. 참고로 확률표집방법의 예는 다음과 같습니다.

> • 단순무선표집(단순무작위표집) : 제비뽑기, 컴퓨터를 이용한 난수의 추출 등
> • 층화표집 : 다양한 종파의 신도들이 포함된 모집단에서 이를 각 종파별로 나누어 해당 종파 내에서 필요한 만큼 무선표집을 한다.
> • 집락표집(군집표집) : 초등학교 1학년용 검사의 규준을 개발할 경우, 표집단위를 개인이 아닌 반으로 하는 것이 가능하다.
> • 계통표집(체계적 표집) : 1,000명의 회원명부에서 100명을 선발하기 위해 처음 요소를 무작위로 뽑은 후 그 회원번호가 8번으로 끝난다면, 18, 28, 38 등의 번호로 표본을 선정한다.

[*2] ① 할당표집 : 모집단을 일정한 카테고리로 나눈 후 정해진 요소수를 작위적으로 추출하는 방법이다.
② 유의표집(판단표집) : 연구자의 주관적인 판단에 따라 의도적으로 추출하는 방법이다.
③ 임의표집(편의표집) : 표본선정의 편리성에 기초하여 임의로 추출하는 방법이다.
④ 누적표집(눈덩이표집) : 표본을 선정하는 과정을 되풀이하여 마치 눈덩이를 굴리듯이 추출하는 방법이다.

021 신뢰도 검증방법 중 검사-재검사법의 단점 4가지를 쓰시오.

점 수	• 4~6점 배점 문제로 출제됩니다. • 3가지 혹은 4가지를 쓰도록 하고 있으므로, 각 1점 혹은 2점으로 채점될 수 있습니다.
문제해결 키워드	• 검사-재검사법의 단점은 교재에 따라 약간씩 다르게 제시되고 있으나 내용상 큰 차이는 없습니다. • 일반적으로 검사-재검사법의 단점은 크게 두 가지 방식으로 구분할 수 있습니다. 　－ 두 번의 동일한 검사를 동일한 대상에게 반복하여 실시함으로써 나타나는 문제(예 기억에 의한 응답) 　－ 인간의 속성이나 상황, 개인이나 집단이 처한 조건 등이 지속적으로 유동적인 상태에 있음으로써 나타나는 문제(예 개인의 성숙, 환경의 변화)
기출데이터 ★★★★★	2023년 1회 11번, 2022년 1회 8번, 2020년 3회 7번, 2018년 2회 10번, 2018년 3회 11번, 2014년 3회 17번, 2013년 3회 5번, 2012년 2회 7번, 2009년 1회 16번, 2009년 3회 1번

>> 모범답안

① 성숙요인(성숙효과) : 두 검사 사이의 시간 간격이 너무 클 경우 측정대상의 속성이나 특성이 변화할 수 있다.
② 반응민감성 : 검사를 치르는 경험이 후속 반응에 영향을 줄 수 있다.
③ 이월효과(기억효과) : 두 검사 사이의 시간 간격이 너무 짧을 경우 앞에서 답한 것을 기억해서 뒤의 응답 시 활용할 수 있다.
④ 시간 및 비용 소요 : 동일검사를 두 번 실시함에 따라 시간과 비용이 많이 소요된다.

>> 유사문제유형

• 검사-재검사법으로 신뢰도 추정치를 구할 경우의 단점을 3가지 쓰시오.
• 검사-재검사 신뢰도에 영향을 미치는 요인을 3가지 쓰시오.
• 신뢰도 검증방법 중 검사-재검사법의 단점을 3가지만 쓰시오.
• 검사-재검사 신뢰도에 영향을 미치는 요인을 4가지를 쓰시오.
• 신뢰도 검증방법 중 사람들이 하나의 검사에 대해 다른 시점에서 얼마나 일관성 있게 반응하는지를 알아보는 방법인 검사-재검사법의 단점 4가지를 쓰시오.
• 검사-재검사 신뢰도에 영향을 미치는 요인의 3가지 형태를 쓰고, 각각에 대해 간략히 설명하시오.

⊕ PLUS

"검사-재검사 신뢰도에 영향을 미치는 요인"은 "검사-재검사법의 단점"과 내용상 일맥상통하나 교재에 따라 약간씩 다르게 설명하고 있습니다. 다만, 모범답안에서 ①~③번의 내용은 공통적으로 적용될 수 있으므로, 이 3가지 내용을 반드시 암기하시기 바랍니다.

022 심리검사의 신뢰도에 영향을 주는 요인을 4가지만 쓰고 설명하시오.

점수	• 4~6점 배점 문제로 출제됩니다. • '설명하시오' 문제이므로 요인을 간단히 쓰고 설명을 더해서 답안을 작성해야 감점 없이 점수를 받을 수 있습니다.
문제해결 키워드	'신뢰도에 영향을 미치는 요인'과 '신뢰도 계수에 영향을 미치는 요인'은 관점의 차이는 있을 수 있으나 사실상 같은 의미로 볼 수 있습니다.
기출데이터 ★★★★	2023년 1회 10번, 2021년 2회 8번, 2017년 1회 8번, 2017년 3회 8번, 2014년 3회 18번, 2010년 1회 12번, 2010년 2회 9번, 2007년 3회 13번

▶▶ 모범답안

① 개인차 : 개인차가 클수록 신뢰도 계수도 커진다.
② 문항 수 : 문항 수가 많은 경우 신뢰도는 커지지만 정비례하여 커지는 것은 아니다.
③ 문항반응 수 : 문항반응 수가 적정수준을 초과하는 경우 신뢰도는 평행선을 긋게 된다.
④ 신뢰도 추정방법 : 서로 다른 신뢰도 추정방법에 따라 얻어진 신뢰도 계수는 각기 다를 수밖에 없다.

▶▶ 유사문제유형

• 심리검사의 신뢰도 종류와 신뢰도에 영향을 주는 요인[*1]을 3가지씩 쓰시오.
• 신뢰도 계수에 영향을 미치는 요인 3가지를 제시하고 각각에 대해 설명하시오.
• 검사 신뢰도란 검사를 동일한 사람에게 실시했을 때 검사 조건이나 검사 시기에 관계없이 점수들이 얼마나 일관성이 있는가를 말한다. 이러한 검사 신뢰도의 종류와 신뢰도에 영향을 주는 요인을 각각 3가지씩 쓰시오.
• 심리검사의 신뢰도에 영향을 주는 요인 5가지[*2]를 쓰시오.

[*1] **(1) 신뢰도의 종류**
① 검사-재검사 신뢰도
② 동형검사 신뢰도
③ 반분신뢰도
(2) 신뢰도에 영향을 주는 요인
① 개인차
② 문항 수
③ 문항반응 수

[*2] 다음의 내용을 추가적으로 제시할 수 있습니다.
⑤ 검사유형(속도검사의 신뢰도) : 문항 수가 많고 주어진 시간이 제한되어 있는 속도검사의 경우 특히 전후반분법을 이용하여 신뢰도를 추정하는 것은 바람직하지 못하다.

023

직업심리검사의 신뢰도를 추정하는 방법을 3가지 쓰고, 각각에 대해 설명하시오.

점 수	• 4~6점 배점 문제로 출제됩니다. • 문제에서 3가지를 요구했기 때문에 신뢰도 추정방법 중 대표적인 3가지를 설명하면 됩니다.
문제해결 키워드	• 신뢰도 추정방법은 자주 출제되는 유형으로 각 방법의 장점과 단점도 숙지하도록 합니다. • 신뢰도(Reliability)란 측정도구가 측정하려는 현상을 일관성 있게 측정하는 능력을 말합니다.
기출데이터 ★★★★☆	2024년 1회 8번, 2023년 2회 9번, 2021년 3회 12번, 2020년 2회 9번, 2018년 1회 10번, 2013년 1회 5번, 2010년 1회 12번, 2009년 2회 9번, 2006년 3회 8번

>> 모범답안

① 검사-재검사 신뢰도 : 동일한 검사를 동일한 수검자에게 일정 시간 간격을 두고 두 번 실시하여 얻은 두 검사 점수의 상관계수를 비교한다.

② 동형검사 신뢰도 : 동일한 수검자에게 첫 번째 시행한 검사와 동등한 유형의 검사를 실시하여 두 검사 점수 간의 상관계수를 비교한다.

③ 내적합치도(반분신뢰도) : 한 검사를 어떤 집단에 실시하고 그 검사의 문항을 동형이 되도록 두 개의 검사로 나눈 다음 두 검사 점수 간의 상관계수를 비교한다.

>> 유사문제유형

• 심리검사의 신뢰도 종류와 신뢰도에 영향을 주는 요인을 3가지씩 쓰시오.

• 신뢰도 추정의 검사-재검사법, 동형검사법의 의미와 단점[*1]을 기술하시오.

• 검사-재검사 신뢰도, 동형검사 신뢰도, 문항내적 합치도[*2]에 대해 설명하시오.

• 반분신뢰도 추정[*3]을 위해 가장 많이 사용하는 방법을 3가지 쓰고, 각각에 대해 설명하시오.(2024년 2회 5번, 2019년 3회 9번, 2017년 1회 9번, 2012년 3회 2번)

[*1] **(1) 검사-재검사 신뢰도**

① 의미 : 동일한 대상에 동일한 검사를 일정 시간 간격을 두고 두 번 측정한 다음 그 결과를 비교한다.

② 단점 : 성숙요인, 반응민감성, 이월효과, 시간 및 비용 소요 등

(2) 동형검사 신뢰도

① 의미 : 새로 개발한 검사와 거의 동일한 검사를 하나 더 개발하여 그 결과를 비교한다.

② 단점 : 동형검사 개발의 어려움, 두 검사 간 동질성 보장의 어려움, 시간 및 비용 소요 등

[*2] 단일의 신뢰도 계수를 계산할 수 없는 반분법의 문제점을 고려하여, 가능한 한 모든 반분신뢰도를 구한 다음 그 평균값을 신뢰도로 추정하는 방법이다. 동일한 개념을 측정하는 항목인 경우 그 측정 결과에 일관성이 있어야 한다는 논리에 따라 일관성이 없는 항목, 즉 신뢰성을 저해하는 항목을 찾아서 배제시킨다.

[*3] ① 전후절반법 : 전체 검사를 문항 순서에 따라 전반부와 후반부로 반분한다.

② 기우절반법 : 전체 검사를 문항의 번호에 따라 홀수와 짝수로 반분한다.

③ 짝진 임의배치법 : 전체 검사를 문항의 난이도와 문항과 총점 간의 상관계수를 토대로 반분한다.

024

측정의 신뢰성(Reliability)을 높이기 위해서는 측정오차(Measurement Error)를 최대한 줄여야 한다. 측정오차를 최대한 줄이기 위한 구체적인 방법을 3가지 기술하시오.

점 수	• 6점 배점 문제로 출제됩니다. • 3가지 방법은 각각 2점씩 채점될 수 있습니다.
문제해결 키워드	신뢰도 제고를 위한 구체적인 방법들은 신뢰도 제고를 위한 기본원리에 근거합니다. 다만, 문제상에서 '구체적인 방법들'을 열거하라고 제시하는 경우 구체적 · 파생적 방법들을 제시하는 것이 바람직합니다. 참고로 구체적인 방법들은 교재에 따라 약간씩 다르게 제시되어 있으나 내용상 큰 차이는 없습니다.
기출데이터 ★★☆	2022년 3회 9번, 2019년 2회 13번, 2013년 2회 5번, 2010년 3회 6번, 2001년 3회 5번

>> 모범답안

① 검사의 실시와 채점 과정을 표준화하여 오차변량을 줄인다.
② 검사의 문항 수를 늘린다.
③ 검사의 신뢰도에 나쁜 영향을 미치는 문항들을 제거한다.

>> 유사문제유형

측정의 신뢰도를 위해 측정의 오차를 줄이기 위한 구체적인 방법★을 쓰시오.

★   측정의 신뢰도를 위해 측정오차를 줄이는 방법은 교재마다 다양하게 제시되고 있습니다. 다음과 같이 답안을 작성할 수도 있습니다.
① 측정상황의 분석 및 일관성 유지
② 표준화된 지시와 설명
③ 문항(항목)의 추가적 사용
④ 문항(항목)의 명확한 구성
⑤ 대조적인 문항(항목)들의 비교 · 분석

⊕ PLUS   측정의 신뢰도 재고(개선)를 위한 원리(MaxMinCon Principle)

• **체계적 분산의 극대화** : 체계적 분산은 독립변수에 의해 영향을 받는 종속변수의 분산을 극대화함으로써, 독립변수가 종속변수에 미치는 영향을 명확히 하도록 한다.
• **오차분산의 극소화** : 신뢰도와 타당도가 높은 측정도구를 사용하여 체계적 오류와 비체계적 오류를 축소함으로써 측정상의 오차를 최소화한다.
• **외부변수의 통제** : 연구 목적과 관련이 없는 외부변수들을 무작위할당, 변수의 제거 등의 방법을 통해 효과적으로 통제한다.

025

심리검사에서 준거타당도 계수의 크기에 영향을 미치는 요인을 3가지만 쓰고, 각각에 대해 설명하시오.

점 수	• 6점 배점 문제로 출제됩니다. • 3가지 방법은 각각 2점씩 채점될 수 있습니다.
문제해결 키워드	• 준거타당도 계수의 크기에 영향을 미치는 요인 4가지 중 3가지를 쓰고 간략하게 설명하면 됩니다. • 준거타당도란 어떤 심리검사가 특정 준거와 어느 정도 연관성이 있는지를 나타내는 것입니다.
기출데이터 ★★★☆	2024년 3회 5번, 2022년 2회 12번, 2022년 3회 10번, 2018년 1회 12번, 2018년 3회 12번, 2012년 3회 12번, 2011년 1회 10번

>> 모범답안

① 표집오차 : 표본이 모집단을 잘 대표하지 못하는 경우 표집오차가 커지고 그 결과 타당도 계수가 낮아진다.
② 준거측정치의 신뢰도 : 어떤 검사의 준거타당도 계산을 위해 사용한 준거측정치의 신뢰도가 낮은 경우 검사의 준거타당도도 낮아진다.
③ 준거측정치의 타당도 : 준거결핍이나 준거오염이 있는 경우 검사의 준거타당도는 낮아진다.

>> 유사문제유형

심리검사에서 준거타당도 계수의 크기에 영향을 미치는 요인을 3가지만 쓰고 설명하시오.

⊕ PLUS

준거타당도 계수의 크기에 영향을 미치는 또 다른 요인으로 '범위제한'이 있습니다. 준거타당도 계산을 위해 얻은 자료들이 검사점수와 준거점수의 전체범위를 포괄하지 않고 일부만을 포괄하는 경우 타당도 계수는 낮아지는 반면, 전체범위를 포괄하는 경우 타당도 계수는 높아집니다.

026 다음 물음에 답하시오.

(1) 준거타당도의 종류 2가지를 쓰고 설명하시오.

(2) 여러 가지 타당도 중 특히 직업상담에서 준거타당도가 중요한 이유 2가지를 설명하시오.

(3) 실제 연구에서 타당도 계수가 낮아지는 이유 3가지를 설명하시오.

점 수	• 6~7점 배점 문제로 출제됩니다. • 6점 배점의 문제라면, 각 질문을 2점씩으로 책정하고, 7점 배점 문제라면 (1)-2점 / (2)-2점 / (3)-3점으로 책정할 수 있습니다. 하위 문제 중 모르는 문제가 있다고 포기하지 말고, 부분점수를 위해서 한 문제라도 성실하게 답안을 작성해야 합니다. • '설명하시오' 문제이므로 간략하게 풀어서 답안을 작성하면 됩니다.
문제해결 키워드	• 하위 문제에서 2가지, 3가지 등 답안의 개수를 특정하여 요구하고 있으므로, 각 문제에 맞게 답안을 작성하도록 합니다. • 문제 출제자 및 채점자 입장에서 생각해 보면, 부분점수를 책정하기에 유리한 문제형태입니다. 따라서 아는 만큼 성실하게 작성하는 것이 중요합니다. • 과년도부터 최근까지 출제비율이 높은 문제입니다. 반드시 내 것으로 만들어야 할 문제입니다.
기출데이터 ★★★★★	2023년 3회 10번, 2017년 2회 11번, 2014년 1회 17번, 2013년 2회 12번, 2012년 1회 4번, 2011년 3회 18번, 2010년 2회 14번, 2008년 3회 10번, 2006년 1회 3번, 2006년 3회 1번, 2002년 1회 1번, 2000년 1회 6번

>> 모범답안

(1) 준거타당도의 종류

① 동시타당도 : 현재 상태의 측정에 초점을 두며, 새로운 검사와 준거의 두 결과 간의 상관계수를 추정한다.

② 예언타당도 : 미래 상황의 예측에 초점을 두며, 검사점수와 미래 행위 측정치 간의 상관계수를 추정한다.

(2) 직업상담에서 준거타당도가 중요한 이유

① 검사도구가 미래의 행위를 예언하므로 선발이나 배치, 훈련 등의 인사관리에 관한 의사결정의 설득력을 제공한다.

② 경험적 근거에 따른 비교적 명확한 준거를 토대로 내담자의 직업선택을 위한 효과적인 정보를 제공한다.

(3) 실제 연구에서 타당도 계수가 낮아지는 이유

① 실제 연구는 실증 연구에 비해 독립변수의 조작 및 외생변수의 통제가 어렵다.

② 실제 연구에서는 실험변수에 의한 효과와 외생변수에 의한 효과를 명확히 구분하기 어렵다.

③ 실제 연구는 실증 연구에 비해 정밀도가 낮으며, 특히 내적 타당도에서 취약한 양상을 보인다.

>> 유사문제유형

• 준거타당도의 의미[*1]와 준거타당도의 종류 2가지를 쓰고 설명하시오.

• 예언타당도와 동시타당도를 예를 들어 설명[*2]하시오.

• 준거관련 타당도의 의미와 준거관련 타당도에 속하는 타당도의 종류를 2가지 제시하고 간략히 설명하시오.

• 다음 물음에 답하시오.

 (1) 준거타당도의 종류 2가지를 쓰고 설명하시오.

 (2) 직업상담이나 산업장면에서 준거타당도가 낮은 검사를 사용해서는 안 되는 이유 2가지를 설명하시오.

 (3) 실증 연구의 타당도 계수가 실제 타당도 계수보다 낮은 이유 3가지를 설명하시오.

• 다음 물음에 답하시오.

(1) 준거타당도의 종류 2가지를 쓰고, 각각에 대해 설명하시오.

(2) 준거타당도가 직업상담이나 산업장면에서 다른 어떤 타당도보다 중요한 이유[*3] 2가지를 설명하시오.

(3) 실증 연구의 타당도 계수가 실제 타당도 계수보다 낮은 이유[*4] 2가지를 설명하시오.

[★1] 어떤 심리검사가 특정 준거와 어느 정도 연관성이 있는지를 나타내는 것이다.

[★2] • 예언타당도(예측타당도) : 미래 상황의 예측에 초점을 두며, 검사점수와 미래 행위 측정치 간의 상관계수를 추정한다.
    예 선발시험에서 높은 성적을 얻은 사람이 이후 근무실적에서도 높은 점수를 얻었다면, 해당 선발시험은 근무실적을 잘 예측한 것으로 볼 수 있다.

  • 공인타당도(동시타당도) : 현재 상태의 측정에 초점을 두며, 새로운 검사와 준거의 두 결과 간의 상관계수를 추정한다.
    예 재직자에게 응시자용 문제를 제시하여 시험을 실시한 후 재직자의 평소 근무실적과 시험성적을 비교했을 때 근무실적이 좋은 재직자가 시험에서도 높은 성적을 얻었다면, 해당 시험은 타당도를 갖춘 것으로 볼 수 있다.

[★3] • 선발이나 평가과정의 효율성을 도모하는 데 유리하다.

  • 인사관리에 관한 의사결정의 공정성을 도모하는 데 유리하다.

[★4] • 표집오차 : 표본이 모집단을 잘 대표하지 못하는 경우 표집오차가 커지고 그 결과 타당도 계수가 낮아진다.

  • 준거측정치의 신뢰도 : 어떤 검사의 준거타당도 계산을 위해 사용한 준거측정치의 신뢰도가 낮은 경우 검사의 준거타당도도 낮아진다.

  • 준거측정치의 타당도 : 준거결핍이나 준거오염이 있는 경우 검사의 준거타당도는 낮아진다.

⊕ PLUS

(1) 준거타당도가 낮은 검사를 사용해서는 안 되는 이유 2가지를 설명하시오.

  ① 선발이나 평가 과정의 효율성을 저해한다.

  ② 인사관리에 관한 의사결정의 공정성을 저해한다.

(2) 실증 연구의 타당도 계수가 실제 타당도 계수보다 낮은 이유 4가지를 설명하시오.

  ① **표집오차** : 표본이 모집단을 잘 대표하지 못하는 경우 표집오차가 커지고 그 결과 타당도 계수가 낮아진다.

  ② **준거 측정치의 신뢰도** : 어떤 검사의 준거타당도 계산을 위해 사용한 준거 측정치의 신뢰도가 낮은 경우 검사의 준거타당도도 낮아진다.

  ③ **준거 측정치의 타당도** : 준거 결핍이나 준거 오염이 있는 경우 검사의 준거타당도는 낮아진다.

  ④ **범위 제한** : 준거타당도 계산을 위해 얻은 자료들이 검사점수와 준거 점수의 전체범위를 포괄하지 않고 일부만을 포괄하는 경우, 상관계수의 크기는 실제 상관계수보다 작게 된다.

027
준거타당도의 의미를 쓰고, 준거타당도가 낮은 검사를 사용하는 것이 왜 문제가 되는지 설명하시오.

점 수	• 5~6점 배점 문제로 출제됩니다. • 문제에서 준거타당도의 의미와 준거타당도가 낮은 검사를 사용하는 것이 문제가 되는 이유를 요구하고 있기 때문에 두 가지 모두 작성해야 합니다.
문제해결 키워드	• '준거타당도'는 시험에 자주 출제되는 유형 중 하나입니다. 따라서 의미와 종류 등 자세하게 학습하시기 바랍니다. • 준거타당도란 어떤 심리검사가 특정 준거와 어느 정도 연관성이 있는지를 나타내는 것입니다.
기출데이터 ★★☆	2013년 1회 4번, 2011년 3회 18번, 2009년 1회 5번, 2002년 1회 1번, 2000년 1회 6번

>> 모범답안

(1) 준거타당도의 의미
　어떤 심리검사가 특정 준거와 어느 정도 연관성이 있는지를 나타내는 것이다.
(2) 준거타당도가 낮은 검사를 사용하는 경우의 문제점
　직원의 선발, 배치, 훈련 등 인사관리의 효과성을 저해할 수 있다.

>> 유사문제유형

준거타당도는 직업상담이나 산업장면에서 검사를 사용할 때 다른 어떤 타당도보다 중요하다. 준거타당도의 의미와 준거타당도가 낮은 검사를 직업상담이나 산업장면에서 사용하면 안 되는 이유를 설명하시오.

⊕ PLUS

어떤 검사개발자가 새롭게 인사선발용 적성검사를 개발하는 과정에서 준거타당도를 분석하고자 한다. 먼저 지원자에게 적성검사를 실시해서 개인별 점수를 확보한 후 6개월 후의 직무만족도를 평가하여 그 상관계수를 계산하는 예언타당도를 활용할 예정이다. 이와 같이 예언타당도 계수를 구할 때의 유의사항을 3가지 기술하시오.
① 첫째, 새로 개발하려는 검사도구를 선발의 기준(준거)으로 사용해서는 안 된다.
　이는 아직 타당도가 어느 정도인지 모르는 검사를 통해 선발하는 것 자체가 불공평하기 때문이다.
② 둘째, 선발 후 일정 기간이 지난 후 준거를 측정해야 한다.
　일정한 기간을 거침으로써 개인의 능력이 어느 정도 명확히 반영될 수 있기 때문이다.
③ 셋째, 이렇게 얻은 타당도 계수가 실제 타당도 계수에 비해 낮을 수 있다는 점을 고려해야 한다.
　이는 준거측정이 선발된 사람들만을 대상으로 하므로 타당도 계수를 구하는 데 사용된 표집이 모집단 전체를 잘 대표한다고 볼 수 없기 때문이다.

028 구성타당도를 분석하는 방법 3가지를 제시하고, 각 방법에 대해 설명하시오.

점 수	• 4~6점 배점 문제로 출제됩니다. • '설명하시오' 문제이므로 간략하게 풀어서 답안을 작성하시면 됩니다.
문제해결 키워드	• '구성타당도'는 시험에 자주 출제되는 유형 중 하나입니다. 따라서 의미와 종류 등 꼼꼼하게 학습하시기 바랍니다. • 구성타당도를 분석하는 방법 2가지 혹은 3가지를 제시하라는 문제가 자주 출제됩니다. • 과년도부터 최근까지 출제비율이 높은 문제입니다. 반드시 내 것으로 만들어야 할 문제입니다.
기출데이터 ★★★★★ ★☆	2023년 2회 10번, 2020년 3회 8번, 2020년 4회 11번, 2019년 3회 10번, 2016년 1회 11번, 2015년 1회 15번, 2015년 2회 12번, 2010년 1회 16번, 2010년 4회 2번, 2009년 3회 2번, 2008년 1회 17번, 2006년 3회 4번, 2003년 1회 9번, 2003년 3회 8번, 2001년 1회 7번

>> 모범답안

① **수렴타당도** : 검사 결과가 이론적으로 해당 속성과 관련 있는 변수들과 어느 정도 높은 상관관계를 가지고 있는지를 측정한다.

② **변별타당도** : 검사 결과가 이론적으로 해당 속성과 관련 없는 변수들과 어느 정도 낮은 상관관계를 가지고 있는지를 측정한다.

③ **요인분석** : 검사를 구성하는 문항들 간의 상관관계를 분석하여 상관이 높은 문항들을 묶어주는 통계적 방법이다.

>> 유사문제유형

• 구성타당도를 분석하는 방법 2가지[1]를 제시하고, 각 방법에 대해 설명하시오.
• 수렴타당도와 변별타당도의 의미를 각각 쓰고, 이를 다속성 · 다측정방법 행렬표(MTMM)로 확인하는 절차[2]에 대해 설명하시오.
• 구성타당도를 분석하는 방법 2가지를 제시하고, 각 방법에 대해 설명하시오.
• 수렴타당도와 변별타당도에 대해 설명하시오.

---

[1] 구성타당도를 분석하는 방법으로는 수렴타당도, 변별타당도, 요인분석 등이 있습니다. 실기시험에서 "구성타당도를 분석하는 대표적인 방법인 수렴타당도와 변별타당도에 대해 설명하시오." 문제가 제시된 적이 있으므로, 구성타당도의 분석방법 2가지를 쓰는 문제에서는 가급적 수렴타당도와 변별타당도를 중심으로 답안을 작성하시기 바랍니다.

[2] **다속성 · 다측정방법 행렬표(MTMM)로 확인하는 절차**
① 동일한 속성들을 이질적인 방법으로 측정하여 그 결과 간의 상관계수를 확인한다.
② 앞선 ①의 상관계수를 이질적인 속성들을 동일한 방법으로 측정한 결과 나타난 점수들 간의 상관계수와 비교한다.
③ 다음으로 ②의 상관계수를 이질적인 속성들을 이질적인 방법으로 측정한 결과 나타난 점수들 간의 상관계수와 비교한다.

029 예언타당도와 공인타당도를 예를 들어 설명하시오.

점 수	• 5~6점 배점 문제로 출제됩니다. • '설명하시오' 문제이므로 간략하게 풀어서 답안을 작성하시면 됩니다.
문제해결 키워드	• '예언타당도'와 '공인타당도'는 시험에 자주 출제되는 유형 중 하나입니다. 따라서 의미와 종류 등 꼼꼼하게 학습하시기 바랍니다. • 예언타당도와 공인타당도는 외적 준거를 이용하여 검사의 타당도에 대한 증거를 검토하는 방식 이므로 준거타당도로 분류합니다. • 과년도부터 최근까지 출제비율이 높은 문제입니다. 반드시 내 것으로 만들어야 할 문제입니다.
기출데이터 ★★★★★☆	2023년 1회 9번, 2018년 2회 11번, 2013년 2회 12번, 2012년 1회 4번, 2011년 3회 18번, 2010년 2회 14번, 2008년 3회 10번, 2006년 1회 3번, 2006년 3회 1번, 2002년 1회 1번, 2000년 1회 6번

>> **모범답안**

① 예언타당도(예측타당도) : 미래 상황의 예측에 초점을 두며, 검사점수와 미래 행위 측정치 간의 상관계수를 추정한다.
　예 선발시험에서 높은 성적을 얻은 사람이 이후 근무실적에서도 높은 점수를 얻었다면, 해당 선발시험은 근무실적을
　　잘 예측한 것으로 볼 수 있다.
② 공인타당도(동시타당도) : 현재 상태의 측정에 초점을 두며, 새로운 검사와 준거의 두 결과 간의 상관계수를 추정한다.
　예 재직자에게 응시자용 문제를 제시하여 시험을 실시한 후 재직자의 평소 근무실적과 시험성적을 비교했을 때 근무
　　실적이 좋은 재직자가 시험에서도 높은 성적을 얻었다면, 해당 시험은 타당도를 갖춘 것으로 볼 수 있다.

>> **유사문제유형**

준거타당도인 동시타당도와 예언타당도의 의미를 쓰고 차이점*을 설명하시오.(2021년 1회 10번, 2013년 2회 12번)

★　**(1) 의 미**
　　① 동시타당도 : 현재 상태의 측정에 초점을 두며, 새로운 검사와 준거의 두 결과 간의 상관계수를 추정한다.
　　② 예언타당도 : 미래 상황의 예측에 초점을 두며, 검사점수와 미래 행위 측정치 간의 상관계수를 추정한다.
　(2) 차이점
　　예언타당도는 먼저 실시한 검사점수와 나중에 측정한 준거점수의 상관을 계산하는 반면, 동시타당도는 동일 시점
　　에서 검사와 준거를 동시에 측정하여 두 점수의 상관을 계산한다.

030

부정적인 심리검사 결과가 나온 내담자에게 검사결과를 통보하는 방법을 4가지 기술하시오.

점 수	4~6점 배점의 문제로 출제됩니다.
문제해결 키워드	심리검사 결과 해석 시 주의사항(유의사항)과 동일한 것으로 혼동하지 않아야 합니다.
기출데이터 ★★	2022년 2회 10번, 2020년 1회 12번, 2017년 2회 12번, 2002년 1회 2번

>> **모범답안**

① 검사결과를 기계적으로 전달하지 않으며, 적절한 해석을 담은 설명과 함께 전달한다.
② 내담자가 검사결과로 도출된 결론을 오해하지 않도록 주의를 기울인다.
③ 내담자의 교육수준, 지식수준 등은 물론 검사결과의 통보에 따른 정서적 반응까지 고려한다.
④ 검사결과를 상담의 한 부분으로 간주하고 상담자-내담자 관계 속으로 끌어들인다.
⑤ 검사결과를 내담자의 특정 문제에 대한 설명이나 해결책으로 활용한다.

>> **유사문제유형**

부정적인 심리검사 결과가 나온 내담자에게 검사결과를 통보하는 방법을 4가지 쓰시오.

⊕ PLUS

심리검사 결과 해석 시 주의해야 할 사항을 6가지 기술하시오.

① 검사결과에 대해 내담자가 이해하기 쉬운 언어를 사용한다.
② 해석에 대한 내담자의 반응을 고려한다.
③ 검사결과에 대한 내담자의 방어를 최소화하도록 한다.
④ 검사결과에 대해 중립적인 입장을 취한다.
⑤ 내담자의 점수범위를 고려한다.
⑥ 검사의 대상과 용도를 명확히 제시한다.

031 MMPI의 타당성 척도 중 ?척도, L척도, K척도에 대해 설명하시오.

점 수	• 5~6점 배점 문제로 출제됩니다. • '설명하시오' 문제이므로 간략하게 풀어서 답안을 작성하시면 됩니다. • 각 척도 중 하나라도 설명이 빠진다면 부분점수로 감점이 될 수 있습니다.
문제해결 키워드	MMPI의 타당성 척도 4가지 종류의 의미와 특성에 대한 명확한 구분과 이해가 필요합니다.
기출데이터 ★★	2017년 3회 9번, 2010년 4회 12번, 2009년 1회 17번, 2002년 1회 7번

>> 모범답안

① ?척도 : 응답하지 않은 문항 또는 '예', '아니요' 모두에 응답한 문항들의 총합을 통해 수검자의 검사태도를 측정한다.
② L척도 : 수검자가 자신을 좋게 보이려고 하는 다소 고의적이고 부정직하며 세련되지 못한 시도를 측정한다.
③ K척도 : 분명한 정신적 장애를 지니면서도 정상적인 프로파일을 보이는 사람들을 식별한다.

>> 유사문제유형

• MMPI의 타당도 척도 중 L척도, F척도, K척도에 대해 설명하시오.
• 미네소타 다면적 인성검사(MMPI)의 하위척도 중 타당성 척도를 사용하고 있는 L, F*, K척도에 대해 설명하시오.

★   F척도 : 검사문항에 대해 비전형적인 방식으로 응답하는 사람들을 탐지한다.

⊕ PLUS

미네소타 다면적 인성검사(MMPI)의 임상척도를 6가지만 쓰시오(단, 각 척도별 영문약자를 반드시 기입하시오).

• 척도 1 – 건강염려증(Hs ; Hypochondriasis)
• 척도 2 – 우울증(D ; Depression)
• 척도 3 – 히스테리(Hy ; Hysteria)
• 척도 4 – 반사회성(Pd ; Psychopathic Deviate)
• 척도 5 – 남성성–여성성(Mf ; Masculinity–Femininity)
• 척도 6 – 편집증(Pa ; Paranoia)
• 척도 7 – 강박증(Pt ; Psychasthenia)
• 척도 8 – 정신분열증(Sc ; Schizophrenia)
• 척도 9 – 경조증(Ma ; Hypomania)
• 척도 0 – 내향성(Si ; Social Introversion)

032

마이어스-브릭스 유형지표(MBTI)는 자기보고식의 강제선택 검사이다. 이 검사에서 나타나는 4가지 양극 차원의 선호 부분에 대해 쓰시오.

점 수	• 4점 배점 문제로 출제됩니다. • 각 유형은 1점으로 채점될 수 있습니다.
문제해결 키워드	문제에서 각 유형에 대한 설명을 요구하고 있지는 않지만 성격유형검사(MBTI)의 성격유형의 내용 또한 함께 학습할 수 있도록 합니다.
기출데이터 ★	2013년 1회 6번, 2009년 2회 16번

>> 모범답안

① 에너지의 방향은 어느 쪽인가 : 외향형 / 내향형
② 무엇을 인식하는가 : 감각형 / 직관형
③ 어떻게 결정하는가 : 사고형 / 감정형
④ 채택하는 생활양식은 무엇인가 : 판단형 / 인식형

⊕ PLUS   마이어스-브릭스 성격유형검사(MBTI)의 4가지 양극 차원

① **에너지의 방향** : 개인의 주의집중 및 에너지의 방향이 인간의 외부로 향하는지 혹은 내부로 향하는지를 반영한다.

외향형	에너지가 외부세계의 일이나 사람에게 향하는 것을 선호한다.
내향형	에너지를 내부세계의 아이디어에 집중하는 것을 선호한다.

② **인식기능** : 정보의 인식 및 수집 방식에 있어서 경향성을 반영한다.

감각형	오감을 통해 직접적으로 인식되는 정보에 주의를 기울이고 실제로 존재하는 것을 선호한다.
직관형	육감을 통해 얻은 정보에 관심을 기울이며, 숨어있는 의미를 알아차리는 것을 선호한다.

③ **판단기능** : 인식된 정보를 토대로 판단 및 결정을 내리는 경향성을 반영한다.

사고형	사실과 논리에 근거를 두고 객관적인 가치에 따라 결정을 내리는 것을 선호한다.
감정형	개인적인 가치와 인간중심적 가치에 근거하여 결정을 내리는 것을 선호한다.

④ **생활양식 또는 행동양식** : 외부세계에 대한 태도, 생활방식 및 적응양식에 있어서 어떠한 과정을 선호하는지를 반영한다.

판단형	무엇이든 나름대로 판단을 하여 서둘러 결정을 내리는 것을 선호하며, 일에 대한 철저한 계획과 임무 완수를 강조한다.
인식형	결정을 가능한 한 미루면서 새로운 가능성의 소지를 남겨두는 것을 선호하며, 어떤 일에 대해 서 둘러 결정을 내리기보다는 그 과정을 즐긴다.

033

일반 직업적성검사(GATB)에서 사용하는 적성 항목을 3가지만 쓰고, 간략히 설명하시오.

점수	• 6점 배점 문제로 출제됩니다. • 각 유형은 2점으로 채점될 수 있으며, 설명이 생략된다면 부분점수로 감점될 수 있습니다.
문제해결 키워드	• 일반 직업적성검사(GATB) 적성 항목을 완벽하게 암기할 필요는 없지만 어떤 항목이 해당하는 지 구분할 수 있어야 합니다. • 적성검사 유형을 연상하며 학습하도록 합니다.
기출데이터 ★★	2022년 1회 11번, 2015년 1회 5번, 2002년 3회 8번, 2001년 3회 3번

>> 모범답안

① **지능** : 일반적인 학습능력 및 원리이해 능력, 추리 · 판단능력 등
② **언어능력** : 언어의 뜻과 함께 그와 관련된 개념을 이해하고 사용하는 능력 등
③ **수리능력** : 빠르고 정확하게 계산하는 능력 등

>> 유사문제유형

일반적성검사(GATB)에서 사용하는 적성 항목을 3가지만 쓰고, 각각에 대해 간략히 설명하시오.

⊕ PLUS   일반 직업적성검사(GATB)에서 사용하는 적성 항목

• **지능(G ; General Intelligence)** : 일반적인 학습능력, 설명이나 지도내용과 원리를 이해하는 능력, 추리 · 판단하는 능력, 새로운 환경에 신속하게 순응하는 능력 등
• **언어능력(V ; Verbal Aptitude)** : 언어의 뜻과 함께 그와 관련된 개념을 이해하고 사용하는 능력, 언어상호 간의 관계와 문장의 뜻을 이해하는 능력, 보고 들은 것이나 자신의 생각을 발표하는 능력 등
• **수리능력(N ; Numerical Aptitude)** : 빠르고 정확하게 계산하는 능력 등
• **사무지각(Q ; Clerical Perception)** : 문자나 인쇄물, 전표 등의 세부를 식별하는 능력, 잘못된 문자나 숫자를 찾아 교정하고 대조하는 능력, 직관적인 인지능력의 정확도나 비교 · 판별하는 능력 등
• **공간적성(S ; Spatial Aptitude)** : 공간상의 형태를 이해하고 평면과 물체의 관계를 이해하는 능력, 기하학적 문제해결 능력, 2차원이나 3차원의 형체를 시각적으로 이해하는 능력 등
• **형태지각(P ; Form Perception)** : 실물이나 도해 또는 표에 나타나는 것을 세부까지 바르게 지각하는 능력, 시각으로 비교 · 판별하는 능력, 도형의 형태나 음영, 근소한 선의 길이나 넓이 차이를 지각하는 능력, 시각의 예민도 등
• **운동반응(K ; Motor Coordination)** : 눈과 손 또는 눈과 손가락을 함께 사용하여 빠르고 정확하게 운동할 수 있는 능력, 눈으로 겨누면서 정확하게 손이나 손가락의 운동을 조절하는 능력 등
• **손가락 재치(F ; Finger Dexterity)** : 손가락을 정교하고 신속하게 움직이는 능력, 작은 물건을 정확하고 신속하게 다루는 능력 등
• **손의 재치(M ; Manual Dexterity)** : 손을 마음대로 정교하게 조절하는 능력, 물건을 집고 놓고 뒤집을 때 손과 손목을 정교하고 자유롭게 운동할 수 있는 능력 등

034 스트롱(Strong) 직업흥미검사의 하위척도 3가지를 쓰시오.

점 수	• 6점 배점 문제로 출제됩니다. • 각 유형은 2점으로 채점될 수 있으며, 설명이 생략된다면 부분점수로 감점될 수 있습니다.
문제해결 키워드	직업흥미검사의 종류는 매우 다양하므로 교재에 따라 다르게 제시될 수 있습니다.
기출데이터 ★★★	2021년 1회 11번, 2020년 3회 12번, 2018년 2회 13번, 2014년 2회 15번, 2011년 1회 8번, 2009년 3회 14번

>> 모범답안

① 일반직업분류(GOT) : 홀랜드(Holland)의 직업선택이론에 의한 6가지 주제로 구성되어 있다.
② 기본흥미척도(BIS) : 일반직업분류를 특정한 흥미들로 세분화한 것으로, 수검자의 특정한 활동이나 주제에 대한 흥미도를 측정한다.
③ 개인특성척도(PSS) : 일상생활과 일, 세계에 관련된 광범위한 특성에 대해 개인이 선호하고 편안하게 느끼는 것을 측정한다.

>> 유사문제유형

• 스트롱 직업흥미검사의 척도를 3가지 쓰고, 각각에 대해 간략히 설명하시오.
• 스트롱(Strong) 직업흥미검사의 하위척도 3가지를 쓰고, 각각에 대해 설명하시오.

⊕ PLUS

스트롱(Strong) 직업흥미검사의 개인특성척도(PSS)는 4가지의 하위척도로 이루어져 있다. 이 4가지의 하위척도를 쓰고, 각각에 대해 간략히 설명하시오.
① 업무 유형(Work Style) : 사람과 함께 일하는 것을 선호하는지, 자료/사물/아이디어를 다루는 것을 선호하는지를 알아본다.
② 학습 유형(Learning Environment) : 학문 영역에 관심을 두고 있는지, 실용 분야에 관심을 두고 있는지를 알아본다.
③ 리더십 유형(Leadership Style) : 조직화된 상황에서 조직의 일부 혹은 전체를 책임지는 것을 선호하는지, 다른 사람을 지도 및 통솔하는 것을 선호하는지를 알아본다.
④ 모험심 유형(Risk Tasking / Adventure) : 신체적 위험상황을 감수하거나 위기상황을 극복하는 정도를 알아본다.

035

진로성숙도검사(CMI)는 태도척도와 능력척도로 구분된다. 태도척도와 능력척도의 측정내용을 각각 3가지씩 쓰시오.

점수	• 4~6점 배점 문제로 출제됩니다. • 각 유형은 1~2점으로 채점될 수 있으며, 내용이 누락되면 부분점수로 감점될 수 있습니다.
문제해결 키워드	태도척도와 능력척도의 측정내용을 2~3가지 작성하라는 문제유형이 자주 출제되니 정확하게 학습하시기 바랍니다.
기출데이터 ★★★	2022년 3회 12번, 2020년 3회 9번, 2017년 3회 10번, 2015년 3회 15번, 2013년 3회 9번, 2009년 2회 8번

▶▶ 모범답안

① 태도척도 : 결정성, 참여도(관여도), 독립성, 지향성(성향), 타협성
② 능력척도 : 자기평가, 직업정보, 목표선정, 계획, 문제해결

▶▶ 유사문제유형

• 진로성숙도검사(CMI)의 태도척도 5가지를 쓰고 설명하시오.
• 진로성숙도검사(CMI)의 태도척도*¹를 3가지 쓰고, 각각에 대해 간략히 설명하시오.(2024년 3회 7번)
• 진로성숙도검사(CMI)의 능력척도*²를 5가지 쓰고, 각각에 대해 설명하시오.

★1 **진로성숙도검사(CMI)의 태도척도**
① 결정성 : 선호하는 진로의 방향에 대한 확신의 정도
② 참여도(관여도) : 진로선택 과정에의 능동적 참여의 정도
③ 독립성 : 진로선택을 독립적으로 할 수 있는 정도
④ 지향성(성향) : 진로결정에 필요한 사전이해와 준비의 정도
⑤ 타협성 : 진로선택 시 욕구와 현실에 타협하는 정도

★2 **진로성숙도검사(CMI)의 능력척도**
① 자기평가 : 자신의 성격, 흥미, 태도를 명확히 지각하고 이해하는 능력
② 직업정보 : 직업세계에 대한 지식과 정보를 획득·평가하는 능력
③ 목표선정 : 합리적인 직업선택을 하는 능력
④ 계획 : 직업목표 선정 후 이를 달성하기 위한 계획을 수립하는 능력
⑤ 문제해결 : 진로선택이나 의사결정 과정에서의 문제해결 능력

⊕ PLUS   진로성숙도검사(CMI)에서 태도척도의 하위영역별 문항의 예

• 결정성 : "나는 선호하는 진로를 자주 바꾸고 있다."
• 참여도(관여도) : "나는 졸업할 때까지는 진로선택 문제에 별로 신경을 쓰지 않을 것이다."
• 독립성 : "나는 부모님이 정해주시는 직업을 선택하겠다."
• 지향성(성향) : "일하는 것이 무엇인지에 대해 생각한 바가 거의 없다."
• 타협성 : "나는 하고 싶기는 하나 할 수 없는 일을 생각하느라 시간을 보내곤 한다."

036 진로시간전망검사 중 코틀(Cottle)의 원형검사에서 시간전망 개입의 3가지 측면을 쓰고, 각각에 대해 설명하시오.

점수	• 6점 배점 문제로 출제됩니다. • 각각에 대한 설명이 누락된다면 부분점수 각 2점이 감점될 수 있습니다.
문제해결 키워드	코틀(Cottle)의 진로시간전망에 대한 원형검사(The Circles Test)에서 원의 크기는 시간차원에 대한 상대적 친밀감을, 원의 배치는 시간차원들이 어떻게 연관되어 있는지를 나타냅니다.
기출데이터 ★★	2021년 3회 7번, 2017년 2회 9번, 2014년 1회 18번, 2011년 1회 4번

>> 모범답안

① **방향성** : 미래지향성을 증진시키기 위해 미래에 대한 낙관적인 입장을 구성한다.
② **변별성** : 미래에 대한 정적 태도를 강화시키며, 신속한 목표설정이 이루어지도록 한다.
③ **통합성** : 현재 행동과 미래의 결과를 연결시키며, 계획한 기법의 실습을 통해 진로인식을 증진시킨다.

>> 유사문제유형

진로시간전망검사 중 코틀(Cottle)의 원형검사*에서 원의 의미, 원의 크기, 원의 배치에 대해 설명하시오.

★ **코틀(Cottle)의 원형검사**
  • 원의 의미 : 시간차원으로서 과거, 현재, 미래
  • 원의 크기 : 시간차원에 대한 상대적 친밀감
  • 원의 배치 : 시간차원의 연결구조

⊕ PLUS   진로시간전망검사 중 코틀(Cottle)의 원형검사에서 원의 상대적 배치에 의한 시간관계성의 4가지 유형

• **어떤 것도 접해 있지 않은 원** : 시간차원의 고립을 의미하는 것으로서, 사람들이 자신의 미래를 향상시키기 위한 어떠한 시도도 하지 않음을 나타낸다.
• **중복되지 않고 경계선에 접해 있는 원** : 시간차원의 연결을 의미하는 것으로서, 사건들이 아직 개별적 · 독립적으로 구분되어 있으며, 비록 연속적일지라도 통제되지 않는 상태를 나타낸다.
• **부분적으로 중첩된 원** : 시간차원의 연합을 의미하는 것으로서, 과거가 현재에, 현재가 미래에 영향을 미친다는 점을 나타낸다.
• **완전히 중첩된 원** : 시간차원의 통합을 의미하는 것으로서, 과거와 미래의 원을 현재의 원 안에 중첩시키는 것이다. 이는 현재에서 과거를 기억하고 미래를 예측하는 것을 나타낸다.

037

표준화를 위해 수집한 자료가 정규분포에서 벗어나는 것은 검사도구의 문제라기보다 표집절차의 오류에 원인이 있다. 이를 해결하기 위한 방법을 3가지 쓰고, 각각에 대해 설명하시오.

점 수	6점 배점문제로 출제됩니다.
문제해결 키워드	표준화를 위해 수집한 자료가 정규분포에서 벗어나는 것에 관한 해결방법의 특징을 간략하게 숙지하도록 합니다.
기출데이터 ★★★	2024년 3회 4번, 2022년 2회 11번, 2019년 3회 8번, 2016년 2회 12번, 2013년 1회 18번, 2011년 2회 2번

>> 모범답안

① 완곡화 : 절선도표나 주상도표에서 정규분포의 모양을 갖추도록 점수를 가감한다.
② 절미법 : 편포의 꼬리를 잘라낸다.
③ 면적환산법 : 각 검사 점수들의 백분위에 해당하는 Z점수를 찾는다.

>> 유사문제유형

고용 표준화를 위해 수집된 자료가 정규분포에서 벗어나는 것은 검사 도구의 문제보다는 표집 절차의 오류에 원인이 있다. 이를 해결하기 위한 방법*을 3가지 쓰고 각각에 관해 설명하시오.

★ **표준화를 위해 수집한 자료가 정상분포(정규분포)에서 벗어나는 것에 관한 해결 방법**
① 완곡화(Smoothing) : 검사 점수가 정규분포와 비교적 유사한 경우 절선도표나 주상도표에서 정규분포의 모양을 갖추도록 점수를 가감한다.
② 절미법(Tail Out Method) : 검사 점수가 어느 한쪽으로 치우쳐 편포를 이루는 경우 그 꼬리를 잘라내는 방법이다.
③ 면적환산법(Area Transformation) : 각 검사 점수들의 백분위를 통해 그 백분위에 해당하는 점수를 찾는 방법이다.

⊕ PLUS

주상도표(Histogram)와 절선도표(Frequency Polygon)는 주어진 빈도분포의 자료들을 도표로 나타내는 방법으로서, 주상도표가 각 급간의 빈도를 네모기둥인 면적으로 나타내는 것인 반면, 절선도표는 그 네모기둥의 중간점을 각각 이어서 나타내는 방법입니다.

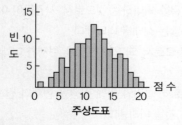
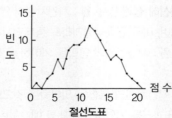

038 고용노동부 성격검사는 성격 5요인 모델인 Big-5에 근거하고 있다. Big-5의 구성요인을 쓰고, 각각에 대해 설명하시오.

점 수	5~10점 배점문제로 출제됩니다.
문제해결 키워드	성격 5요인(Big-5) 검사의 5가지 성격 차원(하위 요인)에서 '정서적 개방성'이 아닌 '정서적 불안정성', '경험의 불안정성'이 아닌 '경험에 대한 개방성'이 옳다는 점을 반드시 기억해 두세요.
기출데이터 ★☆	2024년 1회 11번, 2021년 2회 12번, 2019년 1회 10번

>> 모범답안

① **외향성** : 타인과의 상호작용을 원하고 타인의 관심을 끌고자 하는 정도를 측정한다.
② **호감성** : 타인과 편안하고 조화로운 관계를 유지하는 정도를 측정한다.
③ **성실성** : 사회적 규칙, 규범, 원칙 등을 기꺼이 지키려는 정도를 측정한다.
④ **정서적 불안정성** : 정서적인 안정감, 세상에 대한 통제감 정도를 측정한다.
⑤ **경험에 대한 개방성** : 세계에 대한 관심 및 호기심, 다양한 경험에 대한 추구 및 포용성 정도를 측정한다.

>> 유사문제유형

성격 5요인 모델(Big-5)은 노만(Norman)이 심리학계에 공식적으로 제안하였고, 이를 코스타와 맥크레이(Costa & McCrae)가 자기 보고식 검사 도구로 개발하였다. 성격 5요인의 구성 요인을 쓰고, 각각에 관해 설명하시오.

⊕ PLUS

성격 5요인은 1960년대 본격적인 연구가 시작된 이래로 1981년 골드버그(Goldberg)에 의해 'Big Five'라는 명칭이 붙여지고, 코스타와 맥크레이(Costa & McCrae)에 의해 구조화된 성격검사, 즉 NEO 인성검사(NEO-PI ; NEO Personality Inventory)로 결실을 맺기까지 여러 학자들의 연구대상이었습니다. 그 과정에서 성격 5요인은 여러 학자들에 의해 약간씩 변형되었으나, 그 기본적인 틀은 유지하게 되었습니다. 성격 5요인은 우리나라에서도 다양한 방식으로 응용되어 여러 분야에서 사용되어 온 만큼 각 요인의 우리말 명칭이 교재에 따라 약간씩 다르게 제시되기도 하므로, 이점 감안하여 학습하시기 바랍니다.

039 생애진로사정(LCA)의 평가 의미와 그로 인해 알 수 있는 정보 3가지를 쓰시오.

점 수	• 5점 배점의 문제로 출제됩니다. • 문제에서 요구하는 것은 두 가지입니다. 첫째, 생애진로사정의 의미, 둘째, 그로 인해 알 수 있는 정보 모두 답안으로 작성해야 합니다.
문제해결 키워드	• 생애진로사정은 상담자가 내담자와 처음 만났을 때 이용할 수 있는 구조화된 면접기법으로서, 내담자에 대한 가장 기초적인 직업상담 정보를 얻는 질적인 평가절차입니다. • 생애진로사정 시 사용되는 직업가계도와 관련된 문제가 출제됩니다. PLUS를 통해 보충학습하세요.
기출데이터 ★★☆	2020년 2회 5번, 2018년 1회 6번, 2016년 2회 10번, 2014년 1회 16번, 2010년 3회 18번

>> 모범답안

(1) 생애진로사정의 평가 의미

내담자의 생애에 대한 접근을 통해 내담자에 대한 기초적인 직업상담 정보를 얻는 질적인 평가 절차이다.

(2) 생애진로사정을 통해 알 수 있는 정보

① 내담자의 직업경험과 교육수준을 나타내는 객관적인 사실

② 내담자의 기술과 유능성에 대한 자기평가 및 상담자의 평가 정보

③ 내담자의 가치관 및 자기인식 정도

⊕ PLUS 생애진로사정 시 사용되는 직업가계도의 의미와 활용

• **직업가계도(Genogram)의 의미** : 내담자의 직업관련 태도에 영향을 줄 수 있는 가족의 직업계보를 도표로 보여주기 위한 것으로, 개인이 가족성원들과의 관계에서 직업선택에 대한 관점을 발전시키는 과정을 설명한다.

• **직업가계도의 활용**

  − 직업가계도는 보통 직업상담의 초기과정에서 내담자에 대한 정보수집을 위해 사용된다.

  − 내담자의 직업에 대한 제한적인 고정관념, 다양한 직업기회에 대한 기대들, 직업가치와 흥미에 대한 근본원인 등을 측정하는 데 활용한다.

  − 내담자의 직업의식과 직업태도에 대한 가족의 영향력을 분석할 수 있다.

  − 내담자의 직업적 지각 및 선택에 영향을 미친 모델이 누구인지 탐색하며, 자기지각의 근거를 밝히는 데 사용한다.

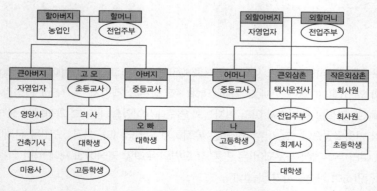

040 생애진로사정(LCA ; Life Career Assessment)의 구조 4가지와 이를 통해 알 수 있는 정보 3가지를 쓰시오.

점 수	• 4~7점 배점의 문제로 출제됩니다. • 반드시 '생애진로사정의 구조 4가지'와 '이를 통해 알 수 있는 정보'를 구분하여 답안으로 작성해야 감점을 피할 수 있습니다.
문제해결 키워드	생애진로사정의 각 구조에 대해 구체적으로 설명하라는 문제가 출제된 경우도 있으므로 꼼꼼히 학습하셔야 합니다.
기출데이터 ★★☆	2024년 3회 8번, 2020년 1회 5번, 2019년 3회 4번, 2011년 2회 6번, 2009년 1회 4번

>> 모범답안

(1) 생애진로사정(LCA)의 구조
  ① 진로사정
  ② 전형적인 하루
  ③ 강점과 장애
  ④ 요 약

(2) 생애진로사정을 통해 알 수 있는 정보
  ① 내담자의 직업경험과 교육수준을 나타내는 객관적인 사실
  ② 내담자의 기술과 유능성에 대한 자기평가 및 상담자의 평가 정보
  ③ 내담자의 가치관 및 자기인식 정도

>> 유사문제유형

• 직업상담의 구조화된 면담법으로 생애진로사정의 구조 4가지[*1]에 대하여 설명하시오.
• 생애진로사정(LCA)의 구조 중 진로사정의 3가지[*2] 부분을 쓰고, 각각에 대해 설명하시오.(2024년 1회 5번, 2021년 3회 6번, 2019년 2회 6번)
• 생애진로사정(LCA)을 통해 알 수 있는 정보를 3가지 쓰시오.

★1 ① 진로사정 : 내담자의 직업경험, 교육 또는 훈련과정과 관련된 문제들, 여가활동에 대해 사정한다.
    ② 전형적인 하루 : 내담자가 생활을 어떻게 조직하는지를 시간의 흐름에 따라 체계적으로 기술한다.
    ③ 강점과 장애 : 내담자가 스스로 생각하는 주요 강점 및 장애에 대해 질문한다.
    ④ 요약 : 내담자가 스스로 자신에 대해 알게 된 내용을 요약해 보도록 한다.

★2 ① 직업경험 : 내담자의 일의 경험과 관련하여 가장 좋았던 점과 가장 싫었던 점에 대해 사정한다.
    ② 교육 또는 훈련과정과 관련된 문제들 : 내담자의 훈련과정 및 관심사와 관련하여 어떤 훈련 경험이 좋았는지 혹은 싫었는지에 대해 사정한다.
    ③ 여가활동 : 내담자의 오락 및 여가시간 활용에 대해 사정한다.

041

'자기보고식 가치사정하기'에서 가치사정법 6가지를 쓰시오.

점 수	• 6점 배점의 문제로 출제됩니다. • 문제에서 요구하는 답안의 수에 따라 부분점수가 부과됩니다.
문제해결 키워드	• 가치사정은 내담자의 자기인식을 발전시키고 현재 직업적 상황에 대한 불만족의 근원을 발견할 수 있게 합니다. • 가치사정은 개인의 흥미나 성격에 대한 예비사정 용도 및 진로의 선택이나 전환의 기틀을 제시 하기 위한 용도로 활용할 수 있습니다.
기출데이터 ★★★	2024년 1회 3번, 2019년 3회 5번, 2016년 3회 4번, 2012년 3회 10번, 2011년 1회 17번, 2010년 3회 11번

>> 모범답안

① 체크목록 가치에 순위 매기기
② 과거의 선택 회상하기
③ 절정경험 조사하기
④ 자유시간과 금전의 사용
　* 자신에게 자유시간이 주어지는 경우 또는 예상치 못한 돈이 주어지는 경우 이를 어떠한 목적으로 어떻게 사용할 것
　　인지 상상하도록 하는 것을 의미합니다.
⑤ 백일몽 말하기
⑥ 존경하는 사람 기술하기

>> 유사문제유형

• 자기보고식 가치사정법 3가지를 쓰시오.
• 자기보고식 가치사정법 6가지를 쓰시오.
• 직업상담사는 직업상담 과정 동안 자기보고식 가치사정법을 이용하여 내담자의 개인적 가치들을 사정한다. 직업상담사
　가 이용하는 자기보고식 가치사정법을 3가지만 쓰시오.

⊕ PLUS

**가치사정과 관련하여 일부 내담자는 경험의 부재, 모순되는 학습경험, 자기탐구에의 어려움 등으로 인해 가치에
대한 목록을 명확히 정하지 못한다. 이를 위해 가치명료화 작업이 요구되는데, 가치명료화의 과정을 돕는 6단계
의 기본과정을 기술하시오.**

　• 제1단계 : 직업선택과 관련된 가치의 발견
　• 제2단계 : 과거 유사한 문제와의 대조를 통한 해결 가능성 탐색
　• 제3단계 : 자신의 입장과 가치의 연결
　• 제4단계 : 다른 입장에서의 주장
　• 제5단계 : 명확한 사고를 위한 시간적 여유
　• 제6단계 : 가치와 관련된 최선의 선택

042

내담자의 흥미사정기법을 3가지만 쓰고, 각각에 대해 설명하시오.

점 수	• 6~7점 배점의 문제로 출제됩니다. • 문제에서 요구하는 답안의 수에 따라 부분점수가 부과됩니다.
문제해결 키워드	• 이 문제는 다양한 답안이 도출될 수 있으며, 출제자의 의도에 따라 다르게 채점될 수도 있습니다. • '흥미사정의 방법'과 '흥미사정의 기법'은 사실 내용상 유사합니다. 문제에서 수퍼(Super)가 주장한 것이라고 제시되는 경우 '흥미사정의 방법'을 답안으로 작성하고(PLUS 참고), 특별한 조건 없이 "3가지만 쓰시오" 등으로 제시되는 경우 '흥미사정의 기법'을 답안으로 작성하는 것을 추천합니다.
기출데이터 ★★★☆	2021년 2회 5번, 2020년 3회 6번, 2016년 2회 4번, 2014년 1회 6번, 2013년 3회 2번, 2010년 2회 12번, 2009년 2회 20번

>> 모범답안

① **흥미평가기법** : 종이에 쓰인 알파벳에 따라 흥밋거리를 기입하도록 한 후 과거 그와 관련된 주제와 흥미를 떠올리도록 한다.

② **작업경험 분석** : 과거 작업경험을 분석하여 내담자의 가치, 기술, 생활방식 및 직업관련 선호도 등을 규명한다.

③ **직업카드분류** : 일련의 직업카드를 제시하여 이를 선호군, 혐오군, 미결정 중성군으로 분류하도록 한다.

>> 유사문제유형

• 개인의 관심이나 호기심을 자극하는 어떤 것을 흥미라고 한다. 내담자가 흥미를 사정하려고 할 때 사용할 수 있는 사정기법[*1]을 3가지만 쓰고, 각각에 대해서 설명하시오.

• 수퍼(Super)는 흥미사정기법을 3가지로 구별하였다. 수퍼가 제시한 흥미사정기법 3가지[*2]를 쓰고, 각각에 대해 설명하시오.(2024년 1회 4번)

[*1] **흥미사정의 기법**
 • 표현된 흥미와 조작된 흥미 유발하기
 • 흥미평가기법
 • 작업경험 분석
 • 직업카드분류
 • 직업선호도검사 실시
 • 로(Roe)의 분류체계 이용

[*2] **수퍼(Super)의 흥미사정기법**
 ① 표현된 흥미 : 어떤 활동에 대해 좋고 싫음을 간단히 말하도록 요청한다.
 ② 조작된 흥미 : 특정 활동에 참여하는 사람들이 어떻게 시간을 보내는지를 관찰한다.
 ③ 조사된 흥미 : 다양한 활동에 대해 좋고 싫음을 묻는 표준화된 검사를 완성한다.

직업상담사가 갖추어야 할 자질

043 직업상담사가 갖추어야 할 자질을 3가지 쓰고, 각각에 대해 설명하시오.

점 수	6점 배점문제로 출제됩니다.
문제해결 키워드	직업상담사가 갖추어야 할 자질에 관한 문제는 5가지를 쓰도록 요구하는 경우도 있으므로, 가급 적 '모범답안'의 5가지로 제시된 답안을 암기하시기 바랍니다.
기출데이터 ★★☆	2024년 3회 9번, 2022년 2회 1번, 2020년 4회 1번, 2006년 1회 12번, 2002년 3회 2번

>> 모범답안

① 상담업무를 수행하는 데 결함이 없는 성격 : 건설적인 냉철함, 순수한 이해심을 가진 신중한 태도, 두려움이나 충격에 대한 공감적 이해력 등을 갖추어야 한다.
② 내담자에 대한 존경심 : 내담자를 있는 그대로 수용하며, 내담자 스스로 문제를 해결할 수 있도록 도와야 한다.
③ 자기 자신에 대한 이해 : 상담자 자신의 정서적 특성, 자기능력의 한계, 단점 등에 대해 충분히 파악하여야 한다.
④ 상황대처능력 : 스트레스 상황이나 난처한 상황에 처할 수 있으므로 상황대처능력이 뛰어나야 한다.
⑤ 심리학적 지식 : 인간발달단계에 대한 심리학적 지식과 함께 인간행동의 신체적·사회적·심리학적 요인에 대한 지식을 겸비하여야 한다.

>> 유사문제유형

직업상담사가 갖추어야 할 자질*을 5가지 쓰시오.

★ **주요 5가지 이외의 직업상담사가 갖추어야 할 자질**
⑥ 프로그램 기획·개발·운영을 위한 지식과 실천능력 : 직업상담사는 내담자 유형에 적합한 직업상담 프로그램을 기획·개발·운영하고, 직업상담 행사를 개최하는 등 일련의 작업을 수행해야 하므로, 이를 위한 조사·분석·기획 등의 지식과 함께 일련의 작업을 수행할 수 있는 실천능력이 요구된다.
⑦ 직업정보에 대한 분석능력 및 전산운영능력 : 직업상담사는 직업적 환경, 노동시장의 변화 양상, 미래 산업사회의 전망 등 다양한 직업적 정보에 대한 논리적·종합적·분석적 능력과 함께 전산운영능력을 갖추어야 한다.
⑧ 그 밖의 자질 요건 : 그 밖에 직업상담사는 언어구사력, 대인관계 유지능력, 협조성과 인내성, 집중력 등은 물론 건강한 체력과 스트레스 조절능력 등을 갖추어야 한다.

044 윌리암슨(Williamson)의 특성-요인 직업상담에서 변별진단의 4가지 범주를 쓰고 설명하시오.

점수	• 주로 4~6점 배점의 문제로 출제됩니다. • 문제에서 요구한 4가지 중 한 가지라도 누락되거나 틀린 답안이 있으면 감점될 수 있습니다.
문제해결 키워드	• 교재나 학자에 따라 다양한 용어로 답안이 작성될 수 있습니다. 이해를 하면서 학습해야 이런 문제들에 효율적으로 대처할 수 있습니다. • 꾸준히 중복하여 출제되고 있는 문제이므로 반드시 내 것으로 만들고 시험장에 들어가야 합니다.
기출데이터 ★★★★☆	2022년 2회 2번, 2021년 3회 2번, 2020년 4회 3번, 2018년 1회 2번, 2016년 2회 9번, 2015년 1회 13번, 2014년 3회 5번, 2010년 1회 4번, 2009년 2회 18번

>> 모범답안

① **직업 무선택 또는 미선택** : 내담자가 직접 직업을 결정한 경험이 없거나, 선호하는 몇 가지의 직업이 있음에도 불구하고 어느 것을 선택할지를 결정하지 못하는 경우
② **직업선택의 확신부족(불확실한 선택)** : 직업을 선택하기는 하였으나, 자신의 선택에 대해 자신감이 없고 타인으로부터 자기가 성공하리라는 위안을 받고자 추구하는 경우
③ **흥미와 적성의 불일치(모순 또는 차이)** : 흥미를 느끼는 직업에 대해서 수행능력이 부족하거나, 적성에 맞는 직업에 대해서 흥미를 느끼지 못하는 경우
④ **현명하지 못한 직업선택(어리석은 선택)** : 자신의 능력보다 훨씬 낮은 능력이 요구되는 직업을 선택하거나 안정된 직업만을 추구하는 경우

>> 유사문제유형

• 윌리암슨(Williamson)의 특성-요인 직업상담에서 직업의사결정과 관련하여 나타나는 여러 문제들에 대한 변별진단 결과를 분류하는 4가지 범주*를 쓰고, 각각에 대해 설명하시오.
• 윌리암슨(Williamson)의 특성-요인 직업상담에서 변별진단의 4가지 범주를 쓰시오.
• 윌리암슨(Williamson)의 직업상담 문제유형의 4가지 분류를 쓰시오.
• 윌리암슨(Williamson)이 분류한 직업상담의 문제유형을 3가지 쓰고, 각각에 대해 설명하시오.

★ 직업상담이론에서 사용하는 개념 혹은 용어들 중에는 영문을 우리말로 번역한 것들이 많아 교재마다 다양하게 번역되어 제시되기도 합니다. 윌리암슨(Williamson)의 직업선택 문제유형 분류(변별진단, Diagnosis)와 관련하여 직업상담사 1차 필기시험 및 직업상담 관련 교재에서 사용하는 용어들은 다음과 같습니다.

Uncertain Choice	• 직업선택의 확신부족 • 불확실한 선택 • 진로선택 불확실 • 확신이 없는 선택 • 선택에 대해 불확실한 태도	Discrepancy between Interests and Aptitudes	• 흥미와 적성의 불일치 • 흥미와 적성의 차이 • 흥미와 적성의 모순 • 흥미와 적성 간에 모순이 되는 선택
No Choice	• 직업 무선택 • 진로 무선택 • 미선택 • 미결정 • 선택하지 않음 • 전혀 선택하지 못함	Unwise Choice	• 현명하지 못한 직업선택 • 현명하지 못한 선택 • 현명하지 않은 선택 • 어리석은 선택 • 잘못된 선택

045

월리암슨(Williamson)의 특성-요인이론에서 검사의 해석단계에서 이용할 수 있는 상담기법 3가지를 쓰고, 각각에 대해 설명하시오.

점 수	• 6점 배점의 문제로 출제됩니다. • 주로 3가지를 쓰고, 이를 설명하는 형태의 문제가 출제되므로, 반드시 간단한 설명을 덧붙여 답안을 작성해야 합니다.
문제해결 키워드	특성-요인 직업상담의 검사 해석단계에서의 상담기법은 상담자가 검사 결과를 내담자에게 전달하는 방식과 연관됩니다. 따라서 검사 해석단계에서는 해석보다 설명의 상담기법이 강조됩니다.
기출데이터 ★★★☆	2024년 2회 10번, 2017년 1회 1번, 2015년 3회 18번, 2012년 3회 8번, 2010년 4회 3번, 2008년 3회 17번, 2003년 3회 11번

>> 모범답안

① 직접충고(Direct Advising) : 검사결과를 토대로 상담자가 내담자에게 자신의 견해를 솔직하게 표명하는 것이다.
② 설득(Persuasion) : 상담자가 내담자에게 합리적이고 논리적인 방법으로 검사자료를 제시하는 것이다.
③ 설명(Explanation) : 상담자가 검사자료 및 비검사자료들을 해석하여 내담자의 진로선택을 돕는 것이다.

>> 유사문제유형

• 월리암슨(Williamson)의 상담 중 검사해석 과정(단계)에서 사용할 수 있는 상담기법 3가지를 설명하시오.
• 다음 보기는 특성-요인 직업상담의 과정*이다. 빈칸에 들어갈 내용을 순서대로 쓰고, 각각에 대해 설명하시오.

★　　　분석(제1단계) → 종합(제2단계) → 진단(제3단계) → 예측(제4단계) → 상담(제5단계) → 추수지도(제6단계)

⊕ PLUS　　Williamson의 특성-요인 직업상담에서 상담의 기술

• 촉진적 관계형성(Rapport)
• 자기이해의 신장
• 행동(실행)계획의 권고나 설계
• 계획의 수행
• 위임 또는 의뢰

046

정신분석적 상담은 내담자의 자각을 증진시키고 행동에 대한 지적 통찰을 얻도록 돕는다. 내담자는 직업적인 방법으로 불안을 통제할 수 없을 때 무의식적으로 방어기제를 사용하는데, 내담자가 사용하는 방어기제의 종류를 3가지 쓰고, 각각에 대해 설명하시오.

점 수	• 5~6점 배점 문제로 출제됩니다. • 문제에서 요구하는 방어기제의 수에 따라 부분점수가 채점될 수 있습니다. • 3가지를 쓰고, 설명하라는 문제의 경우 한 가지 답안당 2점씩 채점되며, 설명을 누락하거나 틀리게 되면 감점처리됩니다.
문제해결 키워드	• 프로이트(Freud)의 주요 방어기제 중 어떤 것이든지 문제에서 요구하는 개수대로 답안으로 작성하세요. • 방어기제에 관한 문제는 일반적으로 널리 알려진 이야기 또는 속담 등을 예로 제시하는 경우가 많습니다.
기출데이터 ★★★★	2022년 1회 3번, 2021년 2회 1번, 2021년 3회 3번, 2019년 2회 2번, 2017년 1회 3번, 2012년 2회 9번, 2009년 1회 18번, 2004년 1회 6번

>> 모범답안

① **억압** : 죄의식이나 수치스러운 생각 등을 무의식으로 밀어내는 것
② **부인(부정)** : 고통이나 욕구를 무의식적으로 부정하는 것
③ **합리화** : 자신의 말이나 행동에 대해 정당화하는 것
④ **반동형성** : 무의식적 소망이나 충동을 본래의 의도와 달리 반대방향으로 바꾸는 것
⑤ **투사** : 자신의 행동과 생각을 마치 다른 사람의 것인 양 생각하고 남을 탓하는 것

>> 유사문제유형

• 프로이트(Freud)의 방어기제 3가지를 쓰고, 이를 설명하시오.
• 정신분석적 상담에서 필수적인 개념인 불안의 3가지 유형을 쓰고 각각에 대해 설명하시오.
• 정신분석적 상담은 내담자의 자각을 증진시키고 행동에 대한 지적 통찰을 얻도록 돕는다. 내담자는 직접적인 방법으로 불안을 통제할 수 없을 때 무의식적으로 방어기제를 사용하는데, 내담자가 사용하는 방어기제의 종류를 5가지만 쓰시오.

억 압 (Repression)	죄의식이나 괴로운 경험, 수치스러운 생각을 의식에서 무의식으로 밀어내는 것으로서 선택적인 망각을 의미한다. 예 부모의 학대에 대한 분노심을 억압하여 부모에 대한 이야기를 무의식적으로 꺼리는 경우
부인 또는 부정 (Denial)	의식화되는 경우 감당하기 어려운 고통이나 욕구를 무의식적으로 부정하는 것이다. 예 자신의 애인이 교통사고로 사망했음에도 불구하고 그의 죽음을 인정하지 않은 채 여행을 떠난 것이라고 주장하는 경우
합리화 (Rationalization)	현실에 더 이상 실망을 느끼지 않기 위해 또는 정당하지 못한 자신의 행동에 그럴듯한 이유를 붙이기 위해 자신의 말이나 행동에 대해 정당화하는 것이다. 예 여우가 먹음직스런 포도를 발견하였으나 먹을 수 없는 상황에 처해 "저 포도는 신 포도라서 안 먹는다."고 말하는 경우
반동형성 (Reaction Formation)	자신이 가지고 있는 무의식적 소망이나 충동을 본래의 의도와 달리 반대되는 방향으로 바꾸는 것이다. 예 "미운 놈에게 떡 하나 더 준다."
투 사 (Projection)	사회적으로 인정받을 수 없는 자신의 행동과 생각을 마치 다른 사람의 것인 양 생각하고 남을 탓하는 것이다. 예 자기가 화가 난 것을 의식하지 못한 채 상대방이 자기에게 화를 낸다고 생각하는 경우
퇴 행 (Regression)	생의 초기에 성공적으로 사용했던 생각이나 감정, 행동에 의지하여 자기 자신의 불안이나 위협을 해소하려는 것이다. 예 대소변을 잘 가리던 아이가 동생이 태어난 후 밤에 오줌을 싸는 경우
전위 또는 전치 (Displacement)	자신이 어떤 대상에 대해 느낀 감정을 보다 덜 위협적인 다른 대상에게 표출하는 것이다. 예 직장상사에게 야단맞은 사람이 부하직원이나 식구들에게 트집을 잡아 화풀이를 하는 경우, "종로에서 뺨 맞고 한강에서 눈 흘긴다."
대 치 (Substitution)	받아들여질 수 없는 욕구나 충동 에너지를 원래의 목표에서 대용 목표로 전환시킴으로써 긴장을 해소하는 것이다. 예 "꿩 대신 닭"
격 리 (Isolation)	과거의 고통스러운 기억에서 그에 동반된 부정적인 감정을 의식으로부터 격리시켜 무의식 속에 억압하는 것이다. 예 직장상사와 심하게 다툰 직원이 자신의 '상사살해감정'을 무의식 속으로 격리시킨 채 업무에 있어서 잘못된 것이 없는지 서류를 강박적으로 반복하여 확인하는 경우
보 상 (Compensation)	어떤 분야에서 탁월하게 능력을 발휘하여 인정을 받음으로써 다른 분야의 실패나 약점을 보충하여 자존심을 고양시키는 것이다. 예 "작은 고추가 맵다."
승 화 (Sublimation)	정서적 긴장이나 원시적 에너지의 투입을 사회적으로 인정될 수 있는 행동방식으로 표출하는 것이다. 예 예술가가 자신의 성적 욕망을 예술로 승화하는 경우
동일시 (Identification)	자기가 좋아하거나 존경하는 대상과 자기 자신 또는 그 외의 대상을 같은 것으로 인식하는 것이다. 예 자신이 좋아하는 연예인의 옷차림을 따라하는 경우
주지화 (Intellectualization)	위협적이거나 고통스러운 정서적 문제를 피하기 위해 또는 그것을 둔화시키기 위해 사고, 추론, 분석 등의 지적 능력을 사용하는 것이다. 예 죽음에 대한 불안감을 덜기 위해 죽음의 의미와 죽음 뒤의 세계에 대해 추상적으로 사고하는 경우

047 역전이의 의미와 해결방안을 기술하시오.

점 수	• 3~5점 배점의 문제로 출제됩니다. • 의미와 해결방안을 각각 구분하여 답안을 작성해야 합니다. • '의미'를 누락하면 감점처리되므로 유의해야 합니다. '해결방안'이 완전히 생각나지 않더라도 부분점수를 위해 아는 대로 답안을 작성해야 합니다.
문제해결 키워드	'전이'와 '역전이'의 의미와 그 해결방안을 묻는 문제가 출제되므로, 이 두 가지를 구분하여 학습해야 합니다.
기출데이터 ★☆	2022년 1회 2번, 2009년 2회 19번, 2006년 3회 9번

>> 모범답안

① 의미 : 내담자의 태도 및 외형적 행동에 대한 상담자의 개인적인 정서적 반응이자 투사이다.
② 해결방안
  • 자기분석을 통해 과거 경험이 현재에 미치는 영향을 분석한다.
  • 교육분석을 통해 자기분석 결과 및 경험 내용을 지속적으로 축적한다.
  • 슈퍼바이저의 지도 · 감독을 받는다.

>> 유사문제유형

• 내담자가 상담자에게 지나치게 의존하려는 전이(Transference)가 일어났을 때 그 의미와 해결방안*을 쓰시오.
• 역전이의 의미와 해결책 3가지를 쓰시오.

★   ① 전이의 의미 : 과거에 충족되지 못한 욕구를 현재의 상담자를 통해 해결하고자 하는 일종의 투사현상이다.
       ② 전이의 해결방안
          • 내담자가 과거 중요한 대상에게 가졌던 애정, 욕망, 기대, 적개심 등의 복잡한 감정들을 상담자에게 표현하도록 격려한다.
          • 전이 분석과 훈습(Working Through)을 통해 내담자로 하여금 유아기에서 비롯된 대인관계를 통찰하도록 함으로써 자아통합을 돕는다.

048

아들러(Adler)의 개인주의 상담에서 개인주의 상담과정의 목표를 4가지 쓰시오.

점 수	• 4~6점 배점의 문제로 출제됩니다. • 개인주의 상담과정의 목표를 3~4가지를 쓰는 문제로 출제됩니다.
문제해결 키워드	개인주의 상담(과정)의 목표는 아들러(Adler)에게서 영향을 받은 학자들에 따라 약간씩 다르게 제시될 수 있으나 내용상 차이는 없습니다.
기출데이터 ★★☆	2022년 3회 2번, 2020년 1회 2번, 2018년 2회 1번, 2016년 1회 1번, 2013년 3회 10번

>> 모범답안

① 사회적 관심을 갖도록 돕는다.
② 패배감을 극복하고 열등감을 감소시킬 수 있도록 돕는다.
③ 잘못된 가치와 목표를 수정하도록 돕는다.
④ 잘못된 동기를 바꾸도록 돕는다.
⑤ 타인과 동질감을 갖도록 돕는다.
⑥ 사회의 구성원으로서 기여하도록 돕는다.

>> 유사문제유형

• 아들러(Adler)의 개인주의 상담과정의 목표를 3가지만 쓰시오.
• 아들러(Adler)의 개인주의 상담에서 개인주의 상담과정의 목표를 5가지 쓰시오.

049

실존주의 상담자들이 내담자의 궁극적 관심사와 관련하여 중요하게 고려한 요인 3가지를 쓰고 설명하시오.

점 수	6점 배점의 문제로 출제됩니다.
문제해결 키워드	• 실존주의 상담은 인본주의 심리학에 기초를 두며, 인간의 가장 직접적인 경험으로서 자기 자신의 존재에 초점을 둡니다. • 이 문제는 다양한 답안이 도출될 수 있습니다. 그 이유는 이 문제가 사실상 실존주의 상담의 주요 개념들을 다루고 있으며, 이는 학자 혹은 교재에 따라 다양하게 제시되고 있기 때문입니다. 모범답안과 유사문제유형을 통해 두 가지 방법으로 답안을 제시하였습니다.
기출데이터 ★★★☆	2023년 1회 4번, 2023년 2회 2번, 2020년 2회 2번, 2017년 2회 5번, 2012년 3회 17번, 2010년 2회 5번, 2009년 3회 16번

>> 모범답안

① 죽음 : 죽음의 불가피성과 삶의 유한성은 삶을 더욱 가치 있게 만든다.
② 자유 : 인간은 스스로 선택하고 자신의 삶에 대해 책임을 진다.
③ 고립 또는 소외 : 인간은 자신의 실존적 소외에 대해 인정하고 직면함으로써 타인과 성숙한 관계를 맺을 수 있다.
④ 무의미 : 인간은 자신의 삶과 인생에서 끊임없이 어떤 의미를 추구한다.

>> 유사문제유형

• 실존주의 상담에서 제시하는 인간본성에 대한 철학적 기본가정[*1] 4가지를 쓰시오.(2024년 2회 7번, 2013년 2회 7번)
• 실존주의적 상담은 실존적 존재로서 인간이 갖는 궁극적 관심사에 대한 자각이 불안을 야기한다고 본다. 실존주의 상담자들이 내담자의 궁극적 관심사와 관련하여 중요하게 생각하는 주제[*2]를 4가지 제시하고 각각에 대해 설명하시오.
• 실존주의적 상담은 실존적 존재로서 인간이 갖는 궁극적 관심사에 대한 자각이 불안을 야기한다고 본다. 실존주의 상담자들이 내담자의 궁극적 관심사와 관련하여 중요하게 생각하는 주제 3가지를 쓰고, 각각에 대해 설명하시오.

★1 ① 인간은 자각하는 능력을 가지고 있다.
② 인간은 정적인 존재가 아닌 항상 변화하는 상태에 있는 존재이다.
③ 인간은 자유로운 존재인 동시에 자기 자신을 스스로 만들어 가는 존재이다.
④ 인간은 즉각적인 상황과 과거 및 자기 자신을 초월할 수 있는 능력을 가지고 있다.
⑤ 인간은 장래의 어느 시점에서 무존재가 될 운명을 지니고 있으며, 자기 스스로 그와 같은 사실을 자각하고 있는 존재이다.

★2 ① 자유와 책임 : 인간은 자기결정적인 존재로서, 자신의 삶의 방향을 결정하고 그에 대해 책임진다.
② 삶의 의미 : 인간은 자신의 삶의 목적과 의미를 찾기 위해 노력한다.
③ 죽음과 비존재 : 인간은 자신이 죽는다는 것을 스스로 자각한다.
④ 진실성 : 인간은 자신을 정의하고 긍정하는 데 필수적인 어떤 것이든지 한다.

* '모범답안'은 얄롬(Yalom)의 관점인 반면, '유사문제유형'의 답안은 실존주의 연구자들의 비교적 공통된 관점에 해당합니다. 이 두 가지 답안의 내용들이 사실상 서로 유사하며, 특히 자유와 책임, 삶의 의미, 죽음과 비존재가 양쪽 모두에서 비중 있게 다루어지고 있는 점을 눈여겨 볼 필요가 있습니다.

050 로저스(Rogers)의 인간중심(내담자중심) 상담의 철학적 가정을 5가지 쓰시오.

점 수	5~6점 배점의 문제로 출제됩니다.
문제해결 키워드	• 내담자중심 상담은 로저스(Rogers)의 상담 경험에서 비롯된 것으로, '비지시적 상담' 또는 '인간 중심 상담'으로도 불립니다. • 상담의 기본목표는 '완전히(충분히) 기능하는 사람'이 되도록 환경을 마련하는 것입니다. • 현상학적 이론의 주요 개념 : 자기(Self), 자기실현경향, 현상학적 장
기출데이터 ★★	2023년 1회 2번, 2018년 3회 3번, 2014년 3회 1번, 2010년 4회 15번

>> 모범답안

① 개인은 가치를 지닌 독특한 존재이다.
② 개인은 적극적인 성장력을 지닌 존재이다.
③ 개인은 선하고 이성적이며, 믿을 수 있는 존재이다.
④ 개인의 주관적 생활에 초점을 두어야 한다.
⑤ 개인에게는 결정과 선택의 권리가 있다.

>> 유사문제유형

로저스(Rogers)의 인간중심(내담자중심) 상담의 철학적 가정을 4가지 쓰시오.

⊕ PLUS

내담자중심 직업상담의 기법으로서 스나이더(Snyder)는 상담자가 상담 동안 나타내 보일 수 있는 반응들을 구분하였다. 그 4가지 범주들을 쓰고, 각각에 대해 설명하시오.
① 안내를 수반하는 범주(Lead-taking Categories) : 면접의 방향을 결정짓는 범주로서, 상담자가 내담자로 하여금 이야기해야 할 것이 무엇인지를 제시해 주는 것이다.
② 감정에 대한 비지시적 반응범주(Nondirective Response-to-feeling Categories) : 해석이나 충고, 비평이나 제안 없이 내담자가 표현하는 감정을 재진술하는 범주이다.
③ 감정에 대한 준지시적 반응범주(Semidirective Response-to-feeling Categories) : 내담자의 감정에 대해 해석하는 범주로서, 내담자의 정서나 반응에 대한 상담자의 의미부여 또는 해석 등의 반응이 포함된다.
④ 지시적 상담범주(Directive Counseling Categories) : 상담자가 내담자의 생각을 변화시키려 시도하거나 내담자의 생각에 상담자의 가치를 주입하려 하는 범주이다.

051

로저스(Rogers)는 내담자중심 상담을 성공적으로 이끄는 데 있어서 상담자의 능동적 성향을 강조하였으며, 패터슨(Patterson)도 내담자중심 직업상담은 기법보다는 태도가 필수적이라고 보았다. 내담자중심 접근법을 사용할 때 직업상담자가 갖추어야 할 3가지 기본태도에 대해 설명하시오.

점 수	3~6점 배점의 문제로 출제됩니다.
문제해결 키워드	• 촉진적 관계형성을 위한 상담자의 바람직한 태도는 교재마다 다양하게 제시되고 있으나, 사실상 내용적인 측면의 큰 차이점은 없습니다. 일반적으로 내담자에 대한 무조건적 수용과 존중, 공감적 반영, 적극적 경청, 진실성(진실한 태도), 관심 기울이기, 구체화 등이 거론되고 있습니다. • 과년도부터 최근까지 출제비율이 높은 문제입니다. 반드시 내 것으로 만들어야 할 문제입니다.
기출데이터 ★★★★ ★☆	2024년 1회 1번, 2023년 3회 1번, 2020년 1회 3번, 2016년 1회 5번, 2015년 1회 14번, 2015년 3회 5번, 2009년 2회 1번, 2009년 3회 4번, 2008년 3회 12번, 2007년 3회 15번, 2006년 1회 10번

>> 모범답안

① 일치성과 진실성 : 진실하고 개방적이어야 한다.
② 공감적 이해 : 내담자의 내면세계를 마치 자신의 내면세계인 것처럼 느껴야 한다.
③ 무조건적 수용 : 내담자를 아무런 조건 없이 무조건적이고 긍정적으로 존중해야 한다.

>> 유사문제유형

• 상담자와 내담자 간의 촉진적 관계형성을 위해 사용해야 하는 상담자의 바람직한 태도 3가지를 설명하시오.
• 내담자중심 상담을 성공적으로 이끌기 위해 직업상담사가 갖추어야 할 3가지 기본태도를 쓰시오.
• 내담자중심 접근법을 사용할 때, 직업상담자가 갖추어야 할 기본태도 3가지를 설명하시오.
• 내담자중심 접근법을 사용할 때 직업상담사가 갖추어야 할 기본적인 태도 3가지를 쓰시오.

⊕ PLUS

인간중심 진로상담은 내담자의 자아개념을 직업적 자아개념으로 전환시키고 내담자의 경험을 풍부히 하는 것을 목표로 한다. 이와 같은 목표를 달성하기 위해 상담자가 사용해야 하는 방법 4가지를 쓰시오.
① 안내 : 상담자는 지시적 · 비지시적인 안내와 질문을 통해 상담 과정을 구조화하고 이를 내담자에게 이해시킨다.
② 반영 : 재진술, 명료화, 해석, 충고, 정보제공 등의 방법이 이에 포괄적으로 포함된다.
③ 지지 : 상담자는 내담자의 정서와 감정을 지지하고 도움을 제공한다.
④ 주의환기 : 상담자는 내담자의 주의를 환기시키고, 내담자의 불만이나 욕구에 대해 주의를 집중하게 한다.

052 내담자중심 직업상담에서 직업정보 활용의 원리는 검사해석의 원리와 같다. 패터슨 (Patterson)은 이를 어떻게 설명하고 있는지 3가지를 쓰시오.

점 수	6점 배점의 문제로 출제됩니다.
문제해결 키워드	내담자중심 상담은 상담자가 아무런 조건 없이 수용적인 태도로써 내담자를 존중해야 한다고 주장합니다.
기출데이터 ★	2013년 3회 8번, 2008년 1회 10번

>> 모범답안

① 내담자의 입장에서 필요하다고 인정할 때에만 상담과정에 도입한다.
② 내담자에게 영향을 주거나 내담자를 조작하기 위해 사용하지 않는다.
③ 내담자 스스로 자신에게 필요한 정보를 찾도록 격려한다.
④ 내담자에게 직업에 대한 생각, 태도, 감정을 자유롭게 표현하도록 한다.

⊕ PLUS   상담에 대한 올바른 이해(Patterson)

• 상담에서의 정보 제공은 가능하나 정보 제공 자체가 곧 상담은 아니다.
• 상담에서의 충고, 제언, 권장은 가능하나 그 자체가 곧 상담은 아니다.
• 설득, 유도, 권고에 의해 내담자의 신념, 태도, 행동을 변화시키는 것이 곧 상담은 아니다.
• 상담은 훈육이나 협박, 위협이나 경고 등을 통해 행동상의 변화를 이끌어내는 것이 아니다.
• 상담은 어떠한 일이나 활동을 내담자에게 지시하는 것이 아니다.
• 상담에서 면담이 중요한 부분을 차지하나 직접적인 대화나 면담이 곧 상담은 아니다.

053 내담자중심 직업상담과 특성-요인 직업상담의 차이점을 2가지 설명하시오.

점 수	6점 배점의 문제로 출제됩니다.
문제해결 키워드	• 특성-요인 직업상담은 개인의 심리적 특성과 성공적 작업행동 요인에 중점을 두는 상담 방법으로서, 상담자가 내담자에 대해 지시적 입장에 서기 때문에 '지시적 상담'이라고도 불립니다. • 내담자중심 직업상담은 내담자의 잠재된 능력을 인정하여 내담자 스스로 자신이 나아가야 할 방향을 찾도록 하므로 '비지시적 상담'이라고도 불립니다.
기출데이터 ★☆	2014년 2회 2번, 2010년 2회 3번, 2001년 1회 5번

>> 모범답안

① 특성-요인 접근법은 각 개인의 특성과 요인에 따른 분류 및 비교에 초점을 둔 반면, 내담자중심 접근법은 각 개인의 개별성·독특성을 강조하는 데 초점을 둔다.
② 특성-요인 접근법은 물리적 현상으로서 외부세계를 강조한 반면, 내담자중심 접근법은 개인적 경험으로서 내적 세계를 강조한다.

⊕ PLUS 내담자중심 상담(인간중심 상담) VS 특성-요인 상담

내담자중심 상담(인간중심 상담)	특성-요인 상담
• 내담자는 문제를 스스로 해결할 수 있는 능력이 있다. • 내담자는 자유롭고 신뢰할 수 있는 존재이므로, 상담자는 보조자로서 내담자 스스로 당면한 문제를 해결하도록 돕는다. • 상담은 비지시적·수용적인 분위기에서 이루어진다. • 내담자의 주관적·감정적 측면을 강조하는 반면, 객관적 자료의 중요성을 간과하는 경향이 있다. • 상담 과정에서 내담자와의 관계형성이 절대적이다. • 상담 이전에 심리진단이 필요하지 않다.	• 내담자는 문제를 스스로 해결할 수 없는 나약한 존재이다. • 상담자는 주도자로서 내담자의 문제를 종합·진단하며, 문제해결을 위한 정보를 제공한다. • 상담은 내담자에 대한 충고와 설득을 통한 지시적인 방식으로 이루어진다. • 내담자의 주관적·감정적 측면을 소홀히 한 채 객관적인 자료에만 의존하는 경향이 있다. • 상담 과정에서 내담자와의 관계형성이 절대적인 것은 아니다. • 상담 이전에 심리진단이 필요하다.

054 게슈탈트 상담기법 중 3가지를 쓰고, 각각에 대해 설명하시오.

점 수	4~6점 배점의 문제로 출제됩니다.
문제해결 키워드	• 펄스(Perls)에 의해 개발 · 보급되었으며, 내담자가 '여기-지금'의 현실에서 자신이 무엇을 어떻게 보고 느끼는지, 무엇이 경험을 방해하는지 '자각 또는 각성'하도록 합니다. • '형태주의 상담'은 '게슈탈트 상담'이라고도 합니다.
기출데이터 ★★★★☆	2024년 2회 8번, 2023년 2회 3번, 2019년 3회 1번, 2018년 2회 3번, 2015년 3회 7번, 2013년 2회 11번, 2012년 1회 18번, 2011년 1회 7번, 2010년 4회 14번

>> 모범답안

① 욕구와 감정의 자각 : '여기-지금' 내담자가 경험한 욕구와 감정을 자각하도록 돕는다.
② 신체 자각 : 신체 감각을 통해 내담자가 자신의 욕구와 감정을 자각하도록 돕는다.
③ 환경 자각 : 환경과의 접촉을 증진시키며, 주위 환경에서 체험하는 것을 자각하도록 돕는다.
④ 언어 자각 : 언어적 표현을 바꾸어 말하게 함으로써 행동에 대한 자신의 책임을 자각하도록 돕는다.
⑤ 꿈 작업(꿈을 이용한 작업) : 꿈을 현실로 재현하도록 하여 꿈의 각 부분들과 동일시해 보도록 한다.
⑥ 빈 의자 기법 : 특정 인물이 빈 의자에 앉아 있다고 상상하도록 하여 그에게 하고 싶은 말과 행동을 하도록 유도한다.
⑦ 과장하기 : 내담자의 감정 자각을 돕기 위해 특정 행동이나 언어를 과장하여 표현하게 한다.

>> 유사문제유형

• 게슈탈트 상담기법 중 3가지를 쓰고 설명하시오.
• 게슈탈트 상담기법 중 4가지만 쓰고 설명하시오.
• 형태주의 상담에서 내담자들이 자신에 대해 더 잘 자각하고, 내적 갈등을 충분히 경험하며, 미해결된 감정을 해결할 수 있도록 돕기 위해 사용하는 기법[*1]을 4가지만 쓰시오.
• 형태주의 상담의 목표[*2]를 6가지 쓰시오.(2022년 2회 5번)

[*1] **형태주의 상담기법**
  • 역할연기(실연)   • 대화연습(자기 부분들과의 대화)
  • 감정 유지(감정에 머무르기)   • 과장해서 표현하기(과장하기)
  • 반대로 행동하기   • 한 바퀴 돌기
  • 투사놀이   • "…에 대한 책임이 나에게 있습니다." 등

[*2] ① 개인의 체험 영역을 확장하도록 한다.
   ② 인격이 통합되도록 한다.
   ③ 독립적 · 자립적인 사람이 되도록 한다.
   ④ 자신에 대한 책임감을 가지도록 한다.
   ⑤ 증상의 제거보다 성장하도록 한다.
   ⑥ 실존적인 삶을 살도록 한다.

055 의사교류분석 상담의 제한점 3가지를 설명하시오.

점 수	• 6점 배점의 문제로 출제됩니다. • 문제에서 요구하는 답안 수에 따라 부분점수가 부과됩니다.
문제해결 키워드	• 교류분석 상담은 '의사교류분석 상담' 또는 '의사거래분석 상담'이라고도 합니다. • 번(Berne)에 의해 개발된 집단치료방법으로서, 인간의 약점이나 결함보다는 강점에 초점을 두었습니다.
기출데이터 ★★	2022년 1회 6번, 2018년 1회 13번, 2014년 1회 11번, 2011년 3회 5번

>> 모범답안

① 주요 개념들이 인지적이므로 지적 능력이 낮은 내담자의 경우 부적절할 수 있다.

② 주요 개념들이 추상적이고 용어들이 모호하므로 실제 적용에 어려움이 있다.

③ 상담의 개념 및 절차에 대한 실증적인 연구 결과를 과학적인 증거로 간주하기 어렵다.

>> 유사문제유형

• 의사교류분석 상담의 제한점 3가지를 쓰시오.

• 의사교류분석 상담의 제한점 2가지를 설명하시오.

⊕ PLUS

의사교류분석 상담의 공헌점 3가지를 설명하시오.

① 의사소통 단절 문제의 구체적인 해결방안을 제시하며, 의사소통의 질적 향상을 도모하였다.

② 형식적인 상담에서 벗어나 내담자 스스로 자신을 변화시킬 수 있는 방법을 제시하였다.

③ 상담자와 내담자 간의 특수한 계약을 강조함으로써 상담의 효과성 향상에 기여하였다.

056 교류분석적 상담에서 주장하는 자아의 3가지 형태를 쓰고 각각에 대해 간략히 설명하시오.

점 수	• 6점 배점의 문제로 출제됩니다. • 문제에서 요구하는 답안 수에 따라 부분점수가 부과됩니다.
문제해결 키워드	• Berne은 인간이 태어나면서부터 타인과의 상호작용을 통해 자극을 받으려는 '자극-기아'를 느끼고 있다고 주장하였습니다. 이는 스트로크(Stroke)를 어떻게 주고받는가에 따라 인간관계가 결정된다는 의미이기도 합니다. • 부모 자아는 기능상 '비판적 부모 자아 / 양육적 부모 자아'로 구분됩니다. • 아동 자아는 기능상 '자유로운 아동 자아 / 순응적인 아동 자아 / 어린이 교수 자아'로 구분됩니다.
기출데이터 ★★	2020년 2회 3번, 2016년 2회 2번, 2009년 3회 9번, 2003년 3회 9번

>> 모범답안

① 부모 자아(P ; Parent) : 출생에서부터 5년간 주로 부모를 통해 모방 또는 학습하게 되는 태도 및 행동으로 구성되며, '비판적 부모 자아'와 '양육적 부모 자아'로 구분된다.

② 성인 자아 또는 어른 자아(A ; Adult) : 대략 18개월부터 발달하기 시작하여 12세경에 정상적으로 기능하는 자아로서, 합리적 · 현실지향적 사고 및 타산적 행동을 특징으로 한다.

③ 아동 자아 또는 어린이 자아(C ; Child) : 나이와 상관없이 실제적인 행동 및 사고가 아동과 유사한 자아로서, '자유로운 아동 자아'와 '순응적인 아동 자아'로 구분되며, 더 나아가 성인 자아의 축소판으로서 '어린이(아동) 교수 자아'로 삼분하기도 한다.

>> 유사문제유형

• 의사교류분석(TA) 상담기법에서 역동적(열정적) 자아상태 3가지에 대해 쓰시오.
• 교류분석 상담이론에서 상담자가 내담자의 이해를 위해 사용하는 분석 유형★ 3가지를 쓰시오.(2018년 2회 4번, 2013년 2회 4번)

★ ① 구조분석 : 내담자의 사고, 감정, 행동을 세 가지 자아상태, 즉 부모 자아, 성인 자아, 아동 자아와 결부시켜 자아상태에 대한 이해 및 적절한 활용을 돕는다.

② 교류분석 : 두 사람 간의 의사소통 과정에서 나타나는 세 가지 교류 유형, 즉 상보교류, 교차교류, 이면교류를 파악하여 효율적인 교류가 이루어지도록 돕는다.

③ 라켓 및 게임 분석 : 부적응적 · 비효율적인 라켓 감정과 함께 이를 유발하는 게임을 파악하여 긍정적인 자아상태로 전환하도록 돕는다.

④ 각본분석 : 내담자의 자율성을 저해하는 자기제한적 각본신념을 변화시켜 효율적인 신념으로 대체하도록 돕는다.

057
내담자의 정보 및 행동에 대한 이해기법 중 가정 사용하기, 왜곡된 사고 확인하기, 변명에 초점 맞추기에 대해 간략히 설명하시오.

점수	• 5~6점 배점의 문제로 출제됩니다. • 문제에서 요구하는 답안 수에 따라 부분점수가 부과됩니다.
문제해결 키워드	• 내담자의 정보 및 행동에 대한 이해기법에는 9가지가 있습니다. 그중 일부만 답안으로 요구하는 경우도 있고, '몇 가지를 쓰시오' 형태로 문제가 제시되기도 합니다. • 과년도부터 최근까지 출제비율이 높은 문제입니다. 반드시 내 것으로 만들어야 할 문제입니다.
기출데이터 ★★★★☆	2021년 2회 6번, 2016년 1회 7번, 2013년 1회 3번, 2012년 1회 1번, 2011년 1회 9번, 2010년 1회 6번, 2007년 1회 14번, 2007년 3회 11번, 2004년 1회 6번

>> **모범답안**

① 가정 사용하기 : 내담자의 방어를 최소화하기 위해 특정 행동에 대한 가정을 사용하여 질문을 한다.
② 왜곡된 사고 확인하기 : 내담자의 극단적 생각이나 과도한 일반화 등 왜곡된 사고에 주의를 기울인다.
③ 변명에 초점 맞추기 : 내담자의 책임 회피나 변형, 결과의 재구성 등으로 나타나는 변명에 주의를 기울인다.

>> **유사문제유형**

• 내담자와 관련된 정보를 수집하고 내담자의 행동을 이해 · 해석하는 데 기본이 되는 상담기법 5가지를 쓰시오.
• 내담자와 관련된 정보를 수집하고 내담자의 행동을 이해하고 해석하는 데 기본이 되는 상담기법*을 6가지만 쓰시오.
• 내담자의 정보 및 행동에 대한 이해 기법 6가지를 적으시오.

★ **내담자의 정보 및 행동에 대한 이해와 해석을 위한 9가지 기법**
　① 가정 사용하기
　② 의미 있는 질문 및 지시 사용하기
　③ 전이된 오류 정정하기
　④ 분류 및 재구성하기
　⑤ 저항감 재인식하기 및 다루기
　⑥ 근거 없는 믿음(신념) 확인하기
　⑦ 왜곡된 사고 확인하기
　⑧ 반성의 장 마련하기
　⑨ 변명에 초점 맞추기

058 행동주의 상담이론의 기본적인 가정 3가지를 쓰시오.

점수	• 6점 배점의 문제로 출제됩니다. • 행동주의 상담의 기본적인 가정을 3가지 또는 5가지 요구하는 문제가 주로 출제되며, 경우에 따라 답안 작성 하나당 1~2점이 배점됩니다.
문제해결 키워드	• 행동주의 상담이론은 비정상적·부적응적인 행동이 학습에 의해 획득되고 유지된다고 보며, 이를 수정하기 위해 학습의 원리를 적용하는 상담방법입니다. • 이 문제는 출제자 또는 채점자의 의도에 따라 서로 다른 답안이 도출될 가능성이 있습니다. 그 이유는 행동주의 상담이론 혹은 행동주의 상담 접근의 기본가정에 대해 학자마다 혹은 교재마다 매우 다양하게 제시되고 있기 때문입니다.
기출데이터 ★	2012년 1회 15번, 2009년 1회 9번

>> 모범답안

① 인간행동의 대부분은 학습된 것이므로 수정이 가능하다.
② 특정한 환경의 변화는 개인의 행동을 적절하게 변화시키는 데 도움이 된다.
③ 강화나 모방 등의 사회학습 원리는 상담기술의 발전을 위해 이용될 수 있다.

>> 유사문제유형

행동주의 상담이론의 기본적인 가정 5가지*를 쓰시오.

★　　모범답안에서 제시한 3가지 가정에 다음을 추가하여 답안을 작성할 수 있습니다.
　　④ 상담의 효율성 및 효과성은 상담 밖에서의 내담자의 구체적인 행동 변화에 의해 평가된다.
　　⑤ 상담방법은 정적이거나 고정된 것 또는 사전에 결정된 것이 아니므로, 내담자의 특수한 문제를 해결하기 위해 독특한 방식으로 고안될 수 있다.

⊕ PLUS　　행동수정의 기본 가정

• 행동수정은 관찰 가능한 행동을 연구대상으로 한다.
• 인간행동은 대부분 학습된 것이다.
• 행동의 형성·유지·제거의 제반 과정은 환경자극에 의해 크게 영향을 받는다.
• 학습은 정상행동이나 이상행동 모두에서 동일한 원리에 의해 이루어진다.
• 모든 행동은 개별적 환경자극의 배열에 따라 고유하게 학습된다.
• 문제행동을 치료하는 데 있어서 과거보다는 현재가 더욱 중요하다.
• 행동수정은 객관적 자료를 토대로 실험을 통한 검증방법을 활용한다.

059

행동주의 직업상담의 상담기법은 크게 불안감소기법과 학습촉진기법의 유형으로 구분할 수 있다. 각 유형별 대표적인 방법을 각각 3가지씩 쓰시오.

점 수	• 3~6점 배점의 문제로 출제됩니다. • 불안감소기법 3가지, 학습촉진기법 3가지를 각각 답안으로 작성해야 합니다.
문제해결 키워드	행동주의 상담의 기법을 '불안감소기법 vs 학습촉진기법'과 '내적 행동변화 촉진방법 vs 외적 행동변화 촉진방법'으로 구분할 수 있어야 합니다.
기출데이터 ★★★★★	2024년 1회 2번, 2023년 1회 3번, 2023년 3회 4번, 2022년 1회 5번, 2021년 2회 3번, 2016년 1회 3번, 2016년 3회 2번, 2015년 1회 16번, 2015년 2회 2번, 2014년 2회 12번, 2012년 3회 5번, 2011년 1회 12번

>> 모범답안

(1) 불안감소기법
　① 체계적 둔감법 : 불안위계목록을 작성한 다음 낮은 수준의 자극에서 높은 수준의 자극으로 상상을 유도한다.
　② 금지조건형성(내적 금지) : 충분히 불안을 일으킬 수 있을만한 단서를 추가적인 강화 없이 지속적으로 제시한다.
　③ 반조건형성(역조건형성) : '조건-반응'의 연합을 끊기 위해 새로운 자극을 함께 제시한다.

(2) 학습촉진기법
　① 강화 : 내담자의 행동에 대해 긍정적 반응이나 부정적 반응을 보임으로써 바람직한 행동을 강화시킨다.
　② 변별학습 : 검사도구들을 사용하여 자신의 능력과 태도 등을 변별하고 비교해 보도록 한다.
　③ 사회적 모델링과 대리학습 : 타인의 행동에 대한 관찰 및 모방에 의한 학습을 하도록 한다.

>> 유사문제유형

• 행동주의 상담기법인 불안감소기법과 학습촉진기법[*1]에 대해 각각 3가지 방법을 쓰고 설명하시오.
• 행동주의 상담기법인 불안감소기법과 학습촉진기법에 해당하는 방법을 각각 2가지씩 쓰고, 그에 대해 설명하시오.
• 행동주의 직업상담에서는 새로운 학습을 돕는 학습촉진기법을 사용한다. 대표적인 학습촉진기법 3가지를 쓰고, 각각에 대해 설명하시오.
• 행동주의 상담에서 내적인 행동변화를 촉진시키는 방법과 외적인 행동변화를 촉진시키는 방법[*2]을 각각 3가지씩 쓰시오.
• 행동주의 상담에서 외적 행동변화를 촉진시키는 방법 5가지를 쓰시오.
• 행동주의 상담에서 외적인 행동변화를 촉진시키는 방법 중 주장훈련의 정의를 쓰고 그 절차[*3]를 기술하시오.(2017년 1회 5번)
• 행동주의 상담의 기법으로 적응행동을 증진시키는 방법[*4]이 있다. 적응행동 증진기법 3가지를 쓰고 설명하시오.

[*1]　**행동주의 상담의 기술 구분 – 상담 및 치료의 목표**

불안감소기법	학습촉진기법
• 체계적 둔감법(체계적 둔감화) • 금지조건형성(내적 금지) • 반조건형성(역조건형성) • 홍수법 • 혐오치료 • 주장훈련(주장적 훈련) • 자기표현훈련	• 강 화 • 변별학습 • 사회적 모델링과 대리학습 • 행동조성(조형) • 토큰경제(상표제도)

★2   **행동주의 상담의 기술 구분 – 행동변화 촉진의 양상**

내적 행동변화 촉진기술	외적 행동변화 촉진기술
• 체계적 둔감법(체계적 둔감화) • 근육이완훈련 • 인지적 모델링 • 인지적 재구조화 • 사고중지(사고정지) • 정서적 심상법(정서적 상상) • 스트레스 접종 등	• 토큰경제(상표제도) • 모델링(대리학습) • 주장훈련(주장적 훈련) • 역할연기 • 행동계약 • 혐오치료 • 자기관리 프로그램 • 바이오피드백 등

★3   (1) 정 의
　　　자신을 긍정적으로, 솔직하게, 자신감 있게 표현할 수 있도록 돕는 훈련
　　(2) 절 차
　　　① 자기주장훈련에 대해 설명한다.
　　　② 자기주장의 구체적인 목표를 설정한다.
　　　③ 행동과제를 부여한다.
　　　④ 감정이 담긴 대화를 주고받는 연습을 한다.
　　　⑤ 요청 및 거절을 하는 연습을 한다.
　　　⑥ 역할연기를 통해 행동시연을 해 보도록 한다.

★4   행동주의 상담은 내담자의 문제를 학습에 의해 습득된 부적응행동이라고 보고, 부적응 행동을 상담과정을 통해 밝혀서 이를 제거하는 동시에 적절한 새로운 행동을 학습하도록 하는 것을 목표로 합니다. 따라서 '행동주의 상담의 과정 = 학습의 과정'에 해당하며, '적응행동을 증진시키기 위한 방법 = 학습을 촉진시키기 위한 기법'으로 간주할 수 있습니다. 여기에는 Skinner의 조작적 조건형성에 의한 강화기법과 Bandura의 사회학습이론에 의한 모델링 등의 기법들이 모두 포함됩니다.

060 체계적 둔감화의 의미를 쓰고, 그 단계를 설명하시오.

점 수	• 5~6점 배점의 문제로 출제됩니다. • 체계적 둔감화의 '의미'도 답안으로 작성해야 감점 없이 점수를 획득할 수 있습니다.
문제해결 키워드	• 행동주의 상담의 기법에는 몇 가지 종류가 있으며, 관련 문제는 1차 필기, 2차 실기 모두 매해 출제되고 있습니다. 그중 체계적 둔감화가 가장 자주 출제되므로 유의해서 학습해야 합니다. • 체계적 둔감화는 고전적 조건형성의 원리를 이용한 것으로서, 특정 대상에 대한 불안이나 공포 증상을 치료하는 데 효과적인 기법으로 널리 알려져 있습니다. • 과년도부터 최근까지 출제비율이 높은 문제입니다. 반드시 내 것으로 만들어야 할 문제입니다.
기출데이터 ★★★★★	2024년 2회 9번, 2021년 1회 3번, 2017년 3회 3번, 2016년 2회 7번, 2015년 1회 2번, 2013년 2회 8번, 2010년 3회 13번, 2008년 1회 8번, 2008년 3회 15번, 2005년 1회 5번, 2004년 3회 9번, 2000년 3회 5번

>> 모범답안

(1) 체계적 둔감화의 의미

　특정한 상황이나 상상에 의해 조건형성된 불안이나 공포에 대해 불안(공포)자극을 단계적으로 높여가며 노출시킴으로써 내담자의 불안(공포)반응을 경감 또는 제거시키는 행동수정기법이다.

(2) 체계적 둔감화의 단계

① 근육이완훈련(제1단계) : 근육이완훈련을 통해 몸의 긴장을 풀도록 한다.

② 불안위계목록 작성(제2단계) : 낮은 수준의 자극에서 높은 수준의 자극으로 불안위계목록을 작성한다.

③ 불안위계목록에 따른 둔감화(제3단계) : 불안유발상황을 단계적으로 상상하도록 유도하여 불안반응을 점진적으로 경감 또는 제거시킨다.

>> 유사문제유형

• 체계적 둔감화의 의미에 대해 쓰고, 그 단계를 쓰시오.

• 체계적 둔감화[*1]의 표준절차 3단계를 쓰고, 각 단계에 대해 설명하시오.

• 체계적 둔감화의 표준절차 3단계를 설명하시오.

• 행동주의 상담기법으로서 체계적 둔감화의 장점 및 유의점[*2]을 각각 3가지씩 기술하시오.

[*1]　**체계적 둔감화(Systematic Desensitization) 유사 용어**

• 체계적 둔감법	• 체계적 탈감화	• 체계적 탈감법	• 단계적 둔감화
• 단계적 둔감법	• 단계적 둔화법	• 체계적 감강법	• 체계적 감도 감강법

[*2]　(1) 장 점

① 특별한 도구가 필요 없으므로 경제적이다.

② 내담자로 하여금 불안에 대처할 수 있는 자신의 독자적인 적응전략을 형성할 수 있도록 한다.

③ 내담자의 주의집중력을 증진시킬 수 있다.

(2) 유의점

① 상담자(치료자)의 많은 훈련경험이 요구된다.

② 자극을 상상하기 위해 내담자에게도 어느 정도의 지적 능력이 요구된다.

③ 상상된 자극에 대해 불안이 감소되었더라도 실제 상황에서 일반화되지 않는 경우도 있다.

061

인지 · 정서적 상담이론에서 개인을 파멸로 몰아가는 근본적인 문제는 개인의 비합리적 신념 때문이다. 비합리적 신념의 뿌리를 이루고 있는 3가지 당위성을 예를 들어 설명하시오.

점수	4~6점 배점의 문제로 출제됩니다.
문제해결 키워드	• 인지-정서적 상담이론은 인지이론과 행동주의적 요소가 결합된 것으로서, 인지과정의 연구로부터 도출된 개념과 함께 행동주의 및 사회학습이론으로부터 나온 개념들을 통합하여 적용한 것입니다. • Ellis의 합리적 · 정서적 행동치료와 Beck의 인지치료가 대표적입니다.
기출데이터 ★★☆	2019년 3회 2번, 2013년 1회 7번, 2011년 3회 3번, 2010년 2회 16번, 2009년 2회 5번

>> 모범답안

① 자신에 대한 당위성 : 나는 반드시 훌륭하게 일을 수행해 내야 한다.
② 타인에 대한 당위성 : 타인은 반드시 나를 공정하게 대우해야 한다.
③ 세상(조건)에 대한 당위성 : 세상의 조건들은 내가 원하는 방향으로 돌아가야만 한다.

>> 유사문제유형

인지-정서적 상담이론에서는 개인을 파멸로 몰아넣는 근본적인 문제를 개인이 갖고 있는 비합리적 신념 때문이라고 보았다. 대체적으로 비합리적 신념의 뿌리를 이루고 있는 것은 3가지 당위성과 관련되어 있다. 이 3가지 당위성을 각각의 예*를 들어 설명하시오.

★
① 자신에 대한 당위성 : 나는 반드시 훌륭하게 일을 수행해 내야 하며, 중요한 타인들로부터 인정받아야만 한다. 만약 그렇지 못하다면 끔찍하고 참을 수 없는 일이며, 나는 썩어빠진 하찮은 인간이다.
② 타인에 대한 당위성 : 타인은 반드시 나를 공정하게 대우해야 한다. 만약 그렇지 못하다면 끔찍하고 참을 수 없는 일이며, 나 또한 그러한 상황을 참아낼 수 없다.
③ 세상에 대한 당위성(조건에 대한 당위성) : 세상의 조건들은 내가 원하는 방향으로 돌아가야만 한다. 만약 그렇지 못하다면 끔찍하고 참을 수 없는 일이며, 나 또한 그와 같은 끔찍한 세상에서 살아갈 수 없다.

⊕ PLUS   비합리적 신념의 특징(Ellis & Dryden)

• 당위적 사고 : 경직된 사고로서 "반드시 ~해야 한다"로 표현된다.
• 파국화(재앙화) : 지나친 과장으로서 "~하는 것은 끔찍한 일이다"로 표현된다.
• 좌절에 대한 인내심 부족 : 좌절을 유발하는 상황을 잘 견디지 못하는 것이다.
• 자기 및 타인에 대한 비하 : 자기 및 타인을 비하함으로써 파멸적인 사고를 하는 것이다.

062 인지 · 정서 · 행동적 상담의 기본개념으로서 A–B–C–D–E–F 모델의 의미를 쓰시오.

점 수	4~6점 배점의 문제로 출제됩니다.
문제해결 키워드	• 직업상담사 시험에 출제되는 '인지적 · 정서적 상담', '합리적 · 정서적 상담', '인지 · 정서 · 행동적 상담', '합리적 · 정서적 치료' 등은 우리말 번역상의 차이에서 비롯되며, 사실상 동일한 상담(치료)방법을 가리킵니다. • 엘리스(Ellis)가 제안한 'ABCDEF 모델'은 직업상담사 시험에서 'ABCD 모델' 혹은 'ABCDE 모델'로 제시되기도 합니다.
기출데이터 ★★★★ ★★	2024년 3회 10번, 2022년 2회 3번, 2021년 2회 2번, 2021년 3회 4번, 2020년 2회 4번, 2020년 3회 2번, 2018년 3회 4번, 2016년 2회 8번, 2008년 1회 18번, 2007년 3회 18번, 2004년 3회 1번, 2003년 1회 5번

>> 모범답안

① A(선행사건) : 내담자의 정서나 행동에 영향을 미치는 사건
② B(비합리적 신념체계) : 해당 사건에 대한 비합리적 신념
③ C(결과) : 부적응적인 정서적 · 행동적 결과
④ D(논박) : 비합리적 신념을 논리성 · 실용성 · 현실성에 비추어 반박하는 것
⑤ E(효과) : 논박으로 인해 비합리적 신념이 합리적 신념으로 대체되는 것
⑥ F(감정) : 자신에 대한 수용적인 태도와 긍정적인 감정을 가지게 되는 것

>> 유사문제유형

• 인지 · 정서 · 행동적 상담에서 ABCDE 모델의 의미를 쓰시오.
• 인지 · 정서 · 행동적 상담의 기본개념으로서 A–B–C–D–E–F의 의미를 쓰시오.
• 인지 · 정서 · 행동적 상담(REBT)의 기본개념으로서 ABCDE 모형에 대해 설명하시오.
• 인지적–정서적 상담(RET)의 기본개념으로서 A–B–C–D–E–F의 의미를 쓰시오.

⊕ PLUS ABCDEF 모델의 예

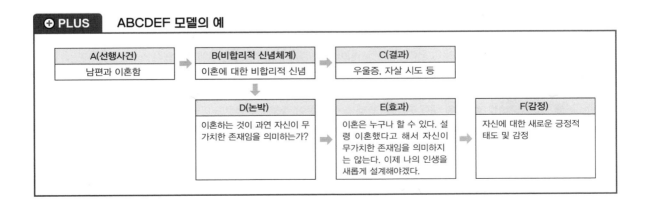

063 벡(Beck)의 인지치료에서 인지적 오류의 유형을 3가지만 쓰고, 각각에 대해 설명하시오.

점 수	4~6점 배점의 문제로 출제됩니다.
문제해결 키워드	인지적 오류의 유형과 관련된 예는 반드시 어느 하나의 정답이 있는 것은 아닙니다. 경우에 따라 2가지 이상의 오류가 혼합된 것일 수도 있으며, 내용상 어느 하나로 명확히 구분하기 어려운 것도 있습니다.
기출데이터 ★★★☆	2022년 2회 4번, 2020년 1회 4번, 2018년 3회 6번, 2014년 2회 14번, 2011년 2회 16번, 2011년 3회 2번, 2010년 3회 9번

>> **모범답안**

① 임의적 추론 : 어떤 결론을 지지하는 증거가 없거나 그 증거가 결론에 위배됨에도 불구하고 그와 같은 결론을 내린다.
　㉔ 남자친구가 사흘 동안 전화를 하지 않은 것은 자신을 사랑하지 않고 이미 마음이 떠났기 때문이라고 자기 멋대로 추측하는 경우
② 선택적 추상화 : 다른 중요한 요소들은 무시한 채 사소한 부분에 초점을 맞추고, 그 부분적인 것에 근거하여 전체 경험을 이해한다.
　㉔ 아내가 자신의 장단점을 이야기해 주었을 때 약점에 대해서만 집착한 나머지 아내의 진심을 왜곡하고 아내가 자신을 비웃고 헐뜯는 것으로 받아들이는 경우
③ 과도한 일반화 : 한두 가지의 고립된 사건에 근거해서 일반적인 결론을 내리고 그것을 서로 관계없는 상황에 적용한다.
　㉔ 평소 자신을 배려하고 도와주던 남편이 어느 특정한 때에 배려하지 않으면, 그가 자신에게 무심하다는 결론을 내리는 경우

>> **유사문제유형**

• 인지치료에서 인지적 오류의 유형 4가지*를 쓰고 각각에 대해 간략히 설명하시오.
• 벡(Beck)의 인지치료에서 인지적 오류의 유형을 4가지 쓰시오.

★　모범답안에서 제시한 것 외에 다음을 추가하여 답안을 작성할 수 있습니다.
④ 개인화 : 자신과 관련시킬 근거가 없는 외부사건을 자신과 관련시키는 성향으로서, 실제로는 다른 것 때문에 생긴 일에 대해 자신이 원인이고 자신이 책임져야 할 것으로 받아들인다.
　㉔ 친구가 오늘 기분이 나쁜 것이 내게 화가 나 있기 때문인 것으로 간주하는 경우
⑤ 흑백논리 : 모든 경험을 한두 개의 범주로만 이해하고 중간지대가 없이 흑백논리로써 현실을 파악한다.
　㉔ 100점이 아니면 0점과 다를 바 없다고 보는 경우
⑥ 의미확대 / 의미축소 : 어떤 사건 또는 한 개인이나 경험이 가진 특성의 한 측면을 그것이 실제로 가진 중요성과 무관하게 과대평가하거나 과소평가한다.
　㉔ 시험을 잘 보았을 때 운이 좋아서 혹은 시험이 쉽게 출제되어서 좋은 결과에 이르렀다고 보는 경우
⑦ 긍정 격하 : 자신의 긍정적인 경험이나 능력을 객관적으로 평가하지 않은 채 그것을 부정적인 경험으로 전환하거나 자신의 능력을 낮추어 본다.
　㉔ 누군가 자신이 한 일에 대해 칭찬을 할 때 그 사람들이 착해서 아무것도 아닌 일에 칭찬을 하는 것이라 생각하는 경우
⑧ 잘못된 명명 : 과잉일반화의 극단적인 형태로서, 내담자가 어느 하나의 단일사건이나 극히 드문 일에 기초하여 완전히 부정적으로 상상하는 것이다.
　㉔ 한 차례 지각을 한 학생에 대해 지각대장이라는 이름표를 붙이는 경우

064

보딘(Bordin)은 정신역동적 직업상담을 체계화하면서 직업문제의 진단에 관한 새로운 관점을 제시하였다. 그가 제시한 직업문제의 심리적 원인 3가지를 쓰고, 각각에 대해 설명하시오.

점 수	• 5~6점 배점의 문제로 출제됩니다. • '설명하시오' 문제이므로 원인을 간단히 쓰고 설명을 더해서 답안을 작성해야 감점 없이 점수를 받을 수 있습니다.
문제해결 키워드	• 다양한 형태로 문제가 제시되고 있지만 핵심은 '보딘(Bordin)이 제시한 직업문제의 심리적 원인'을 묻고 있는 문제입니다. • 보딘의 정신역동적 직업상담모형에 의한 직업 문제의 심리적 원인은 1차 필기시험은 물론 2차 실기시험에도 종종 출제되고 있으므로 각각의 원인과 그 내용도 꼼꼼하게 학습해야 실수를 피할 수 있습니다. • 과년도부터 최근까지 출제비율이 높은 문제입니다. 반드시 내 것으로 만들어야 할 문제입니다.
기출데이터 ★★★★★	2023년 2회 1번, 2021년 1회 2번, 2019년 2회 1번, 2018년 3회 1번, 2015년 3회 4번, 2014년 1회 12번, 2014년 3회 15번, 2013년 3회 6번, 2011년 1회 1번, 2010년 2회 17번, 2009년 2회 15번, 2006년 1회 9번

>> 모범답안

① 의존성 : 생애 발달과업에 대한 구체적인 계획 및 독자적인 수행상의 어려움
② 정보의 부족 : 진로선택 및 직업 결정과 관련된 정보의 부족
③ 자아갈등(내적 갈등) : 진로선택 및 직업 결정 상황에서의 내적인 갈등
④ 직업(진로)선택의 불안 : 자신의 선택과 사회적인 요구 간의 충돌에 따른 불안
⑤ 확신의 부족(결여) : 진로선택 및 직업 결정에 대한 확신의 부족

>> 유사문제유형

• 보딘(Bordin)이 제시한 직업문제의 심리적 원인에 따른 직업선택의 문제유형을 3가지만 쓰시오.
• 보딘(Bordin)은 정신역동적 직업상담을 체계화하면서 직업문제의 진단에 관한 새로운 관점을 제시하였다. 그가 분류한 직업문제의 심리적 원인 5가지를 쓰시오.
• 보딘(Bordin)은 정신분석적 직업상담에서 직업문제를 진단할 때 심리적 원인이 드러나도록 해야 한다고 주장했다. 그가 제시한 직업문제의 심리적 원인을 3가지만 쓰시오.
• 보딘(Bordin)은 정신역동적 직업상담을 체계화하면서 직업문제의 진단에 관한 새로운 관점을 제시하였다. 그가 분류한 직업문제의 심리적 원인 3가지를 쓰시오.
• 보딘(Bordin)은 정신역동적 직업상담을 체계화하면서 직업문제의 진단에 관한 새로운 관점을 제시하였다. 그가 제시한 직업문제의 심리적 원인 3가지를 설명하시오.

⊕ PLUS   보딘과 코플린(Bordin & Kopplin)의 새로운 진단체계에서 나타나는 일반적인 문제점

• 종합의 곤란	• 정체감 문제
• 만족 갈등	• 변화 지향
• 표출된 증상	• 분류 불가

065 정신역동적 직업상담 모형을 구체화시킨 보딘(Bordin)의 직업상담 과정을 쓰고, 각각에 대해 설명하시오.

점수	• 6점 배점의 문제로 출제됩니다. • '설명하시오' 문제이므로 원인을 간단히 쓰고 설명을 더해서 답안을 작성해야 감점 없이 점수를 받을 수 있습니다.
문제해결 키워드	정신역동적 직업상담에서 보딘(Bordin)이 제시한 직업상담의 3단계는 교재에 따라 약간씩 명칭이 다르게 제시되어 있습니다. 예를 들어, 2단계 '핵심결정'은 '중대한 결정' 또는 '비판적 결정'으로 제시되기도 합니다.
기출데이터 ★★★★	2023년 3회 3번, 2020년 3회 1번, 2018년 2회 2번, 2017년 3회 1번, 2015년 3회 3번, 2013년 2회 1번, 2012년 1회 17번, 2009년 1회 10번

>> 모범답안

① 탐색과 계약설정(제1단계) : 내담자의 정신역동적 상태에 대한 탐색 및 상담전략에 대한 합의가 이루어진다.
② 핵심결정(제2단계) : 내담자는 중대한 결정을 통해 자신의 목표를 성격 변화 등으로 확대할 것인지 고민한다.
③ 변화를 위한 노력(제3단계) : 내담자는 자아 인식 및 자아 이해를 확대해 나가며, 지속적인 변화를 모색한다.

>> 유사문제유형

• 정신역동적 직업상담 모형을 구체화시킨 Bordin의 직업상담 과정을 쓰고 각각에 대해 설명하시오.
• 정신역동적 직업상담 모형을 구체화시킨 보딘(Bordin)은 직업상담 과정을 3단계로 구분하였다. 그 3단계를 각각 쓰고 설명하시오.

⊕ PLUS

정신역동적 직업상담으로부터 기대할 수 있는 결과를 2가지 설명하시오.
① 정신역동적 직업상담은 내담자로 하여금 직업을 결정하도록 돕는 것을 목표로 한다. 특히 내담자가 보이는 문제들은 진단을 통해 나타난 것이므로, 상담은 이와 같은 내담자의 여러 가지 문제들을 해결하는 것이 될 것이다.
② 내담자의 직업결정은 일시적인 성과에 불과할 수 있다. 따라서 내담자의 직업결정에 있어서 문제해결이 지속적으로 이루어지도록 하기 위해서는 내담자의 성격구조상의 변화가 어느 정도 적극적으로 일어나야 한다. 그러므로 직업상담사는 내담자의 직업문제와 성격구조상의 문제를 동시에 다루어야 하며, 내담자에 대한 개인상담을 통해 직업을 강조하지 않음으로써 불안을 감소시키고 성격구조의 변화를 도모해야 한다.

066 수퍼(Super)가 제안한 발달적 직업상담의 6단계를 쓰고 설명하시오.

점 수	• 3~6점 배점의 문제로 출제됩니다. • '설명하시오' 문제이므로 원인을 간단히 쓰고 설명을 더해서 답안을 작성해야 감점 없이 점수를 받을 수 있습니다.
문제해결 키워드	• 수퍼(Super)의 발달적 직업상담에 관한 문제는 1차 필기시험에서는 물론 2차 실기시험에서도 종종 출제되고 있습니다. • 발달적 직업상담은 내담자의 생애단계를 통한 진로발달의 측면에 중점을 두는 접근법으로서 주요 학자로는 Super, Tiedeman, Gottfredson 등이 있습니다.
기출데이터 ★★★☆	2024년 2회 11번, 2018년 1회 7번, 2018년 3회 2번, 2015년 2회 1번, 2011년 1회 18번, 2011년 2회 4번, 2008년 3회 19번

>> 모범답안

① 제1단계 : 문제탐색 및 자아(자기)개념 묘사 → 비지시적 방법으로 문제를 탐색하고 자아(자기)개념을 묘사한다.
② 제2단계 : 심층적 탐색 → 지시적 방법으로 심층적 탐색을 위한 주제를 설정한다.
③ 제3단계 : 자아수용 및 자아통찰 → 비지시적 방법으로 사고와 느낌을 반영하고 명료화한다.
④ 제4단계 : 현실검증 → 심리검사, 직업정보, 과외활동 경험 등을 통해 수집된 사실적 자료들을 지시적으로 탐색한다.
⑤ 제5단계 : 태도와 감정의 탐색과 처리 → 현실검증에서 얻어진 태도와 감정을 비지시적으로 탐색하고 처리한다.
⑥ 제6단계 : 의사결정 → 대안적 행위들에 대한 비지시적 고찰을 통해 자신의 직업을 결정한다.

>> 유사문제유형

• 수퍼(Super)의 발달적 직업상담 6단계를 쓰시오.
• 수퍼(Super)의 발달적 직업상담 6단계를 순서대로 쓰시오.
• 수퍼(Super)의 진로발달 5단계를 순서대로 쓰고, 각각에 대해 간략히 설명하시오.

⊕ PLUS

수퍼(Super)의 경력개발이론에서 경력개발 5단계를 쓰고, 각 단계에 대해 설명하시오.(2023년 2회 6번, 2020년 4회 4번, 2017년 1회 7번, 2003년 3회 2번)
① 성장기(출생~14세) : 욕구와 환상이 지배적이나 사회참여와 현실검증력의 발달로 점차 흥미와 능력을 중시하게 된다.
② 탐색기(15~24세) : 학교생활, 여가활동, 시간제 일을 통해 자아검증, 역할수행, 직업탐색을 시도한다.
③ 확립기(25~44세) : 자신에게 적합한 분야를 발견해서 생활의 터전을 마련하고자 한다.
④ 유지기(45~64세) : 개인은 비교적 안정된 만족스러운 삶을 살아간다.
⑤ 쇠퇴기(65세 이후) : 직업전선에서 은퇴하여 새로운 역할과 활동을 찾게 된다.

067

발달적 직업상담에서 Super는 '진단' 대신 '평가'라는 용어를 사용했다. Super가 제시한 3가지 평가를 쓰고, 각각에 대해 설명하시오.

점수	• 6점 배점의 문제로 출제됩니다. • '설명하시오' 문제이므로 원인을 간단히 쓰고 설명을 더해서 답안을 작성해야 감점 없이 점수를 받을 수 있습니다.
문제해결 키워드	Super의 발달이론에서 직업행동에 관한 가장 중요한 부분은 자아개념이며, 이는 개인의 속성과 직업에서 요구되는 속성을 고려하여 연결시켜 주는 이론이라고 제안했습니다.
기출데이터 ★★☆	2021년 3회 5번, 2020년 4회 5번, 2013년 1회 10번, 2013년 3회 12번, 2010년 1회 3번

>> 모범답안

① 문제의 평가 : 내담자가 경험한 어려움, 진로상담에 대한 기대가 평가된다.
② 개인의 평가 : 내담자의 신체적 · 심리적 · 사회적 상태에 대한 통계자료 및 사례연구에의 분석이 이루어진다.
③ 예언평가(예후평가) : 내담자에 대한 직업적 · 개인적 평가를 토대로 내담자가 성공하고 만족할 수 있는 것에 대한 예언이 이루어진다.

>> 유사문제유형

수퍼(Super)의 발달적 직업상담에서 진단을 위한 평가유형 3가지를 쓰고 설명하시오.

⊕ PLUS

수퍼(Super)는 인간이 이성적인 동시에 정서적인 존재이므로 가장 바람직한 진로상담은 이론상의 양극단을 적절히 조화시킨 것이어야 한다고 보았다. 이와 같은 접근법과 관련하여 상담자가 내담자의 문제해결을 도울 수 있는 유용한 질문을 6가지 제시하시오.
① 나는 어떤 종류의 사람인가?
② 나는 나 자신에 대해 어떻게 느끼는가?
③ 나는 어떤 가치관과 욕구를 가지고 있는가?
④ 나의 적성과 흥미는 어떠한가?
⑤ 나는 현실적 자아와 이상적 자아를 어떻게 조화시킬 것인가?
⑥ 나는 욕구, 가치, 흥미, 적성 등을 어떤 방식으로 표출하고 있는가?

068

발달적 직업상담에서 직업상담사가 사용할 수 있는 기법으로 '진로자서전'과 '의사결정일기'가 있다. 각각에 대해 설명하시오.

점 수	4점 배점문제로 출제됩니다.
문제해결 키워드	발달적 직업상담에서 직업상담사가 사용할 수 있는 기법에 대한 내용은, 가급적 '모범답안'의 압축된 답안을 암기하시기 바랍니다.
기출데이터 ★☆	2024년 3회 11번, 2019년 3회 3번, 2009년 3회 17번

>> **모범답안**

① **진로자서전** : 내담자의 과거 의사결정 방식을 알아보기 위해 학과선택, 아르바이트 경험 등 과거의 일상적인 결정들에 대해 자유롭게 기술하도록 한다.

② **의사결정일기** : 내담자의 현재 의사결정 방식을 알아보기 위해 오늘 무엇을 할 것인지 등 매일의 일상적인 결정들에 대해 자유롭게 기술하도록 한다.

⊕ **PLUS**   **진로자서전과 의사결정일기**

① **진로자서전**
- 내담자로 하여금 대학 및 학과선택, 학교교육 외의 교육훈련, 아르바이트 경험, 그 외의 다른 일상적인 결정들에 대해 자유롭게 기술하도록 하는 것이다.
- 내담자가 과거에 어떻게 자신의 진로에 대해 의사결정을 해 왔고 의사결정에 영향을 미치는 중요한 타인들(예 부모, 교사, 친구 등)이 누구인지를 알아보기 위한 자료로서뿐만 아니라, 직업상담 동안 토론을 촉진시켜 주는 자료로서 유용성을 가진다.

② **의사결정일기**
- 내담자가 일상생활 속에서 매일 어떻게 결정을 내리고 있는가를 알아보기 위한 것으로서, 진로자서전이 과거에 초점을 두는 반면, 의사결정일기는 지금·현재에 초점을 둔다.
- 내담자는 자신의 일상적인 의사결정(예 무엇을 할 것인가? 무슨 옷을 입을 것인가? 무슨 음식을 먹을 것인가? 등)에서 세세한 부분의 결정을 어떤 방식으로 내리고 있는가를 글로 작성해 본다. 이를 통해 내담자는 자신의 의사결정 유형을 이해하고 의사결정 방식에 대한 자각과 민감성을 향상시키게 되며, 결과적으로 직업 의사결정 과정에서 보다 분명하게 자신의 의견을 표현할 수 있게 되고 더욱 참여적이게 된다.

069 크라이티스(Crites)의 포괄적 직업상담의 상담과정 3단계를 단계별로 설명하시오.

점 수	3~6점 배점의 문제로 출제됩니다.
문제해결 키워드	• Crites는 특성–요인 이론, 정신분석이론, 행동주의이론, 인간중심이론 등 다양한 상담이론을 절충·통합하여 포괄적 진로상담을 고안했습니다. • 'Crites'는 교재에 따라 '크라이티스' 또는 '크릿츠'라고 부르기도 합니다. • 크라이티스의 직업선택 문제유형 분류는 윌리암슨(Williamson)의 변별진단 4가지 범주에 해당하는 '불확실한 선택 / 직업 무선택 / 흥미와 적성의 불일치 / 어리석은 선택'을 보완한 것입니다.
기출데이터 ★★★	2022년 3회 4번, 2019년 1회 4번, 2014년 2회 10번, 2011년 3회 14번, 2008년 3회 7번, 2005년 3회 8번

>> 모범답안

① 진단(제1단계) : 내담자의 진로문제 진단을 위해 심리검사 자료와 상담을 통한 자료가 수집된다.
② 명료화 또는 해석(제2단계) : 상담자와 내담자가 협력해서 의사결정 과정을 방해하는 태도와 행동을 확인하며 대안을 탐색한다.
③ 문제해결(제3단계) : 내담자가 자신의 문제를 확인하고 적극적으로 참여하여 문제해결을 위해 어떤 행동을 실제로 취해야 하는가를 결정한다.

>> 유사문제유형

• 크라이티스(Crites)의 포괄적 직업상담의 상담과정을 단계별로 설명하시오.
• 크라이티스(Crites)의 포괄적 직업상담의 상담과정 3단계를 쓰고, 각 단계에 대해 설명하시오.

⊕ PLUS

Crites는 직업상담의 문제유형 분류에서 흥미와 적성을 3가지 변인들과 관련지어 분류하였다. 3가지 변인을 쓰고 설명하시오.
① 적응성(적응 문제)
   • 적응형 : 흥미와 적성이 일치하는 분야를 발견한 유형
   • 부적응형 : 흥미와 적성이 일치하는 분야를 찾지 못한 유형
② 결정성(우유부단 문제)
   • 다재다능형 : 재능(가능성)이 많아 흥미와 적성에 맞는 직업 사이에서 결정을 내리지 못하는 유형
   • 우유부단형 : 흥미와 적성에 관계없이 어떤 직업을 선택할지 결정을 내리지 못하는 유형
③ 현실성(비현실성 문제)
   • 비현실형 : 자신의 적성수준보다 높은 성적을 요구하는 직업을 선택하거나, 흥미를 느끼는 분야가 있지만 그 분야에 적성이 없는 유형
   • 강압형 : 적성 때문에 직업을 선택했지만 그 직업에 흥미가 없는 유형
   • 불충족형 : 흥미와는 일치하지만 자신의 적성수준보다 낮은 적성을 요구하는 직업을 선택하는 유형

070 상담자가 갖추어야 할 기본기술인 적극적 경청, 공감, 명료화, 직면에 대해 설명하시오.

점 수	• 4~8점 배점의 문제로 출제됩니다. • 문제에서 요구하는 답안의 수에 따라 부분점수가 부과됩니다.
문제해결 키워드	• 상담의 주요 기법으로는 적극적 경청, 공감(감정에 대한 반영), 명료화, 직면 외에도 수용, 요약 과 재진술(내용에 대한 반영), 해석, 탐색적 질문 등이 있습니다. • 상담의 기법에 대한 설명은 다양하므로, 무조건적 암기보다는 이해를 기반으로 한 키워드 중심 학습이 효율적입니다.
기출데이터 ★★	2020년 1회 6번, 2007년 1회 16번, 2004년 3회 6번, 2001년 1회 4번

>> 모범답안

① **적극적 경청** : 내담자가 표현하는 언어적인 의미 외에 비언어적인 의미까지 이해할 수 있도록 내담자의 입장에서 내담자의 이야기를 충분히 주의 깊게 듣는 것이다.
② **공감** : 내담자가 전달하려는 내용에서 한 걸음 더 나아가 그 내면적 감정에 대해 반영하는 것이다.
③ **명료화** : 내담자의 말 속에 포함되어 있는 불분명한 측면을 상담자가 분명하게 밝히는 것이다.
④ **직면** : 내담자에게 문제를 있는 그대로 확인시켜 주어 문제와 맞닥뜨리도록 함으로써, 내담자로 하여금 현실적인 대처방안을 찾을 수 있도록 도전시키는 것이다.

>> 유사문제유형

직업상담을 효과적으로 진행하기 위해서는 상담의 기본 원리와 기법을 따라야 한다. 상담분야를 막론하고 상담자가 갖추어야 할 기본 기술을 5가지* 쓰시오.

★ 모범답안에서 제시한 것 외에 다음을 추가하여 답안을 작성할 수 있습니다.
  ① 해석 : 내담자가 새로운 방식으로 자신의 문제들을 볼 수 있도록 사건들의 의미를 설정해 주는 것이다. 내담자로 하여금 문제에 대한 통찰력을 갖도록 하며, 생활 속의 사건들을 그들 스스로 해석하도록 돕는다.
  ② 요약과 재진술 : 내담자가 전달하는 이야기의 표면적 의미를 상담자가 다른 말로 바꾸어서 말하는 것이다. 상담자는 내담자가 전달하려는 내용을 다른 말과 용어를 사용하여 내담자에게 되돌려 준다.
  ③ 수용 : 상담자가 내담자의 이야기에 주의를 집중하고 있고, 내담자를 인격적으로 존중하고 있음을 보여 주는 것이다. 수용에 대한 표현은 "예", "계속 말씀하십시오" 등 주로 간단한 언어적 표현을 통해 이루어진다.
  ④ 탐색적 질문 : 상담자가 자신의 관심을 충족시키기 위해 하는 질문이 아니라 내담자로 하여금 자신과 자신의 문제를 자유롭게 탐색하도록 허용함으로써 내담자의 이해를 증진시키는 개방적인 질문이다.

⊕ PLUS

진로상담 과정에서 내담자와 관계를 수립하고, 내담자의 문제를 파악하는 데 사용되는 기본 상담기술을 5가지 쓰시오.(2023년 1회 6번, 2023년 3회 6번, 2005년 3회 11번)

① 공 감	② 적극적 경청
③ 명료화	④ 요약과 재진술
⑤ 수 용	⑥ 탐색적 질문

071

실업과 관련된 Jahoda의 박탈이론에 따르면 일반적으로 고용상태에 있게 되면 실직상태에 있는 것보다 여러 가지 잠재적 효과가 있다고 한다. 고용으로 인한 잠재효과를 3가지만 쓰시오.

점 수	• 5~6점 배점의 문제로 출제됩니다. • 문제에서 요구하는 답안의 수에 따라 부분점수가 부과됩니다.
문제해결 키워드	• 야호다(Jahoda)는 실직이 개인의 삶에 일어날 수 있는 외상적인 사건 중의 하나로 간주하여 그로 인한 스트레스 사건에 대해 개인이 어떻게 반응하는지 심리적 · 임상의학적 측면에서 연구하였습니다. • 야호다는 개인이 실직으로 인해 우울, 불안, 적대감, 편집증, 신체화 증상, 약물남용, 가족 간 불화 등의 반응을 보임으로써 정신건강에 악영향을 미친다고 보았습니다. 따라서 문제상의 고용으로 인한 잠재효과는 이를 글자 그대로 '고용', 즉 직업 활동의 측면으로 제시할 수 있으나, 야호다 이론의 정신건강의 측면으로도 설명할 수 있습니다.
기출데이터 ★★☆	2023년 2회 12번, 2017년 2회 7번, 2012년 2회 1번, 2005년 3회 9번, 2001년 1회 2번

>> 모범답안

① 시간의 구조화 : 일상의 시간을 구조화하도록 해준다.
② 사회적인 접촉 : 핵가족 밖의 다른 사람들과 접촉하도록 해준다.
③ 공동의 목표 : 개인적인 목표 이상의 것들을 추구하도록 해준다.

>> 유사문제유형

실업과 관련된 Jahoda의 박탈이론에 따르면 일반적으로 고용상태에 있게 되면 실직상태에 있는 것보다 여러 가지 잠재효과가 있다고 한다. 5가지의 잠재효과*를 기술하시오.

★ 　모범답안의 3가지 잠재효과에 다음 2가지를 추가하여 답안을 작성할 수 있습니다.
　　④ 사회적 정체감과 지위 : 사회적인 정체감과 지위를 확인시켜 준다.
　　⑤ 활동성 : 유의미한 정규적 활동을 수행하도록 해준다.

⊕ PLUS　정신건강의 조건(Jahoda)

• 자아에 대한 태도(자아정체감)
• 성장 및 발달(자아실현)
• 통합력
• 자율성
• 현실지각 및 환경조정
• 환경적응 능력

072 부처(Butcher)의 집단직업상담을 위한 3단계 모델을 쓰고, 각 단계에 대해 설명하시오.

점수	6점 배점의 문제로 출제됩니다.
문제해결 키워드	• 부처(Butcher)의 집단직업상담을 위한 3단계 모델은 실기시험뿐만 아니라 필기시험에도 종종 출제되고 있습니다. • Butcher의 3단계 모델 중 '탐색단계'와 '행동단계'의 내용을 별도로 물어보는 경우도 있으므로, 해당 단계에서 이루어지는 사항들을 살펴보아야 합니다.
기출데이터 ★★★★★	2024년 3회 13번, 2022년 3회 1번, 2021년 1회 1번, 2021년 3회 1번, 2020년 2회 1번, 2017년 1회 2번, 2017년 2회 2번, 2015년 2회 8번, 2014년 1회 10번, 2013년 3회 13번, 2010년 3회 12번, 2004년 1회 8번

>> **모범답안**

① 탐색단계(제1단계) : 자기개방, 흥미와 적성에 대한 측정 및 결과의 피드백 등이 이루어진다.
② 전환단계(제2단계) : 일과 삶의 가치에 대한 조사, 자신의 가치에 대한 피드백 등이 이루어진다.
③ 행동단계(제3단계) : 목표설정 및 목표달성을 위한 정보수집, 즉각적 및 장기적인 의사결정 등이 이루어진다.

>> **유사문제유형**

• Butcher의 집단상담을 위한 3단계 모델에 대해서 쓰시오.
• 부처(Butcher)의 집단직업상담을 위한 3단계 모델을 쓰고 설명하시오.
• A직업상담사는 고등학교 졸업을 앞둔 청소년들을 대상으로 진로 및 직업에 관한 집단상담을 실시하려고 한다. A직업상 담사가 체계적인 상담 진행을 위해 적용할 수 있는 부처(Butcher)의 집단직업상담을 위한 3단계 모델을 쓰고 각 단계에 대해 설명하시오.
• 부처(Butcher)의 집단직업상담을 위한 3단계 모델 중 탐색단계와 행동단계에서 이루어져야 하는 것*을 각각 3가지씩 쓰 시오.

★ **탐색단계와 행동단계에서 이루어져야 하는 것**
  ① 탐색단계
    • 자기개방
    • 흥미와 적성에 대한 측정
    • 측정 결과에 대한 피드백
    • 불일치의 해결
  ② 행동단계
    • 목표설정
    • 행동계획의 개발
    • 목표달성을 촉진시키기 위한 자원의 탐색
    • 정보의 수집과 공유
    • 즉각적 및 장기적 의사결정

073

톨버트(Tolbert)가 제시한 것으로 집단직업상담의 과정에서 나타나는 5가지 활동유형을 제시하시오.

점수	5점 배점의 문제로 출제됩니다.
문제해결 키워드	Tolbert의 집단직업상담의 과정에서 나타나는 활동유형으로는 자기탐색, 상호작용, 개인적 정보 검토, 직업적·교육적 정보 검토, 합리적인 의사결정 등이 있습니다.
기출데이터 ★★	2019년 1회 2번, 2015년 2회 9번, 2014년 3회 6번, 2010년 1회 9번, 2005년 3회 6번

>> 모범답안

① 자기탐색
② 상호작용
③ 개인적 정보 검토
④ 직업적·교육적 정보 검토
⑤ 합리적인 의사결정

>> 유사문제유형

• 톨버트(Tolbert)가 제시한 것으로 집단직업상담의 과정에서 나타나는 활동유형을 3가지 쓰시오.
• 톨버트(Tolbert)가 제시한 것으로 집단직업상담의 과정에서 나타나는 5가지 활동유형*을 설명하시오.

★ **집단직업상담의 과정에서 나타나는 5가지 활동유형**
① 자기탐색 : 집단성원들은 수용적인 분위기 속에서 각자 자신의 가치, 감정, 태도 등을 탐색한다.
② 상호작용 : 집단성원들은 각자 자신의 직업계획 및 목표에 대해 이야기하며, 그것에 대해 다른 집단성원들로부터 피드백을 받는다.
③ 개인적 정보 검토 : 집단성원들은 자기탐색 및 다른 집단성원들과의 상호작용을 통해 확보한 자신과 관련된 개인적 정보들을 체계적으로 면밀히 검토하며, 이를 자신의 직업적 목표와 연계한다.
④ 직업적·교육적 정보 검토 : 집단성원들은 각자 자신의 관심직업에 대한 최신의 정보들과 함께 다양한 교육적 자료들을 면밀히 검토한다.
⑤ 합리적인 의사결정 : 집단성원들은 개인적 정보와 직업적·교육적 정보들을 토대로 자신에게 적합한 직업에 대해 합리적인 의사결정을 내린다.

⊕ PLUS

톨버트(Tolbert)가 제시한 것으로 성공적인 집단직업상담의 일반적인 가정 3가지를 쓰시오.
① 직업계획 및 의사결정을 위해서는 직업에 대한 많은 정보가 필요하다.
② 올바른 결정을 위해서는 자신의 적성, 흥미, 가치관 등에 대한 정확한 자료가 필요하다.
③ 집단직업상담의 절차는 집단성원들이 자신의 주관적 측면들에 대해 탐색하며, 다른 성원들로부터 피드백을 받고 여러 역할들을 시도해 볼 수 있는 기회를 제공해 준다.

074 집단상담의 장점을 5가지를 쓰시오.

점 수	• 4~6점 배점의 문제로 출제됩니다. • 문제에서 요구하는 답안 수에 따라 부분점수가 부과됩니다. 틀린 답안이 있으면 아무리 많이 답안을 작성해도 감점되므로 유의해야 합니다.
문제해결 키워드	• 집단상담의 장단점에 대한 내용은 교재에 따라 다양하게 제시되고 있으나 내용상 큰 차이점은 없습니다. 더욱이 문제 자체를 직업상담 장면에서의 집단상담으로 한정한 것이 아닌 일반상담 장면에서의 집단상담으로 제시하고 있으므로 보다 융통적인 답안이 가능합니다. • 과년도부터 최근까지 출제비율이 높은 문제입니다. 반드시 내 것으로 만들어야 할 문제입니다.
기출데이터 ★★★★★ ★☆	2024년 2회 12번, 2023년 1회 1번, 2020년 4회 2번, 2019년 1회 1번, 2017년 3회 2번, 2015년 1회 17번, 2013년 3회 7번, 2011년 3회 16번, 2010년 1회 17번, 2010년 4회 7번, 2009년 1회 3번, 2005년 1회 6번, 2001년 3회 6번

>> 모범답안

① 시간과 경제적인 측면에서 효율적이다.
② 내담자들이 개인상담보다 더 쉽게 받아들이는 경향이 있다.
③ 개인적 탐색을 도와 개인의 성장과 발달을 촉진시킨다.
④ 구체적인 실천의 경험 및 현실검증의 기회를 가진다.
⑤ 타인과 상호교류를 할 수 있는 능력이 개발된다.
⑥ 개인상담이 줄 수 없는 풍부한 학습 경험을 제공한다.

>> 유사문제유형

• 집단상담의 장점 4가지를 쓰시오.
• 개인상담과 비교하여 집단상담이 가지는 장점을 5가지 쓰시오.
• 개인상담과 비교할 때, 집단상담의 장점 3가지를 쓰시오.
• 집단상담의 장단점*을 3가지씩 쓰시오.
• 집단상담의 장점과 단점을 각각 3가지씩 쓰시오.
• 집단상담의 장점을 6가지 쓰시오.

★   모범답안의 집단상담의 장점을 작성하고, 단점을 추가로 작성해야 합니다.

집단상담의 장점	집단상담의 단점
• 시간 및 비용의 절감 • 편안함 및 친밀감 • 구체적 실천의 경험 • 현실검증의 기회 제공 • 소속감 및 동료의식 • 풍부한 학습 경험 • 지도성의 확대 • 관찰 및 경청 • 개인상담으로의 연결	• 대상의 부적합성 • 목적전치 • 집단의 압력 • 비밀보장의 어려움 • 지도자의 전문성 부족 • 변화에 따른 부작용

075

직무분석은 직무기술서나 작업자 명세서를 만들고 이로부터 얻어진 정보를 여러모로 활용하는 것을 목적으로 한다. 이와 같은 직무분석으로 얻어진 정보의 용도를 4가지만 쓰시오.

점 수	• 6점 배점 문제로 출제됩니다. • 각 활용용도당 2점의 부분점수가 적용될 수 있습니다.
문제해결 키워드	'직무분석 자료를 활용하는 용도'는 교재에 따라 약간씩 다르게 제시되어 있으나 내용상 큰 차이점은 없습니다. 정해진 답이 있는 것은 아니므로 무조건 암기하는 것 보다는 이해를 필요로 합니다.
기출데이터 ★★★	2024년 1회 12번, 2024년 3회 12번, 2020년 3회 13번, 2018년 1회 13번, 2014년 3회 11번, 2013년 2회 14번

>> 모범답안

① 모집 및 선발

② 배치 및 경력개발

③ 교육 및 훈련

④ 직무평가 및 직무수행평가(인사고과)

⑤ 정원관리 및 인력수급계획의 수립

⑥ 안전관리 및 기타 작업조건의 개선

>> 유사문제유형

• 직무분석 자료를 활용하는 용도* 5가지를 쓰시오.

• 직무분석은 직무기술서나 작업자 명세서를 만들고 이로부터 얻어진 정보를 여러모로 활용하는 것을 목적으로 한다. 이와 같은 직무분석으로 얻어진 정보의 용도를 3가지만 쓰시오.

• 직무분석의 결과로부터 얻은 직무기술과 작업자 명세에 관한 정보는 여러 가지 용도로 사용된다. 이와 같은 직무분석으로 얻어진 정보의 용도를 4가지만 쓰시오.

★   **직무분석 결과로부터 얻은 정보의 8가지 활용용도(Ash)**

• 모집공고 및 인사선발

• 선발된 사람의 배치, 경력개발 및 진로상담

• 종업원의 교육 및 훈련

• 직무수행평가 및 인사결정(인사고과)

• 직무평가의 기초자료

• 직무의 재설계 및 작업환경 개선

• 해당 직무에 필요한 적정인원 산정, 향후 인력수급계획 수립

• 직무분류

⊕ PLUS

'직무분석' 영역은 기존 직업상담사 2급 출제기준에서 '2과목 직업심리학'의 주요 항목에 포함되어 있었으나, 2025년부터 적용되는 변경된 출제기준에서 공식적으로 제외되었습니다. 다만, 그와 같은 출제기준 변경에도 불구하고 기존 기출문제를 재출제하는 과정에서 더 이상 유효하지 않은 출제영역의 문항을 다시 등장시킬 가능성을 완전히 배제할 수 없으므로, 2024년 기출문제는 수록하였습니다. '모범답안'을 암기해 두시기 바랍니다.

076

직무분석방법 중 최초분석법에 해당하는 방법을 3가지만 쓰고, 각각에 대해 설명하시오.

점 수	• 6점 배점 문제로 출제됩니다. • 각 활용용도당 2점의 부분점수가 적용될 수 있습니다.
문제해결 키워드	주요 직무분석 방법에는 최초분석법, 비교확인법, 데이컴법이 있습니다. 각 방법의 특징을 숙지하 도록 합니다.
기출데이터 ★★★★	2024년 2회 15번, 2022년 3회 13번, 2020년 4회 13번, 2019년 1회 13번, 2017년 3회 11번, 2016년 3회 12번, 2012년 3회 14번, 2001년 3회 1번

>> **모범답안**

① **면접법(면담법)** : 특정 직무에 대해 오랜 경험과 전문지식, 숙련된 기술과 기능을 가지고 있고 정확한 표현이 가능한
   작업자를 방문하여 면담한다.
② **관찰법** : 직무분석가가 직접 사업장을 방문하여 작업자가 수행하는 직무활동을 관찰하고 그 결과를 기술한다.
③ **설문지법(질문지법)** : 현장의 작업자 또는 감독자에게 설문지를 배부하여 이들로 하여금 직무 내용을 기술하게 한다.
④ **체험법** : 직무분석가 자신이 직접 직무활동에 참여하여 체험함으로써 생생한 직무자료를 얻는다.

>> **유사문제유형**

• 직무분석방법 중 최초분석법에 해당하는 방법을 3가지만 쓰고, 각각에 대해 설명하시오.
• 직무분석방법을 3가지 쓰고, 각각에 대해 설명하시오.
• 직무분석 방법 중 최초분석법에 해당하는 방법을 4가지만 쓰시오.
• 직무분석을 위한 방법을 5가지 쓰시오.

⊕ **PLUS** **직무분석의 주요 방법**

• **최초분석법(New Analysis Method)**
  – 분석할 대상 직업에 관한 참고문헌이나 자료가 드물고, 그 분야에 많은 경험과 지식을 갖춘 사람이 거의 없
    는 경우 사용한다.
  – 면접법(면담법), 관찰법, 체험법, 설문지법(질문지법), 녹화법, 중요사건 기법(결정적 사건법) 등이 있다.
• **비교확인법(Verification Method)**
  – 지금까지 분석된 자료를 참고로 하여 현재의 직무 상태를 비교 · 확인하는 방법이다.
  – 직무의 폭이 매우 넓어 단시간 내에 관찰을 통해 파악하기 어려운 경우 또는 대상 직무에 대한 참고문헌과
    자료가 충분하며 일반적으로 널리 알려진 경우 사용한다.
• **데이컴법(DACUM Method)**
  – '교육과정개발(Developing A Curriculum)'의 준말로서, 교과과정을 개발하기 위해 고안된 분석기법이다.
  – 교육훈련을 목적으로 교육목표와 교육내용을 비교적 단시간 내에 추출하는 데 효과적인 방법이다.

제3과목 직업정보

077 한국표준직업분류(KSCO)에서 직업으로 보지 않는 활동 5가지를 쓰시오.

점 수	• 5~6점 배점 문제로 출제됩니다. • '쓰시오' 문제이므로 해당 활동만 답안으로 작성합니다. • 한국표준직업분류에서 제시하는 직업으로 보지 않는 활동 중 어느 것을 써도 문제없으나, 10가지 이상을 모두 답안으로 작성해도 그 안에 틀린 답이 있으면 감점처리되므로 주의해야 합니다.
문제해결 키워드	• 한국표준직업분류에서 가장 많이 출제된 문제입니다. 반드시 숙지하셔야 합니다. • 한국직업분류에서 직업으로 보지 않는 활동 중에서 '속박된 상태에서의 제반활동을 직업으로 보지 않는 경우'를 구체적으로 묻는 문제도 출제됩니다. • 과년도부터 최근까지 출제비율이 높은 문제입니다. 반드시 내 것으로 만들어야 할 문제입니다.
기출데이터 ★★★★★	2024년 2회 13번, 2022년 2회 15번, 2020년 1회 15번, 2019년 3회 14번, 2015년 1회 8번, 2014년 2회 18번, 2010년 1회 14번, 2010년 2회 7번, 2010년 4회 10번, 2009년 2회 3번, 2008년 1회 5번, 2007년 3회 9번

▶▶ 모범답안

① 이자, 주식배당, 임대료 등과 같은 자산 수입이 있는 경우
② 사회보장이나 민간보험에 의한 수입이 있는 경우
③ 배당금이나 주식투자에 의한 시세차익이 있는 경우
④ 예·적금 인출, 보험금 수취, 차용 또는 토지나 금융자산을 매각하여 수입이 있는 경우
⑤ 자기 집의 가사 활동에 전념하는 경우

▶▶ 유사문제유형

• 한국표준직업분류(KSCO)에서 직업으로 보지 않는 활동* 3가지를 쓰시오.
• 한국표준직업분류(KSCO)에서 직업으로 보지 않는 활동을 4가지 쓰시오.
• 한국표준직업분류(KSCO)에서 직업으로 보지 않는 활동을 6가지 쓰시오.
• 한국표준직업분류(KSCO)에서 직업으로 인정되지 않는 경우 5가지를 쓰시오.

★　**한국표준직업분류(KSCO)에서 직업으로 보지 않는 활동**
- 이자, 주식배당, 임대료(전세금, 월세금) 등과 같은 자산 수입이 있는 경우
- 연금법, 국민기초생활보장법, 국민연금법 및 고용보험법 등의 사회보장이나 민간보험에 의한 수입이 있는 경우
- 경마, 경륜, 복권 등에 의한 배당금이나 주식투자에 의한 시세차익이 있는 경우
- 예·적금 인출, 보험금 수취, 차용 또는 토지나 금융자산을 매각하여 수입이 있는 경우
- 자기 집의 가사 활동에 전념하는 경우
- 교육기관에 재학하며 학습에만 전념하는 경우

- 시민봉사활동 등에 의한 무급 봉사적인 일에 종사하는 경우
- 사회복지시설 수용자의 시설 내 경제활동
- 수형자의 활동과 같이 법률에 의한 강제노동을 하는 경우
- 도박, 강도, 절도, 사기, 매춘, 밀수와 같은 불법적인 활동

⊕ PLUS

한국표준직업분류(KSCO)에서 속박된 상태에서의 제반활동은 강제성이나 계속성의 여부와 상관없이 직업으로 보지않는다. 이에 해당하는 활동을 3가지 쓰시오.
① 군 인
② 사회복지시설 수용자의 시설 내 경제활동
③ 수형자의 활동과 같이 법률에 의한 강제노동을 하는 경우

⊕ PLUS

한국표준직업분류(KSCO) 제8차 개정은 2025년 1월 1일부터 시행됩니다. 고시연도(2024.07.01.)와 시행연도에 차이가 있는 만큼 직업상담사 시험에서 '한국표준직업분류(2024)' 혹은 '한국표준직업분류(2025)'로 제시될 수 있으나, 이는 동일한 '제8차 개정'을 가리키는 것이므로 이 점 혼동하지 않도록 주의하세요.

078

한국표준직업분류(KSCO)에서 직업(활동)으로 규명되기 위한 요건 4가지를 쓰고, 각각에 대해 간략히 설명하시오.

점 수	• 4~6점 배점 문제로 출제됩니다. • 문제에서 답안을 3가지 또는 4가지를 요구하는데, 경우에 따라 답안 하나당 1점 또는 2점이 배점됩니다.
문제해결 키워드	• 한국표준직업분류에 의한 직업(활동)의 요건을 묻는 문제가 주로 출제됩니다. • 계속성, 경제성, 윤리성, 사회성 각각의 세부적인 내용을 설명하라는 문제가 출제되기도 하므로, 이를 설명할 수 있어야 합니다.
기출데이터 ★★★☆	2024년 1회 15번, 2017년 3회 14번, 2014년 2회 3번, 2013년 1회 14번, 2013년 3회 15번, 2011년 1회 16번, 2006년 3회 12번

>> 모범답안

① 계속성 : 계속해서 하는 일이어야 한다.
② 경제성 : 노동의 대가로 그에 따른 수입이 있어야 한다.
③ 윤리성 : 비윤리적인 직업이 아니어야 한다.
④ 사회성 : 사회적으로 가치 있고 쓸모 있는 일이어야 한다.

>> 유사문제유형

• 한국표준직업분류에서 일반적으로 "직업"으로 규명하기 위한 요건 3가지*를 쓰고 설명하시오.
• 일반적으로 '직업'으로 규명하기 위한 4가지 요건을 쓰고 설명하시오.

★ 《한국표준직업분류》에서는 '직업(활동)'으로 규명하기 위한 요건을 4가지, 즉 계속성, 경제성, 윤리성, 사회성으로 제시하고 있습니다. 그러나 이와 같이 요건 3가지를 쓸 경우 가급적 '① 계속성, ② 경제성, ③ 윤리성과 사회성'으로 제시하는 것이 바람직합니다. 그 이유는 한국표준직업분류에서도 '윤리성과 사회성'을 동일 단락에 함께 기술하고 있기 때문입니다. 물론 '윤리성과 사회성'을 함께 제시하지 않았다고 해서 틀린 것은 아닙니다.

⊕ PLUS

한국직업분류(KSCO)에서 '일의 계속성'에 해당하는 경우를 4가지 쓰시오.
① 매일, 매주, 매월 등 주기적으로 행하는 것
② 계절적으로 행해지는 것
③ 명확한 주기는 없으나 계속적으로 행해지는 것
④ 현재 하고 있는 일을 계속적으로 행할 의지와 가능성이 있는 것

079

한국표준직업분류에서 직능수준을 정규교육과정에 따라 정의하시오.

점 수	5~8점 배점 문제로 출제됩니다.
문제해결 키워드	2006년, 2005년, 2003년에 출제되었던 문제로 최근에는 거의 출제되지 않았지만, 직업상담실무 시 험 특성상 과년도 기출에서 중복문제가 출제되는 경우가 많으므로 학습해 두는 것이 유리합니다.
기출데이터 ★☆	2006년 3회 10번, 2005년 3회 1번, 2003년 3회 7번

>> **모범답안**

① 제1직능수준 : 단순하고 반복적이며 때로는 육체적인 힘을 요하는 과업을 수행하는 수준으로, 일부 직업에서는 ISCED 수준1의 기초적인 교육을 필요로 한다.

② 제2직능수준 : 완벽하게 읽고 쓸 수 있는 능력, 정확한 계산능력, 상당한 정도의 의사소통 능력이 요구되며, 보통 ISCED 수준2 혹은 수준3(일부 직업의 경우 ISCED 수준4)의 정규교육이나 직업훈련을 필요로 한다.

③ 제3직능수준 : 복잡한 과업과 실제적인 업무를 수행할 정도의 전문적인 지식, 상당한 수준의 수리계산이나 의사소통 능력이 요구되며, 보통 ISCED 수준5 정도의 정규교육이나 직업훈련을 필요로 한다.

④ 제4직능수준 : 매우 높은 수준의 이해력과 창의력 및 의사소통 능력이 요구되며, 보통 ISCED 수준6 혹은 그 이상의 정규교육이나 직업훈련을 필요로 한다.

>> **유사문제유형**

국제표준직업분류(ISCO)에서 정의한 제2직능수준을 국제표준교육분류(ISCED)를 포함하여 설명하시오.

⊕ **PLUS**

한국표준직업분류(KSCO)의 대분류 항목과 직능수준의 관계를 묻는 표 안의 빈 답란을 채우시오.

대분류 항목	직능수준
관리자	① ( )
전문가 및 관련 종사자	② ( )
서비스 종사자	③ ( )
기능원 및 관련 기능 종사자	④ ( )

① 제4직능수준 혹은 제3직능수준 필요

② 제4직능수준 혹은 제3직능수준 필요

③ 제2직능수준 필요

④ 제2직능수준 필요

080

한국표준직업분류(KSCO)의 직업분류 원칙 중 포괄적인 업무에 대한 직업분류 원칙 3가지를 쓰고, 각각에 대해 간략히 설명하시오.

점 수	6점 배점 문제로 출제됩니다.
문제해결 키워드	한국표준직업분류에서 '포괄적인 업무에 대한 직업분류 원칙'에는 '주된 직무 우선 원칙', '최상급 직능수준 우선 원칙', '생산업무 우선 원칙'이 있습니다.
기출데이터 ★★★★	2023년 1회 15번, 2020년 2회 13번, 2020년 3회 15번, 2020년 4회 15번, 2009년 2회 13번, 2009년 3회 5번, 2007년 1회 2번, 2005년 1회 11번

>> 모범답안

① 주된 직무 우선 원칙 : 수행되는 직무내용과 분류 항목의 직무내용을 비교 · 평가하여 직무 내용상 상관성이 많은 항목에 분류한다.
② 최상급 직능수준 우선 원칙 : 가장 높은 수준의 직무능력을 필요로 하는 일에 분류한다.
③ 생산업무 우선 원칙 : 생산단계에 관련된 업무를 우선적으로 분류한다.

>> 유사문제유형

- 한국표준직업분류(KSCO)의 직업분류 원칙 중 포괄적인 업무에 대한 직업분류 원칙 3가지를 쓰고, 각각에 대해 설명하시오. 이때 각 원칙의 예시[*1]도 함께 기술하시오.
- 한국표준직업분류(KSCO)에서 포괄적인 업무에 대한 직업분류 원칙 중 주된 직무 우선 원칙의 의미와 그 예[*2]를 쓰시오.(2016년 2회 13번, 2012년 3회 3번)
- 한국표준직업분류(KSCO) 중 포괄적인 업무에서 주된 직무 우선 원칙의 의미와 그 예를 쓰시오.
- 한국표준직업분류(KSCO)의 직업분류 원칙 중 포괄적인 업무에 대한 직업분류 원칙을 순서대로 쓰시오.

[*1] ① 주된 직무 우선 원칙(예 의과대학 교수는 강의 · 평가 · 연구(→ 교육), 진료 · 처치 · 환자상담(→ 진료) 등 직무 내용상 상관성이 많은 분야로 분류)
  ② 최상급 직능수준 우선 원칙(예 조리와 배달의 직무비중이 같을 경우 조리사로 분류)
  ③ 생산업무 우선 원칙(예 한 사람이 빵을 생산하여 판매도 하는 경우 제빵사 및 제과원으로 분류)

[*2] ① 의미 : 2개 이상의 직무를 수행하는 경우는 수행되는 직무내용과 관련 분류 항목에 명시된 직무내용을 비교 · 평가하여 관련 직무 내용상의 상관성이 가장 많은 항목에 분류한다.
  ② 예 : 교육과 진료를 겸하는 의과대학 교수는 강의, 평가, 연구 등과 진료, 처치, 환자상담 등의 직무내용을 파악하여 관련 항목이 많은 분야로 분류한다.

⊕ PLUS

한국표준직업분류(KSCO) 중 포괄적인 업무에서 최상급 직능수준 우선 원칙의 의미와 그 예를 쓰시오.
① 의미 : 수행된 직무가 상이한 수준의 훈련과 경험을 통해서 얻어지는 직무능력을 필요로 한다면, 가장 높은 수준의 직무능력을 필요로 하는 일에 분류하여야 한다.
② 예 : 조리와 배달의 직무비중이 같을 경우에는, 조리의 직능수준이 높으므로 조리사로 분류한다.

한국표준직업분류(KSCO) 중 포괄적인 업무에서 생산업무 우선 원칙의 의미와 그 예를 쓰시오.
① 의미 : 재화의 생산과 공급이 같이 이루어지는 경우는 생산단계에 관련된 업무를 우선적으로 분류한다.
② 예 : 한 사람이 빵을 생산하여 판매도 하는 경우에는, 판매원으로 분류하지 않고 제빵사 및 제과원으로 분류한다.

081 한국표준직업분류(KSCO)에서 다수 직업 종사자의 분류원칙 3가지를 순서대로 쓰고, 각각에 대해 설명하시오.

점 수	• 5~6점 배점문제로 출제됩니다. • '쓰시오' 문제로, 문제에서 요구한 대로 답안을 작성해야 합니다. 단, 직업분류 원칙을 반드시 '순서대로' 작성해야 감점 없이 점수를 획득할 수 있으므로 유의해야 합니다.
문제해결 키워드	**다수 직업 종사자의 분류원칙** • 취업시간 우선의 원칙 • 수입 우선의 원칙 • 조사 시 최근의 직업 원칙
기출데이터 ★★★★☆	2024년 3회 14번, 2022년 1회 14번, 2021년 3회 15번, 2019년 2회 15번, 2012년 2회 4번, 2011년 1회 14번, 2011년 3회 17번, 2010년 3회 7번, 2008년 3회 20번, 2005년 3회 12번, 2000년 1회 11번

>> 모범답안

① 취업시간 우선의 원칙 : 가장 먼저 분야별로 취업시간을 고려하여 보다 긴 시간을 투자하는 직업으로 결정한다.
② 수입 우선의 원칙 : 위의 경우로 분별하기 어려운 경우는 수입(소득이나 임금)이 많은 직업으로 결정한다.
③ 조사 시 최근의 직업 원칙 : 위의 두 가지 경우로 판단할 수 없는 경우에는 조사시점을 기준으로 최근에 종사한 직업으로 결정한다.

>> 유사문제유형

• 한국표준직업분류(KSCO)의 다수 직업 종사자의 분류원칙을 순서대로 쓰시오.
• 한국표준직업분류(KSCO)에서 '다수 직업 종사자'의 직업을 분류하는 일반적인 원칙을 순서대로 쓰시오.
• 한 사람이 전혀 상관성이 없는 2가지 이상의 직업에 종사할 경우*에 직업을 결정하는 원칙을 순서대로 쓰시오.
• 한국표준직업분류(KSCO)에서 직업분류의 일반원칙을 2가지 쓰고 각각에 대해 설명하시오.

★   '다수 직업 종사자의 분류원칙'을 의미합니다.

⊕ PLUS	**한국표준직업분류(KSCO) 제8차 개정(2024)에 따른 직업분류 원칙**
일반원칙	포괄성의 원칙, 배타성의 원칙
순서배열 원칙	한국표준산업분류(KSIC), 특수–일반분류, 고용자 수와 직능수준, 직능유형 고려
포괄적인 업무의 분류적용 원칙	주된 직무 우선 원칙, 최상급 직능수준 우선 원칙, 생산업무 우선 원칙
다수 직업 종사자의 분류적용 원칙	취업시간 우선의 원칙, 수입 우선의 원칙, 조사 시 최근의 직업 원칙

082 한국표준산업분류(KSIC)에서 산업, 산업활동, 산업활동의 범위를 각각 설명하시오.

점 수	• 6점 배점 문제로 출제됩니다. • 산업, 산업활동, 산업활동의 범위를 각각 구분하여 답안으로 작성해야 합니다.
문제해결 키워드	한국표준산업분류는 범위는 넓으나 출제되는 곳이 한정되어 있으므로 세부적으로 단어 하나하나까지 유의하여 학습하는 것이 유리합니다.
기출데이터 ★★★★	2024년 1회 16번, 2022년 2회 16번, 2021년 1회 16번, 2020년 1회 16번, 2018년 3회 13번, 2013년 2회 13번, 2010년 2회 10번, 2007년 3회 17번

>> 모범답안

① 산업 : 유사한 성질을 갖는 산업 활동에 주로 종사하는 생산 단위의 집합이다.
② 산업활동 : 각 생산단위가 노동, 자본, 원료 등 자원을 투입하여 재화나 서비스를 생산 또는 제공하는 일련의 활동과정이다.
③ 산업활동의 범위 : 영리적 · 비영리적 활동이 모두 포함되나, 가정 내의 가사 활동은 제외된다.

>> 유사문제유형

• 한국표준산업분류(KSIC)에서 산업 및 산업활동의 정의를 쓰시오.
• 한국표준산업분류(KSIC)에서 '산업분류'의 정의[*1]를 쓰시오.(2020년 2회 14번)
• 한국표준산업분류(KSIC)에서 '산업의 정의', '산업활동의 정의', '산업활동의 범위', '산업분류의 정의'를 각각 쓰시오.
• 한국표준산업분류(KSIC)에서 '산업활동의 범위'와 '통계단위'[*2]에 대하여 각각 쓰시오.(2024년 제2회 14번)

[*1] ① 정의 : 산업분류는 생산단위(사업체단위, 기업체단위 등)가 주로 수행하는 산업활동을 그 유사성에 따라 체계적으로 유형화한 것이다.
② 목적 : 산업분류는 산업활동에 의한 통계 자료의 수집, 제표, 분석 등을 위해서 활동 분류 및 범위를 제공하기 위한 것이다.
[*2] 통계단위 : 생산단위의 활동에 관한 통계작성을 위하여 필요한 정보를 수집 또는 분석할 대상이 되는 관찰 또는 분석 단위를 말한다.

⊕ PLUS 한국표준산업분류의 목적

• 생산단위(사업체/기업체 단위 등)가 주로 수행하는 산업활동을 그 유사성에 따라 체계적으로 유형화한 것이다.
• 산업활동에 의한 통계 자료의 수집, 제표, 분석 등을 위해서 활동 분류 및 범위를 제공하기 위한 것이다.
• 통계법에서는 산업통계 자료의 정확성, 비교성을 위하여 모든 통계작성기관이 이를 의무적으로 사용하도록 규정하고 있다.
• 통계작성 목적 외 일반 행정 및 산업정책 관련 법령에서 적용대상 산업영역을 한정하는 기준으로 준용되고 있다.

083 한국표준산업분류(KSIC)의 산업분류기준 3가지를 쓰시오.

점 수	• 3~6점 배점 문제로 출제됩니다. • 분류기준 3가지를 요구하는 문제가 3점 또는 6점 배점으로 출제됩니다. 한 가지당 1점 또는 2점 이라고 생각하시고 답안을 작성하시면 됩니다.
문제해결 키워드	• 산업분류는 생산단위가 주로 수행하고 있는 산업 활동을 그 유사성에 따라 유형화한 것입니다. • 산업분류의 분류기준에서 산출물은 생산된 재화 또는 제공된 서비스를 의미합니다.
기출데이터 ★★★☆	2019년 1회 14번, 2017년 1회 13번, 2012년 3회 9번, 2011년 2회 8번, 2009년 2회 12번, 2008년 1회 3번, 2007년 1회 6번

>> **모범답안**

① 산출물의 특성
  • 산출물의 물리적 구성 및 가공단계
  • 수요처
  • 기능 및 용도 등
② 투입물의 특성
  • 원재료
  • 생산 공정
  • 생산기술 및 시설 등
③ 생산활동의 일반적인 결합형태

>> **유사문제유형**

• 한국표준산업분류(KSIC)의 산업분류는 주로 수행하고 있는 산업활동을 그 유사성에 따라 유형화한 것으로 3가지 분류기
준에 의해 분류된다. 이 3가지 분류기준을 쓰시오.
• 한국표준산업분류(KSIC)의 산업분류는 생산단위가 주로 수행하고 있는 산업활동을 그 유사성에 따라 유형화한 것이다.
한국표준산업분류(KSIC)의 분류기준 3가지를 쓰시오.
• 한국표준산업분류(KSIC)의 생산단위 활동 형태* 중 '주된 산업활동'과 '보조 활동'을 각각 설명하시오.(2023년 2회 16번,
2022년 3회 16번, 2021년 2회 15번)

★　　① 주된 산업활동 : 생산된 재화 또는 제공된 서비스 중 부가가치가 가장 큰 활동을 말한다.
　　② 부차적 산업활동 : 주된 산업활동 이외의 재화 생산 및 서비스 제공 활동을 말한다.
　　③ 보조 활동(보조적 활동) : 모 생산단위에서 사용되는 비내구재 또는 서비스를 제공하는 활동을 말한다.

084

다음은 한국표준산업분류(KSIC)의 통계단위이다. A, B, C에 들어갈 용어를 쓰시오.

구 분	하나 이상의 장소	단일 장소
하나 이상의 산업활동	A	B
	기업체 단위	
단일 산업활동	C	사업체 단위

점 수	• 6점 배점 문제로 출제됩니다. • A, B, C의 한 항목당 2점이 배점되는 문제입니다.
문제해결 키워드	• 한국표준산업분류(KSIC)의 통계단위는 생산단위의 활동(생산, 재무활동 등)에 대한 통계작성을 위하여 필요한 정보수집 또는 분석할 대상이 되는 관찰 또는 분석단위를 말합니다. • 생산활동과 장소의 동질성의 차이에 따라 통계단위를 구분한 표를 완벽하게 암기한다면 어느 곳이 빈칸이라도 어려움 없이 문제를 해결할 수 있습니다.
기출데이터 ★	2010년 4회 13번, 2009년 3회 13번

>> 모범답안

A : 기업집단 단위, B : 지역 단위, C : 활동유형 단위

>> 유사문제유형

한국표준산업분류(KSIC)에서 통계단위는 생산단위의 활동에 관한 통계작성을 위하여 필요한 정보를 수집 또는 분석할 대상이 되는 관찰 또는 분석단위를 말한다. 다음 표에 들어갈 생산 활동과 장소의 동질성의 차이에 따라 통계단위를 쓰시오.

⊕ PLUS 한국표준산업분류(KSIC)의 통계단위

• 의의 : 생산단위의 활동(생산, 재무활동 등)에 대한 통계작성을 위하여 필요한 정보수집 또는 분석할 대상이 되는 관찰 또는 분석단위

• 통계단위의 구분

구 분	하나 이상의 장소	단일 장소
하나 이상의 산업활동	기업집단 단위	지역 단위
	기업체 단위	
단일 산업활동	활동유형 단위	사업체 단위

085

한국표준산업분류(KSIC)에서 통계단위의 산업을 결정하는 방법을 3가지 쓰시오.

점 수	6~9점 배점 문제로 출제됩니다.
문제해결 키워드	• 다소 전문적인 내용을 다루고 있어 문장 자체가 이해하는 데 어려움이 있을 수 있습니다. 처음부터 너무 깊게 이해하려고 하지 말고 문장 자체의 맞고 틀림을 구분하는 것에서부터 시작하시는 것이 효율적입니다. • 통계단위의 산업결정에서는 '산업결정방법'에 관한 문제가 가장 중요합니다. 이와 함께 '산업분류의 적용원칙'도 함께 학습하는 것이 효율적입니다.
기출데이터 ★★★★★	2024년 3회 15번, 2023년 1회 16번, 2023년 3회 16번, 2022년 1회 15번, 2021년 3회 16번, 2020년 3회 16번, 2020년 4회 16번, 2016년 2회 14번, 2012년 1회 12번, 2008년 3회 11번

>> 모범답안

① 생산단위의 산업 활동은 그 생산단위가 수행하는 주된 산업 활동의 종류에 따라 결정한다.
② 해당 활동의 종업원 수 및 노동시간, 임금 및 급여액 또는 설비의 정도에 따라 결정한다.
③ 계절에 따라 정기적으로 산업을 달리하는 사업체의 경우 조사대상 기간 중 산출액이 많았던 활동에 따라 분류한다.

>> 유사문제유형

• 한국표준산업분류(KSIC)에서 통계단위의 산업을 결정하는 방법을 5가지[*1] 쓰시오.
• 한국표준산업분류 중 사례별 산업결정방법과 산업분류의 적용원칙[*2]을 쓰시오.
• 한국표준산업분류(KSIC)의 산업분류 적용원칙을 4가지 쓰시오.
• 한국표준산업분류(KSIC)의 산업분류 결정방법을 2가지 쓰시오.

[*1] 모범답안에 다음을 추가하여 답안으로 작성할 수 있습니다.
　　　④ 휴업 중 또는 자산을 청산 중인 사업체의 산업은 영업 중 또는 청산을 시작하기 전의 산업 활동에 의하여 결정하며, 설립 중인 사업체는 개시하는 산업 활동에 따라 결정한다.
　　　⑤ 단일사업체의 보조단위는 그 사업체의 일개 부서로 포함하며, 여러 사업체를 관리하는 중앙보조단위(본부, 본사 등)는 별도의 사업체로 처리한다.

[*2] **산업분류의 주요 적용원칙**
　　　• 생산단위는 산출물뿐만 아니라 투입물과 생산공정 등을 함께 고려하여 그들의 활동을 가장 정확하게 설명한 항목에 분류해야 한다.
　　　• 복합적인 활동단위는 우선적으로 최상급 분류 단계(대분류)를 정확히 결정하고, 순차적으로 중, 소, 세, 세세분류 단계 항목을 결정하여야 한다.
　　　• 산업 활동이 결합되어 있는 경우에는 그 활동단위의 주된 활동에 따라서 분류하여야 한다.
　　　• 수수료 또는 계약에 의하여 활동을 수행하는 단위는 동일한 산업 활동을 자기계정과 자기책임하에서 생산하는 단위와 동일항목에 분류하여야 한다.
　　　• 자기가 직접 실질적인 생산활동은 하지 않고, 다른 계약업자에 의뢰하여 재화 또는 서비스를 자기계정으로 생산하게 하고, 이를 자기명의와 자기책임하에서 판매하는 단위는 이들 재화나 서비스 자체를 직접 생산하는 단위와 동일한 산업으로 분류한다. 제조업의 경우에는 그 제품의 성능 및 기능, 고안 및 디자인, 원료 구성 설계, 견본 제작 등에 중요한 역할을 하고 자기계정으로 원재료를 제공하여야 한다.

- 각종 기계장비 및 용품의 개량, 개조 및 재제조 등 재생활동은 일반적으로 그 기계장비 및 용품 제조업과 동일 산업으로 분류하지만, 산업 규모 및 중요성 등을 고려하여 별도의 독립된 분류에서 구성하고 있는 경우에는 그에 따른다.
- 자본재로 주로 사용되는 산업용 기계 및 장비의 전문적인 수리활동은 경상적인 유지·수리를 포함하여 "34 : 산업용 기계 및 장비 수리업"으로 분류한다. 자본재와 소비재로 함께 사용되는 컴퓨터, 자동차, 가구류 등과 생활용품으로 사용되는 소비재 물품을 전문적으로 수리하는 산업 활동은 "95 : 개인 및 소비용품 수리업"으로 분류한다. 다만, 철도 차량 및 항공기 제조 공장, 조선소에서 수행하는 전문적인 수리활동은 해당 장비를 제조하는 산업 활동과 동일하게 분류하며, 고객의 특정 사업장 내에서 건물 및 산업시설의 경상적인 유지관리를 대행하는 경우는 "741 : 사업시설 유지관리 서비스업"에 분류한다.
- 동일 단위에서 제조한 재화의 소매활동은 별개 활동으로 분류하지 않고 제조활동으로 분류되어야 한다. 그러나 자기가 생산한 재화와 구입한 재화를 함께 판매한다면 그 주된 활동에 따라 분류한다.
- "공공행정 및 국방, 사회보장 사무" 이외의 교육, 보건, 제조, 유통 및 금융 등 다른 산업 활동을 수행하는 정부기관은 그 활동의 성질에 따라 분류하여야 한다. 반대로, 법령 등에 근거하여 전형적인 공공행정 부문에 속하는 산업 활동을 정부기관이 아닌 민간에서 수행하는 경우에는 공공행정 부문으로 포함한다.
- 생산단위의 소유 형태, 법적 조직 유형 또는 운영 방식은 산업분류에 영향을 미치지 않는다. 이런 기준은 경제활동 자체의 특징과 관련이 없기 때문이다. 즉, 동일 산업 활동에 종사하는 경우, 법인, 개인사업자 또는 정부기업, 외국계 기업 등인지에 관계없이 동일한 산업으로 분류한다.
- 공식적 생산물과 비공식적 생산물, 합법적 생산물과 불법적인 생산물을 달리 분류하지 않는다.

⊕ PLUS

한국표준산업분류의 활동단위와 관련하여 해당 활동단위를 보조단위가 아닌, 별개의 독립된 활동으로 보아야 하는 4가지 유형을 설명하시오.

① 고정자산을 구성하는 재화의 생산, 예를 들면 자기계정을 위한 건설활동을 하는 경우 이에 관한 별도의 자료를 이용할 수 있으면 건설활동으로 분류한다.

② 모 생산단위에서 사용되는 재화나 서비스를 보조적으로 생산하더라도 그 생산되는 재화나 서비스의 대부분을 다른 시장(사업체 등)에 판매하는 경우를 말한다.

③ 모 생산단위가 생산하는 생산품의 구성 부품이 되는 재화를 생산하는 경우, 예를 들면 모 생산단위의 생산품을 포장하기 위한 캔, 상자 및 유사 제품의 생산 활동을 말한다.

④ 연구 및 개발활동은 통상적인 생산과정에서 소비되는 서비스를 제공하는 것이 아니므로 그 자체의 본질적인 성질에 따라 전문, 과학 및 기술 서비스업으로 분류되며, 국민계정(SNA) 측면에서는 고정자본의 일부로 고려된다.

086 특성-요인의 직업상담이론에서 브레이필드(Brayfield)가 제시한 직업정보의 기능을 3가지 쓰고, 각각에 대해 설명하시오.

점 수	• 6점 배점 문제로 출제됩니다. • '설명하시오' 문제이므로 간략하게 풀어서 답안을 작성하시면 됩니다.
문제해결 키워드	직업정보는 국내외의 각종 직업에 관련된 다양한 정보를 체계화시킨 것으로, 국가, 기업, 개인이 직업에 관한 의사결정 과정에서 필요한 모든 자료의 직업별 직무내용, 직업전망, 직업별 근로조건 등에 관한 모든 종류의 직업 관련 정보들을 포함합니다.
기출데이터 ★★★☆	2022년 1회 12번, 2019년 2회 7번, 2017년 3회 13번, 2015년 1회 3번, 2011년 2회 11번, 2008년 3회 14번, 2006년 1회 4번

>> 모범답안

① 정보적 기능 : 직업정보 제공을 통해 내담자의 의사결정을 돕고, 직업선택에 관한 지식을 증가시킨다.
② 재조정 기능 : 자신의 선택이 현실에 비추어 부적절한 선택이었는지를 점검 및 재조정해 보도록 한다.
③ 동기화 기능 : 내담자를 의사결정 과정에 적극적으로 참여시킴으로써 자신의 선택에 대해 책임감을 가지도록 한다.

>> 유사문제유형

• 특성-요인의 직업상담이론에서 브레이필드(Brayfield)가 제시한 직업정보의 기능을 3가지 쓰고 설명하시오.
• Brayfield가 제시한 직업정보의 정보적 기능, 재조정 기능, 동기화 기능에 대해 설명하시오.

⊕ PLUS

크리스텐슨, 배어, 로버(Christensen, Baer & Roeber)는 브레이필드(Brayfield)가 제시한 직업정보의 3가지 기
능 외에 다음의 4가지 기능들을 추가적으로 제시하였습니다.
① 탐색기능 : 내담자가 선택한 직업분야에서의 일들에 대한 광범위한 탐색을 가능하게 한다.
② 확신기능 : 내담자의 직업선택이 얼마나 합당한가를 확신시켜 준다.
③ 평가기능 : 직업에 대한 내담자의 지식과 이해가 믿을 만하고 적절한지를 점검하도록 해 준다.
④ 놀람기능 : 정보를 접한 내담자가 특정 직업을 선택하는 것에 대해 어떻게 생각하는지를 알 수 있도록 한다.

087

특정 시기의 고용동향이 다음과 같을 때 경제활동참가율을 구하시오(단, 소수점 셋째 자리에서 반올림하고, 계산과정을 제시하시오).

- 만 15세 이상 인구 수 : 35,986천명
- 비경제활동인구 수 : 14,716천명
- 취업자 수 : 20,149천명(자영업자 : 5,646천명, 무급가족종사자 : 1,684천명, 상용근로자 : 6,113천명, 임시근로자 : 4,481천명, 일용근로자 : 2,225천명)

점 수	• 4점 배점 문제로 출제됩니다. • 계산과정을 제시하고, 구한 값을 소수점 셋째 자리에서 반올림 하여 '★★.★★'의 형태로 답안을 작성하여야 합니다. • 계산과정에서 오류가 있으면 감점될 수 있습니다. • 공식에서부터 계산과정까지 완벽하게 답안작성을 했다고 해도 최종 답안에서 소수점 셋째 자리에서 반올림을 하지 않으면 감점됩니다. 답안에 잊지 말고 알맞은 단위(%)도 작성하도록 합니다.
문제해결 키워드	경제활동참가율을 구하는 공식을 암기하고 있어야 합니다. 보기의 조건이 변경되더라도 공식을 알고 있다면 어떤 문제든지 해결할 수 있습니다. 경제활동참가율(%) = $\dfrac{\text{경제활동인구 수}}{\text{15세 이상 인구 수}} \times 100$
기출데이터 ★☆	2018년 1회 15번, 2015년 1회 18번, 2010년 3회 2번

>> 모범답안

경제활동인구 수와 경제활동참가율을 산출하기 위한 공식은 다음과 같다.

- 경제활동인구 수 = 15세 이상 인구 수 − 비경제활동인구 수
- 경제활동참가율(%) = $\dfrac{\text{경제활동인구 수}}{\text{15세 이상 인구 수}} \times 100$

- 경제활동인구 수 = 35,986(천명) − 14,716(천명) = 21,270(천명)
- 경제활동참가율(%) = $\dfrac{21,270(\text{천명})}{35,986(\text{천명})} \times 100 ≒ 59.106(\%)$

따라서 경제활동참가율은 약 59.11%(소수점 셋째 자리에서 반올림)이다.

>> 유사문제유형

특정 시기의 고용동향이 다음과 같을 때 경제활동참가율을 구하시오(단, 소수점 둘째 자리에서 반올림[*]하고, 계산과정을 제시하시오).

★   대표유형 문제와 보기에서 제시한 데이터가 일치하다고 가정하였을 때 이 문제에서는 답안 작성 시 소수점 둘째 자리에서 반올림하도록 하였습니다. 경제활동참가율을 동일하게 계산과정까지 작성하고, 구한 값 59.106을 소수점 둘째 자리에서 반올림하여 59.1%로 작성해야 감점 없는 완벽한 답안이 됩니다.

088

특정 시기의 고용동향이 다음과 같을 때 임금근로자는 몇 명인지 계산하시오(단, 계산 과정을 제시하시오).

- 만 15세 이상 인구 수 : 35,986천명
- 비경제활동인구 수 : 14,716천명
- 취업자 수 : 20,149천명(자영업자 : 5,646천명, 무급가족종사자 : 1,684천명, 상용근로자 : 6,113천명, 임시근로자 : 4,481천명, 일용근로자 : 2,225천명)

점 수	3점 배점문제로 출제됩니다.
문제해결 키워드	**임금근로자 수를 구하는 공식** • 임금근로자수 = 취업자수(임금근로자 + 비임금근로자) − 비임금근로자수(자영업자 + 무급가족종사자) • 임금근로자수 = 상용근로자수 + 임시근로자수 + 일용근로자수
기출데이터 ★★★	2024년 1회 17번, 2020년 4회 17번, 2019년 3회 15번, 2017년 3회 15번, 2015년 2회 5번, 2010년 2회 1번

>> **모범답안**

임금근로자 수를 산출하기 위한 공식은 다음과 같다.

[공식 1] 임금근로자수 = 취업자수(임금근로자 + 비임금근로자) − 비임금근로자수(자영업자 + 무급가족종사자)

[공식 2] 임금근로자수 = 상용근로자수 + 임시근로자수 + 일용근로자수

① 공식 1
임금근로자수 = 20,149(천명) − [5,646(천명) + 1,684(천명)] = 12,819(천명)
∴ 12,819천명
② 공식 2
임금근로자수 = 6,113(천명) + 4,481(천명) + 2,225(천명) = 12,819(천명)
∴ 12,819천명

⊕ PLUS

『경제활동인구조사 지침서』에 따른 임금근로자(Wage & Salary Workers)의 정의는 다음과 같습니다.

"자신의 근로에 대해 임금, 봉급, 일당 등 어떠한 형태로든 일한 대가를 지급받는 근로자로서 상용근로자, 임시근로자, 일용근로자로 구분됨"

089 다음 보기의 조건을 보고 실업률을 구하시오(단, 소수점 둘째 자리에서 반올림하고, 계산과정을 제시하시오).

- 만 15세 이상 인구 수 : 35,986천명
- 비경제활동인구 수 : 14,716천명
- 취업자 수 : 20,149천명(자영업자 : 5,646천명, 무급가족종사자 : 1,684천명, 상용근로자 : 6,113천명, 임시근로자 : 4,481천명, 일용근로자 : 2,225천명)

점 수	• 5~6점 배점 문제로 출제됩니다. • 계산과정을 제시하고, 구한 값을 소수점 둘째 자리에서 반올림 하여 '★★.★'의 형태로 답안을 작성하여야 합니다. • 계산과정에서 오류가 있으면 감점될 수 있습니다. • 공식에서부터 계산과정까지 완벽하게 답안작성을 했다고 해도 최종 답안에서 소수점 둘째 자리에서 반올림을 하지 않으면 감점됩니다. 알맞게 단위(%)도 작성하여 답안을 작성하도록 합니다.
문제해결 키워드	• 실업률을 구하는 공식을 암기하고 있어야 합니다. 보기의 조건이 변경되더라도 공식을 알고 있다면 어떤 문제든지 해결할 수 있습니다. $실업률(\%) = \dfrac{실업자 수}{경제활동인구 수} \times 100$ • 경제활동인구 수를 먼저 구해야 실업자 수를 구할 수 있습니다. • 임금근로자 수를 묻는 문제가 출제되기도 했습니다. • 과년도부터 최근까지 출제비율이 높은 문제입니다. 반드시 내 것으로 만들어야 할 문제입니다.
기출데이터 ★★★★★	2024년 1회 18번, 2022년 1회 16번, 2015년 2회 5번, 2015년 3회 13번, 2014년 2회 5번, 2011년 3회 15번, 2010년 1회 1번, 2009년 2회 11번, 2008년 1회 16번, 2000년 1회 1번

>> 모범답안

실업률의 공식은 다음과 같다.

$실업률(\%) = \dfrac{실업자 수}{경제활동인구 수} \times 100$
* 경제활동인구 수 = 15세 이상 인구 수 − 비경제활동인구 수
* 실업자 수 = 경제활동인구 수 − 취업자 수(임금근로자 + 비임금근로자)

- 경제활동인구 수 = 35,986 − 14,716 = 21,270   ∴ 21,270(천명)
- 실업자 수 = 21,270 − 20,149 = 1,121   ∴ 1,121(천명)
- $실업률(\%) = \dfrac{1,121}{21,270} \times 100 ≒ 5.27033$ ∴ 5.3%

• 다음 보기의 조건을 보고 실업률을 구하시오(단, 소수점 둘째 자리에서 반올림하고, 계산과정을 제시[*1]하시오).

> • 만 15세 이상 인구 수 : 35,986천명
> • 비경제활동인구 수 : 14,716천명
> • 취업자 수 : 20,149천명(자영업자 : 5,646천명, 무급가족종사자 : 1,684천명, 상용근로자 : 6,113천명, 임시근로자 : 4,481천명, 일용근로자 : 2,225천명)

• 다음 A국의 실업률을 구하시오(단, 소수점 둘째 자리에서 반올림하고, 계산과정을 제시[*2]하시오).

> • A국의 총인구 : 100천명
> • 생산가능인구(15세 이상) : 70천명
> • 취업인구 : 60천명
> • 실업인구 : 5천명

• A국의 만 15세 이상 인구(생산가능인구)가 100만명이고 경제활동참가율이 70%, 실업률이 10%라고 할 때, A국의 실업자 수[*3]를 계산하시오(단, 계산 과정을 함께 제시하시오).

[*1] 풀이과정은 대표문제와 모범답안과 동일하다. 답안을 최소한 소수 둘째 자리(5.27)까지 구하고, 반올림한 뒤 소수 첫째 자리까지 표시해야 한다.

[*2] $\text{실업률(\%)} = \dfrac{\text{실업자 수}}{\text{경제활동인구 수}} \times 100 = \dfrac{5(\text{천명})}{60(\text{천명}) + 5(\text{천명})} \times 100 \fallingdotseq 7.7\% \quad \therefore \ 7.7\%$

[*3] $\text{경제활동참율} = 70(\%) = \dfrac{\text{경제활동인구 수}}{1,000,000(\text{명})} \times 100$

$\therefore \ \text{경제활동인구 수} = 700,000(\text{명})$

$\text{실업율} = 10(\%) = \dfrac{\text{실업자 수}}{700,000(\text{명})} \times 100$

$\therefore \ \text{실업자 수} = 70,000(\text{명})$

090

다음의 경제활동참가율, 실업률, 고용률을 구하시오(단, 소수점 둘째 자리에서 반올림하고, 계산과정을 제시하시오).

[단위 : 천명]

- 전체 인구 수 : 500
- 15세 이상 인구 수 : 400
- 취업자 수 : 200
- 실업자 수 : 20
- 정규직 직업을 구하려고 하는 단시간근로자 수 : 10

점 수	6점 배점 문제로 출제됩니다.
문제해결 키워드	• 고용률에 관한 문제는 실업률이나 경제활동참가율에 비해 드물게 출제되고 있으나, 반드시 알아두어야 할 내용이기도 합니다. • 이 문제에는 함정이 있습니다. '정규직 직업을 구하려고 하는 단시간근로자'도 취업자에 해당하므로 이미 취업자 수 산정에 포함되어 있다는 것입니다. 만약 단시간근로자를 취업자 수에 추가로 더하여 계산을 하는 경우 오답이 나옵니다.
기출데이터 ★☆	2021년 2회 16번, 2017년 2회 15번, 2013년 2회 3번

>> 모범답안

경제활동참가율, 실업률, 고용률의 공식은 다음과 같다.

- 경제활동참가율(%) = $\dfrac{\text{경제활동인구 수*}}{\text{15세 이상 인구 수**}} \times 100$
- 실업률(%) = $\dfrac{\text{실업자 수}}{\text{경제활동인구 수}} \times 100$
- 고용률(%) = $\dfrac{\text{취업자 수}}{\text{15세 이상 인구 수}} \times 100$

* 경제활동인구 수 = 취업자 수 + 실업자 수
** 15세 이상 인구 수(생산가능인구 수) = 경제활동인구 수 + 비경제활동인구 수

① 경제활동참가율(%) = $\dfrac{200 + 20}{400} \times 100 = 55(\%)$ ∴ 55%

② 실업률(%) = $\dfrac{20}{200 + 20} \times 100 = 9.1(\%)$ ∴ 9.1%

③ 고용률(%) = $\dfrac{200}{400} \times 100 = 50(\%)$ ∴ 50%

A국의 고용률은 50%이고, 실업률은 10%이다. 실업자 수가 50만명이라고 가정할 때, A국의 경제활동인구 수와 비경제활동인구 수를 계산하시오.

이 문제는 다음의 4가지 공식을 이용하여 계산할 수 있다.

> • 공식 1) 실업률(%) = $\dfrac{\text{실업자 수}}{\text{경제활동인구 수}} \times 100$
>
> • 공식 2) 취업자 수 = 경제활동인구 수 − 실업자 수
>
> • 공식 3) 고용률(%) = $\dfrac{\text{취업자 수}}{\text{15세 이상 인구 수}} \times 100$
>
> • 공식 4) 비경제활동인구 수 = 15세 이상 인구 수 − 경제활동인구 수

① 우선 실업률과 실업자 수가 문제에서 주어졌으므로, 위의 공식 1을 이용하여 경제활동인구 수를 산출할 수 있다.

$$10(\%) = \dfrac{500,000(\text{명})}{\text{경제활동인구 수}} \times 100$$

$$\text{경제활동인구 수} = \dfrac{500,000(\text{명})}{10(\%)} \times 100 = 5,000,000(\text{명})$$

∴ 경제활동인구 수는 500만명

② 경제활동인구 수와 실업자 수를 알고 있으므로, 위의 공식 2를 이용하여 취업자 수를 산출할 수 있다.

취업자수 = 5,000,000(명) − 500,000(명) = 4,500,000(명)

∴ 취업자 수는 450만명

③ 고용률과 취업자 수를 알고 있으므로, 위의 공식 3을 이용하여 15세 이상 인구 수(생산가능인구 수)를 산출할 수 있다.

$$50(\%) = \dfrac{4,500,000(\text{명})}{\text{15세 이상 인구 수}} \times 100$$

$$\text{15세 이상 인구 수} = \dfrac{4,500,000(\text{명})}{50(\%)} \times 100 = 9,000,000(\text{명})$$

∴ 15세 이상 인구 수(생산가능인구 수)는 900만명

④ 15세 이상 인구 수(생산가능인구 수)와 경제활동인구 수를 알고 있으므로, 위의 공식 4를 이용하여 비경제활동인구 수를 산출할 수 있다.

비경제활동인구 수 = 9,000,000(명) − 5,000,000(명) = 4,000,000(명)

∴ 비경제활동인구 수는 400만명

따라서 경제활동인구 수는 500만명, 비경제활동인구 수는 400만명이다.

091

다음의 표를 보고 답하시오(단, 소수점 발생 시 반올림하여 둘째 자리까지 표시하고 계산식도 함께 작성하시오).

구 분	신규구인	신규구직	알선건수	취업건수
A	103,062	426,746	513,973	36,710
B	299,990	938,855	1,148,534	119,020

(1) A기간과 B기간의 구인배수는?

(2) A기간과 B기간의 취업률은?

점 수	• 6점 배점 문제로 출제됩니다. • 답안에 잊지 말고 알맞은 단위도 작성하도록 합니다.
문제해결 키워드	구인배수는 백분율에 해당하지 않으므로 '%' 기호를 붙이지 않습니다.
기출데이터 ★	2014년 1회 15번, 2000년 1회 2번

>> 모범답안

(1) A기간과 B기간의 구인배수는?

구인배수는 구직자 1명에 대한 구인수의 비율이다. 구인수의 많고 적음을 나타내는 수치로서 취업의 용이함을 나타낸다.

$$구인배수 = \frac{신규구인인원}{신규구직건수}$$

① A기간 구인배수 : $\frac{103,062}{426,746} \fallingdotseq 0.24$

② B기간 구인배수 : $\frac{299,990}{938,855} \fallingdotseq 0.32$

(2) A기간과 B기간의 취업률은?

$$취업률(\%) = \frac{취업건수}{신규구직자 \ 수} \times 100$$

① A기간 취업률 : $\frac{36,710}{426,746} \times 100 \fallingdotseq 8.60(\%)$

② B기간 취업률 : $\frac{119,020}{938,855} \times 100 \fallingdotseq 12.68(\%)$

092

A회사의 9월 말 사원수는 1,000명이었다. 신규채용인원수는 20명, 전입인원수는 80명일 때, 10월의 입직률을 계산하시오.

점 수	• 4~6점 배점 문제로 출제됩니다. • 답안에 잊지 말고 알맞은 단위(%)도 작성하도록 합니다.
문제해결 키워드	입직률을 구하는 공식을 암기하고 있어야 합니다. 보기의 조건이 변경되더라도 공식을 알고 있다면 어떤 문제든지 해결할 수 있습니다. 입직률(%) = $\dfrac{당월\ 총\ 입직자\ 수}{전월\ 말\ 근로자\ 수}$ × 100
기출데이터 ★	2015년 1회 6번, 2014년 1회 7번

≫ 모범답안

$$입직률(\%) = \frac{당월\ 총\ 입직자\ 수}{전월\ 말\ 근로자\ 수} \times 100$$

공식에 따라 계산하면, 10월의 입직률은 10%이다.

$$\frac{20(명) + 80(명)}{1,000(명)} \times 100 = 10(\%)$$

≫ 유사문제유형

A회사의 9월 말 사원수는 1,000명이었다. 신규채용인원수는 20명, 전입인원수는 80명일 때, 10월의 입직률을 계산하고, 입직률의 의미★를 쓰시오.

★ 입직률(Employment Accession Rate)은 조사기간 중 해당 사업체에 전입이나 신규채용으로 입직한 자를 전체 근로자 수로 나눈 비율이다.

⊕ PLUS

A회사의 3월 말 기준 사원수는 1,000명이었다. 입사자가 50명, 퇴사자가 35명일 때, 4월의 이직률을 계산하시오(단, 소수점 발생 시 반올림하여 소수 첫째 자리로 표현하며, 계산과정을 반드시 기재하시오).

이직률(%) = $\dfrac{당월\ 총\ 이직자\ 수}{전월\ 말\ 근로자\ 수}$ × 100 = $\dfrac{35(명)}{1,000(명)}$ × 100 = 3.5(%)

즉, 4월의 이직률은 3.5%이다.

093 공공직업정보의 특성 3가지를 쓰시오.

점 수	4~6점 배점 문제로 출제됩니다.
문제해결 키워드	• 민간직업정보는 필요한 시기에 최대한 활용되도록 한시적으로 신속하게 생산되어 운영됩니다. 예 YMCA, 대한상공회의소, 재향군인회, 비영리법인과 공익단체인 경총 등 • 공공직업정보는 정부 및 공공단체와 같은 비영리기관에서 공익적 목적으로 생산 · 제공됩니다. 예 한국산업인력공단, 한국장애인고용공단, 시 · 군 · 구 고용센터 등 • 민간직업정보와 공공직업정보는 필기 · 실기 시험 모두에 정말 자주 출제되는 부분입니다. 반드시 숙지하셔야 합니다.
기출데이터 ★★	2022년 1회 13번, 2010년 3회 3번, 2008년 3회 6번, 2007년 3회 10번

>> 모범답안

① 특정 시기에 국한되지 않고 지속적으로 조사 · 분석하여 제공된다.
② 전체 산업 및 업종에 걸친 직종을 대상으로 한다.
③ 관련 직업정보 간의 비교 · 활용이 용이하다.
④ 무료로 제공된다.

>> 유사문제유형

• 공공직업정보의 특성을 4가지만 쓰시오.
• 직업정보는 정보의 생산 및 운영주체에 따라 민간직업정보와 공공직업정보로 구분된다. 아래의 표에서 빈칸 ①~④*를 채우시오.

구 분	민간직업정보	공공직업정보
정보제공의 지속성	한시적, 불연속적	지속적
직업의 분류 및 구분	①	②
조사 · 수록되는 직업의 범위	③	④
다른 정보와의 관계	다른 정보와의 관련성 낮음	다른 정보에 미치는 영향이 크며, 관련성 높음
정보획득비용	유 료	무 료

★ ① 생산자의 자의성
② 기준에 의한 객관성
③ 특정 직업에 대한 제한적인 정보
④ 전체 산업 및 업종의 포괄적인 정보

민간직업정보의 특징

- 필요한 시기에 최대한 활용되도록 한시적으로 신속하게 생산되어 운영된다.
- 노동시장환경, 취업상황, 기업의 채용환경 등을 반영한 직업정보가 상대적으로 단기간에 조사되어 집중적으로 제공된다.
- 특정한 목적에 맞게 해당 분야 및 직종을 제한적으로 선택한다.
- 정보생산자의 임의적 기준에 따라, 또는 시사적인 관심이나 흥미를 유도할 수 있도록 해당 직업을 분류한다.
- 정보 자체의 효과가 큰 반면, 부가적인 파급효과는 적다.
- 객관적이고 공통적인 기준에 따라 분류되지 않으므로 다른 직업정보와의 비교가 적고 활용성이 낮다.
- 민간이 특정 직업에 대해 구체적이고 상세한 정보를 제공하기 위해 조사, 분석, 정리 및 제공에 상당한 시간 및 비용이 소요되므로 해당 직업정보는 보통 유료로 제공된다.

민간직업정보의 특성을 4가지만 쓰시오.

① 필요한 시기에 최대한 활용되도록 한시적으로 신속하게 생산되어 운영된다.

② 특정한 목적에 맞게 해당 분야 및 직종이 제한적으로 선택된다.

③ 정보생산자의 임의적 기준에 따라 해당 직업을 분류한다.

④ 유료로 제공된다.

094

한국직업사전에 수록된 부가 직업정보를 6가지만 쓰시오.

점 수	• 6점 배점 문제로 출제됩니다. • 한국직업사전 부가 직업정보의 중요 키워드를 숙지하면 문제에서 요구하는 대부분의 답안을 충분히 작성할 수 있습니다.
문제해결 키워드	한국고용정보원(KEIS)은 1986년부터 우리나라 전체 직업에 대한 표준화된 직업명과 수행직무 등 기초직업정보를 수록한 『한국직업사전』을 발간하고 있습니다. 가장 최신의 통합본은 5판인 『2020 한국직업사전』입니다.
기출데이터 ★★★★☆	2024년 1회 14번, 2021년 1회 14번, 2020년 1회 14번, 2018년 1회 14번, 2013년 2회 9번, 2010년 1회 13번, 2009년 1회 12번, 2007년 1회 13번, 2007년 3회 16번

>> **모범답안**

① 정규교육, ② 숙련기간, ③ 직무기능, ④ 작업강도, ⑤ 육체활동, ⑥ 작업장소

>> **유사문제유형**

• 한국직업사전에 수록된 부가 직업정보를 5가지만 쓰시오.
• 한국직업사전에 수록된 부가 직업정보 중 육체활동 6가지를 쓰시오.
• 한국직업사전에 수록된 부가 직업정보* 중 6가지를 쓰시오.
• 한국직업사전의 부가 직업정보 중 정규교육, 숙련기간, 직무기능의 의미를 기술하시오.

★　**한국직업사전(2020)에 수록된 부가 직업정보의 중요 키워드**

정규교육	해당 직업의 직무를 수행하는 데 필요한 일반적인 정규교육수준(해당 직업 종사자의 평균·학력을 나타내는 것이 아님)
숙련기간	정규교육과정을 이수한 후 해당 직업의 직무를 평균적인 수준으로 스스로 수행하기 위하여 필요한 각종 교육, 훈련, 숙련기간(향상훈련은 포함되지 않음)
직무기능	해당 직업 종사자가 직무를 수행하는 과정에서 자료(Data), 사람(People), 사물(Thing)과 맺는 관련 특성
작업강도	아주 가벼운 작업, 가벼운 작업, 보통 작업, 힘든 작업, 아주 힘든 작업(작업강도의 결정 기준으로 들어올림, 운반, 밈, 당김이 있음)
육체활동	균형감각, 웅크림, 손사용, 언어력, 청각, 시각
작업장소	실내, 실외, 실내·외(근무시간 비율에 따라 구분)
작업환경	저온, 고온, 다습, 소음·진동, 위험내재, 대기환경미흡
유사명칭	본직업명을 명칭만 다르게 부르는 것(직업 수 집계에서 제외)
관련직업	본직업명과 기본적인 직무에 있어서 공통점이 있으나 직무의 범위, 대상 등에 따라 나누어지는 직업(직업 수 집계에 포함)
자격·면허	국가자격 및 면허(민간자격 제외)
표준산업분류코드	한국표준산업분류(제10차 개정)의 소분류(3-Digits) 산업 기준
표준직업분류코드	한국고용직업분류(KECO) 세분류 코드(4-Digits)에 해당하는 한국표준직업분류의 세분류 코드
조사연도	해당 직업의 직무조사가 실시된 연도

095

다음은 한국직업사전의 부가 직업정보 중 작업강도에 관한 내용의 일부이다. 빈칸에 들어갈 숫자를 보기에서 찾아 각각 쓰시오.

- 보통 작업 : 최고 (ㄱ)kg의 물건을 들어 올리고, (ㄴ)kg 정도의 물건을 빈번히 들어 올리거나 운반한다.
- 힘든 작업 : 최고 (ㄷ)kg의 물건을 들어 올리고, (ㄹ)kg 정도의 물건을 빈번히 들어 올리거나 운반한다.
- 아주 힘든 작업 : (ㅁ)kg 이상의 물건을 들어 올리고, (ㅂ)kg 이상의 물건을 빈번히 들어 올리거나 운반한다.

──── 보기 ────
10   20   30   40   50   60

ㄱ – (   )   ㄴ – (   )

ㄷ – (   )   ㄹ – (   )

ㅁ – (   )   ㅂ – (   )

점수	5~6점 배점문제로 출제됩니다.
문제해결 키워드	"무거운 작업"이 아니라 "힘든 작업"이라는 것을, "~kg의 … 혹은 ~kg 정도의 …"와 "~kg 이상의 …"를 명확히 구분해야 한다는 것을, 그리고 만약 문제상에서 단위(kg)가 주어지지 않았다면 답안 작성 시 단위(kg)를 반드시 기재해야 한다는 것을 명심해야 합니다.
기출데이터 ★★	2024년 3회 16번, 2021년 2회 13번, 2020년 1회 14번, 2007년 1회 13번

>> 모범답안

- 아주 가벼운 작업 → 최고 4kg
- 가벼운 작업 → 최고 8kg, 운반 4kg
- 보통 작업 → 최고 20kg, 운반 10kg
- 힘든 작업 → 최고 40kg, 운반 20kg
- 아주 힘든 작업 → 40kg 이상, 운반 20kg 이상

>> 유사문제유형

한국직업사전의 부가 직업정보 중 작업강도는 해당 직업의 직무를 수행하는 데 필요한 육체적 힘의 강도를 나타낸 것으로 5단계로 분류*하였다. 이 5단계를 쓰시오(단, 순서는 상관없음).

★ **한국직업사전(2020)의 부가 직업정보 중 작업강도의 5단계 분류**

아주 가벼운 작업	최고 4kg의 물건을 들어 올리고, 때때로 장부, 소도구 등을 들어 올리거나 운반한다.
가벼운 작업	최고 8kg의 물건을 들어 올리고, 4kg 정도의 물건을 빈번히 들어 올리거나 운반한다.
보통 작업	최고 20kg의 물건을 들어 올리고, 10kg 정도의 물건을 빈번히 들어 올리거나 운반한다.
힘든 작업	최고 40kg의 물건을 들어 올리고, 20kg 정도의 물건을 빈번히 들어 올리거나 운반한다.
아주 힘든 작업	40kg 이상의 물건을 들어 올리고, 20kg 이상의 물건을 빈번히 들어 올리거나 운반한다.

1. 고용통계용어

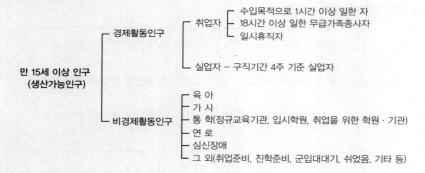

(1) 15세 이상 인구(생산가능인구)

매월 15일 현재 만 15세 이상인 자를 말한다.

> 15세 이상 인구 수 = 경제활동인구 수 + 비경제활동인구 수

(2) 경제활동인구

만 15세 이상 인구 중 조사대상 기간 동안 상품이나 서비스를 생산하기 위하여 실제로 수입이 있는 일을 한 취업자와 일을 하지는 않았으나 구직활동을 한 실업자를 말한다.

> 경제활동인구 수 = 15세 이상 인구 수 – 비경제활동인구 수 = 취업자 수 + 실업자 수

(3) 비경제활동인구

만 15세 이상 인구 중 조사대상 기간에 취업도 실업도 아닌 상태에 있는 사람으로서, 주로 가사 또는 육아를 전담하는 주부, 학교에 다니는 학생(전업학생), 일을 할 수 없는 연로자 및 심신장애자, 자발적으로 자선사업이나 종교단체에 관여하는 자 등이 해당된다.

> 비경제활동인구 수 = 15세 이상 인구 수 – 경제활동인구 수

(4) 경제활동참가율

만 15세 이상 인구 중 경제활동인구(취업자 + 실업자)가 차지하는 비율을 말한다.

> $$경제활동참가율(\%) = \frac{경제활동인구 \ 수}{15세 \ 이상 \ 인구 \ 수} \times 100$$

(5) 취업자

① 조사대상 기간에 수입을 목적으로 1시간 이상 일한 자
② 동일가구 내 가구원이 운영하는 농장이나 사업체의 수입을 위하여 주당 18시간 이상 일한 무급가족종사자
③ 직업 또는 사업체를 가지고 있으나 일시적인 병, 또는 사고, 연가, 교육, 노사분규 등의 사유로 일하지 못한 일시휴직자

> 취업자 수 = 경제활동인구 수 – 실업자 수 = 임금근로자 수 + 비임금근로자 수

(6) 취업률

경제활동인구 중 취업자가 차지하는 비율을 말한다.

$$취업률(\%) = \frac{취업자\ 수}{경제활동인구\ 수} \times 100$$

(7) 실업자

조사대상 기간에 수입 있는 일을 하지 않았고, 지난 4주간 일자리를 찾아 적극적으로 구직활동을 하였던 사람으로서 일자리가 주어지면 즉시 취업이 가능한 사람을 말한다.

$$실업자\ 수 = 경제활동인구\ 수 - 취업자\ 수$$

(8) 실업률

경제활동인구 중 실업자가 차지하는 비율을 말한다.

$$실업률(\%) = \frac{실업자\ 수}{경제활동인구\ 수} \times 100$$

(9) 고용률

① 만 15세 이상 인구 중 취업자가 차지하는 비율을 말한다.
② 한 국가의 노동력 활용 정도를 나타내는 대표적인 고용지표로서, 실업률이나 경제활동참가율에 비해 경기변동의 영향을 적게 받으므로 사회지표로 널리 활용된다.

$$고용률(\%) = \frac{취업자\ 수}{15세\ 이상\ 인구\ 수} \times 100$$

2. 구인·구직 용어

(1) 주요 용어

① **충족률** : 각 업체가 구인하려는 사람의 충족 여부의 비율

$$충족률(\%) = \frac{취업건수}{신규구인인원} \times 100$$

② **유효구인인원** : 일정 기간 동안 구인신청이 들어온 모집인원 중 해당 월말 알선 가능한 인원수의 합

$$유효구인인원 = 모집인원\ 수 - 채용인원\ 수$$

③ **유효구직자 수** : 구직신청자 중 해당 월말 알선 가능한 인원수의 합

$$유효구직자\ 수 = (해당\ 월말)등록마감된\ 구직자\ 수 - 취업된\ 구직자\ 수$$

④ **알선건수** : 해당 기간 동안 알선처리한 건수의 합
⑤ **알선율** : 구직신청자 중 알선이 이루어진 건수의 비율

$$알선율(\%) = \frac{알선건수}{신규구직자\ 수} \times 100$$

⑥ **일자리경쟁배수** : 신규구인인원 대비 신규구직자 수

$$일자리경쟁배수 = \frac{신규구직자\ 수}{신규구인인원}$$

(2) 「고용24(워크넷) 구인 · 구직 및 취업 동향」의 용어

① **신규구인인원** : 해당 월에 고용24(워크넷)에 등록된 구인인원

② **신규구직건수** : 해당 월에 고용24(워크넷)에 등록된 구직건수

③ **취업건수** : 금월 기간에 고용24(워크넷)에 취업 등록된 건수

④ **취업률**

$$취업률(\%) = \frac{취업건수}{신규구직건수} \times 100$$

⑤ **제시임금** : 구인자가 구직자에게 제시하는 임금

⑥ **희망임금** : 구직자가 구인업체에 요구하는 임금

⑦ **희망임금충족률**

$$희망임금충족률(\%) = \frac{제시임금}{희망임금} \times 100$$

⑧ **구인배수** : 구직자 1명에 대한 구인수(취업의 용이성, 구인난 등의 판단)

$$구인배수 = \frac{신규구인인원}{신규구직건수}$$

⑨ **상용직** : 기간의 정함이 없는 근로계약

⑩ **계약직** : 기간의 정함이 있는 근로계약

⑪ **시간제** : 그 사업장에서 근무하는 통산상의 근로자보다 짧은 시간을 근로하게 하는 고용

⑫ **일용직** : 고용계약기간이 1개월 미만인 경우 또는 매일매일 고용되어 근로의 대가로 일급 또는 일당제 급여를 받고 근로하는 고용

노동시장

096 노동수요에 영향을 미치는 요인을 5가지 쓰시오.

점 수	5점 배점 문제로 출제됩니다.
문제해결 키워드	• 노동수요는 일정 기간 동안 기업에서 고용하고자 하는 노동의 양을 의미합니다. • '노동수요의 증가요인'은 '노동수요의 결정요인'과 다르지 않으므로, 함께 이해하시는 것이 효율적입니다.
기출데이터 ☆	2009년 1회 15번

>> 모범답안

① 노동의 가격(임금)
② 상품(서비스)에 대한 소비자의 수요
③ 다른 생산요소의 가격변화
④ 노동생산성의 변화
⑤ 생산기술의 진보

⊕ PLUS   **노동수요에 영향을 미치는 요인(노동수요의 결정요인)**

• **노동의 가격(임금)** : 임금이 상승하는 경우 노동수요는 감소하는 반면, 임금이 하락하는 경우 노동수요는 증가한다.

• **상품(서비스)에 대한 소비자의 수요** : 해당 노동을 이용하여 생산하는 상품(서비스)에 대한 수요가 클수록 유발수요인 노동수요는 증가한다.

• **다른 생산요소의 가격변화** : 다른 생산요소가 노동과 대체관계인 경우 다른 생산요소의 가격이 오르면 노동수요는 증가한다.

• **노동생산성의 변화** : 노동생산성이 높아질수록 생산물 한 단위를 만들어내는 데 소요되는 노동량은 감소한다.

• **생산기술의 진보** : 자본절약적인 생산기술의 진보는 노동수요를 증가시키는 경향이 있다.

097

완전경쟁시장에서 A제품을 생산하는 어떤 기업의 단기 생산함수가 다음과 같을 때, 이 기업의 이윤극대화를 위한 최적고용량을 도출하고 그 근거를 설명하시오(단, 생산물 단가는 100원, 단위당 임금은 150원).

노동투입량	0단위	1단위	2단위	3단위	4단위	5단위	6단위
총생산량	0개	2개	4개	7개	8.5개	9개	9개

점 수	4~5점 배점 문제로 출제됩니다.
문제해결 키워드	• 기업은 노동을 1단위 추가로 고용했을 때 얻게 되는 노동의 한계생산물가치와 기업이 노동자에게 지급하는 임금률이 같아질 때까지 고용량을 증가시킬 때 이윤을 극대화할 수 있습니다. → 기업의 이윤극대화 : 노동의 한계생산물가치 = 임금률 • 노동의 한계생산량(MP_L) = $\dfrac{\text{총 생산량의 증가분}(\triangle TP)}{\text{노동투입량의 증가분}(\triangle L)}$ • 노동의 한계생산물가치($VMP_L = P \times MP_L$) = 임금률(W) (단, P는 생산물가격, MP_L은 노동의 한계생산량)
기출데이터 ★★★	2024년 3회 17번, 2022년 1회 17번, 2018년 2회 17번, 2015년 3회 17번, 2013년 1회 16번, 2010년 4회 11번

>> 모범답안

노동의 한계생산물가치는 노동의 한계생산량에 생산물의 시장가격을, 즉 생산물 1개의 단가를 곱하여 계산한다. 주어진 조건에 따라 노동의 한계생산량과 한계생산물가치를 구하면 다음과 같다.

• 노동투입량 0단위의 경우 노동의 한계생산량은 0, 노동의 한계생산물가치는 100원 × 0 = 0원
• 노동투입량 1단위의 경우 노동의 한계생산량은 2(0개 → 2개), 노동의 한계생산물가치는 100원 × 2 = 200원
• 노동투입량 2단위의 경우 노동의 한계생산량은 2(2개 → 4개), 노동의 한계생산물가치는 100원 × 2 = 200원
• 노동투입량 3단위의 경우 노동의 한계생산량은 3(4개 → 7개), 노동의 한계생산물가치는 100원 × 3 = 300원
• 노동투입량 4단위의 경우 노동의 한계생산량은 1.5(7개 → 8.5개), 노동의 한계생산물가치는 100원 × 1.5=150원

이러한 과정을 표로 나타내면,

노동투입량	0단위	1단위	2단위	3단위	4단위	5단위	6단위
총생산량	0개	2개	4개	7개	8.5개	9개	9개
한계생산량	0	2	2	3	1.5	0.5	0
한계생산물가치(원)	0	200	200	300	150	50	0

이때 기업은 노동의 한계생산물가치와 임금률이 같아질 때 이윤극대화에 이르게 되므로, 두 가지 조건의 일치(150원)가 이루어지는 '4단위'가 최적고용량에 해당한다.

098

다음의 물음에 답하시오(계산식도 함께 작성하시오).

K제과점의 종업원 수와 하루 케이크 생산량은 다음과 같다.

종업원 수	0	1	2	3	4
케이크 생산량	0	10	18	23	27

(단, 케이크 가격은 10,000원)

(1) 종업원 수가 2명인 경우 노동의 한계생산은?

(2) 종업원 수가 3명인 경우 한계수입생산은?

(3) 종업원 1인당 임금이 80,000원일 때 이윤극대화가 이루어지는 제과점의 종업원 수와 케이크 생산량은?

점 수	6점 배점 문제로 출제됩니다.
문제해결 키워드	• 노동의 한계생산(량)은 노동의 투입이 한 단위 증가함으로써 얻어지는 총생산량의 증가분을 말합니다. • 노동의 한계수입생산(물)은 기업이 부가적 생산물을 판매하여 얻는 총수입의 변화, 즉 생산요소 한 단위를 더 투입함으로써 발생하는 한계수입의 변화분을 말합니다.
기출데이터 ★☆	2019년 3회 17번, 2016년 2회 17번, 2013년 3회 17번

>> 모범답안

(1) 종업원 수가 2명인 경우 노동의 한계생산은?

노동의 한계생산(노동의 한계생산량)은 노동의 투입이 한 단위 증가함으로써 얻어지는 총 생산량의 증가분을 말한다.

$$노동의\ 한계생산량 = \frac{총\ 생산량의\ 증가분}{노동투입량의\ 증가분}$$

여기서는 종업원 수가 1명에서 2명으로 늘어날 때 케이크 생산량이 10개에서 18개로 증가한 것과 관련되므로,

즉, 노동의 한계생산량 $= \dfrac{18 - 10}{2 - 1} = 8$ ∴ 8(개)

(2) 종업원 수가 3명인 경우 노동의 한계수입생산은?

노동의 한계수입생산(노동의 한계수입생산물)은 기업이 부가적 생산물을 판매하여 얻는 총수입의 변화, 즉 생산요소 한 단위를 더 투입함으로써 발생하는 한계수입의 변화분을 말한다.

$$노동의\ 한계수입생산물 = 노동의\ 한계생산량 \times 한계수입$$

완전경쟁시장의 경우 한계수입이 생산물가격과 같지만, 독과점시장의 경우 한계수입이 생산물가격보다 낮아지게 된다. 다만, 여기서는 K제과점이 독과점기업이라는 전제가 없으므로, 한계수입과 생산물가격을 같은 것으로 간주한다.

즉, 노동의 한계수입생산물 $= \dfrac{23 - 18}{3 - 2} \times 10,000 = 5 \times 10,000 = 50,000$ ∴ 50,000(원)

(3) 종업원 1인당 임금이 80,000원일 때 이윤극대화가 이루어지는 제과점의 종업원 수와 케이크 생산량은?

(2)번 해설에서와 같이 한계수입과 생산물가격을 같은 것으로 간주할 때 노동의 한계수입생산물은 곧 노동의 한계생산물가치로 볼 수 있다.

노동의 한계생산물가치 = 노동의 한계생산량 × 생산물가격

이윤의 극대화를 추구하는 기업은 노동을 1단위 추가로 고용했을 때 얻게 되는 노동의 한계생산물가치와 기업이 노동자에게 지급하는 한계비용으로서의 임금률이 같아질 때까지 고용량을 증가시키려고 할 것이다. 즉, 기업이 이윤을 극대화할 수 있는 조건은 다음과 같은 공식으로 나타낼 수 있다.

노동의 한계생산물가치 = 임금률

보기에 주어진 내용과 함께 앞선 (1), (2)의 계산식을 통해 K제과점의 단기 생산함수에 따른 노동의 한계생산량 및 한계생산물가치를 나타낼 수 있다.

종업원 수	0	1	2	3	4
케이크 생산량	0	10	18	23	27
한계생산량	0	10	8	5	4
한계생산물가치(원)	0	100,000	80,000	50,000	40,000

따라서 최적고용량은 노동의 한계생산물가치와 종업원 1인당 임금이 80,000원으로 같은 노동 2단위, 즉 종업원이 2명일 때이며, 이때 케이크 생산량은 18개이다.

⊕ PLUS   **이윤극대화**

다음은 완전경쟁시장에서 휴대용 의자를 생산하는 K사의 생산표이다(여기서 노동이 유일한 생산요소라고 가정함). 이 회사가 생산하는 휴대용 의자의 개당 가격이 2,000원이고, 근로자의 시간당 임금은 10,000원일 때, 다음 물음에 답하시오.(2021년 1회 17번, 2016년 1회 16번)

근로자 수(명)	0	1	2	3	4	5
시간당 생산량(개)	0	10	18	23	27	30

(1) 근로자 수가 5명일 때 노동의 평균생산량을 구하시오(단, 계산 과정을 제시하시오).

(2) K사가 이윤을 극대화하기 위해 고용해야 할 근로자 수와 노동의 한계생산량을 구하시오(단, 계산 과정을 제시하시오).

(1) 노동의 평균생산량$(AP_L) = \dfrac{\text{총 생산량}(TP)}{\text{노동투입량}(L)} \times \dfrac{30(\text{개})}{5(\text{명})} = 6(\text{개})$

(2) 노동의 한계생산물가치$(VMP_L = 2,000 \times 5 = 10,000) = $ 임금률$(W = 10,000)$

099

노동수요의 탄력성 및 노동공급의 탄력성을 산출하는 공식을 각각 쓰시오.

점 수	4점 배점 문제로 출제됩니다.
문제해결 키워드	• '노동수요의 탄력성'과 '노동공급의 탄력성'은 각각 '노동수요의 임금탄력성'과 '노동공급의 임금 탄력성'으로 부르는 것이 보다 정확한 표현입니다. 그 이유는 임금의 변화에 따른 노동수요 또는 노동공급의 변화를 나타내는 것이기 때문입니다. • 노동수요의 (임금)탄력성이나 노동공급의 (임금)탄력성 수치에는 '%' 기호를 붙이지 않습니다. '%' 기호를 붙일 경우 오답처리됩니다.
기출데이터 ★★	2023년 1회 17번, 2019년 3회 16번, 2014년 1회 5번, 2007년 1회 11번

>> 모범답안

① 노동수요의 (임금)탄력성(Wage Elasticity of Labor Demand)

$$노동수요의\ 탄력성 = \frac{노동수요량의\ 변화율(\%)}{임금의\ 변화율(\%)}$$

② 노동공급의 (임금)탄력성(Wage Elasticity of Labor Supply)

$$노동공급의\ 탄력성 = \frac{노동공급량의\ 변화율(\%)}{임금의\ 변화율(\%)}$$

⊕ PLUS

A회사는 임금이 10,000원에서 12,000원으로 증가할 때 고용량이 120명에서 108명으로 감소하였다. A회사의 노동 수요 임금탄력성을 계산하시오(단, 소수점 발생 시 반올림하여 소수 첫째 자리로 표현하며, 계산과정을 반드시 기재하시오).

• 노동수요량의 변화율(%) $= \dfrac{120-108}{120} \times 100 = 10(\%)$

• 임금의 변화율(%) $= \dfrac{12,000-10,000}{10,000} \times 100 = 20(\%)$

• 노동수요의 임금탄력성 $= \dfrac{10(\%)}{20(\%)} = 0.5$

∴ 0.5

어느 지역의 노동공급 상태를 조사해 본 결과 시간당 임금이 3,000원일 때 노동공급량은 '270'이었고, 임금이 5,000 원으로 상승했을 때 노동공급량은 '540'이었다. 이때 노동공급의 임금탄력성을 계산하시오(단, 소수점 발생 시 셋째 자리에서 반올림하며, 계산과정을 반드시 기재하시오).

• 노동공급량의 변화율(%) $= \dfrac{540-270}{270} \times 100 = 100(\%)$

• 임금의 변화율(%) $= \dfrac{5,000-3,000}{3,000} \times 100 ≒ 66.67(\%)$

• 노동공급의 임금탄력성 $= \dfrac{100(\%)}{66.67(\%)} ≒ 1.50$

∴ 1.50

100 노동수요의 탄력성에 영향을 미치는 요인을 3가지 쓰시오.

점 수	4~6점 배점 문제로 출제됩니다.

문제해결 키워드	• 노동수요의 (임금)탄력성에 영향을 미치는 요인에 대해서는 교재마다 약간씩 다르게 제시되어 있으나, 이는 사용하는 용어의 개념상 차이일 뿐 내용상 별다른 차이는 없습니다.
	• 노동수요의 (임금)탄력성은 절댓값 개념을 사용하며, 절댓값이 클수록 임금 변화에 대한 고용 변화의 정도가 큽니다.
	   – 노동수요의 (임금)탄력성 > 1 : 탄력적
	   – 노동수요의 (임금)탄력성 < 1 : 비탄력적

기출데이터 ★★★★	2021년 3회 17번, 2019년 2회 16번, 2016년 12회 18번, 2013년 2회 18번, 2009년 3회 6번, 2007년 3회 2번, 2006년 1회 1번, 2005년 1회 1번

>> 모범답안

① 생산물 수요의 탄력성
② 총생산비에 대한 노동비용의 비중
③ 노동의 대체가능성
④ 노동 이외의 생산요소의 공급탄력성

>> 유사문제유형

• 노동수요의 탄력성 결정요인을 4가지 쓰고, 설명하시오.
• 기업의 노동수요탄력성에 영향을 미치는 요인 4가지를 쓰시오.
• 노동수요의 탄력성에 대한 4가지 원리를 쓰시오.
• 노동수요의 탄력성 결정요인을 4가지 쓰시오.
• 노동수요의 탄력성을 산출하는 공식과 노동수요의 탄력성에 영향을 미치는 요인을 4가지 쓰시오.

⊕ PLUS

노동공급의 (임금)탄력성에 영향을 미치는 요인을 5가지만 쓰시오.
① 인구 수(생산가능인구의 크기)
② 노동조합의 결성과 교섭력의 정도
③ 여성취업기회의 창출 가능성 여부
④ 노동이동의 용이성 정도(유연성)
⑤ 파트타임 근무제도의 보급 정도

101

시간당 임금이 500원일 때 1,000명을 고용하던 기업에서 시간당 임금이 400원으로 감소하였을 때 1,100명을 고용할 경우, 이 기업의 노동수요 탄력성을 계산하시오(단, 소수점 발생 시 반올림하여 소수 첫째 자리로 표현).

점 수	3~5점 배점 문제로 출제됩니다.
문제해결 키워드	노동수요의 (임금)탄력성이나 노동공급의 (임금)탄력성 수치에는 '%' 기호를 붙이지 않습니다.
기출데이터 ★☆	2017년 1회 17번, 2012년 2회 3번, 2007년 3회 1번

>> 모범답안

• 노동수요의 (임금)탄력성 공식은 다음과 같다.

$$\text{노동수요의 (임금)탄력성} = \frac{\text{노동수요량의 변화율(\%)}}{\text{임금의 변화율(\%)}}$$

• 노동수요량의 변화율(%) $= \frac{1,100 - 1,000}{1,000} \times 100 = \frac{100}{1,000} \times 100 = 10(\%)$

• 임금의 변화율(%) $= \frac{500 - 400}{500} \times 100 = \frac{100}{500} \times 100 = 20(\%)$

• 노동수요의 (임금)탄력성 $= \frac{10(\%)}{20(\%)} = 0.5$

∴ 노동수요의 (임금)탄력성은 0.5이다.

⊕ PLUS

장 · 단기 노동수요의 임금탄력성과 관련하여 장기 노동수요가 단기 노동수요보다 더욱 탄력적인 이유에 대해 설명하시오.

노동의 다른 생산요소와의 대체가능성이 클수록 노동수요의 임금탄력성도 커지게 된다. 이와 같은 노동의 대체 가능성은 단기보다는 장기에 커질 수 있으므로, 장기 노동수요가 단기 노동수요보다 더욱 탄력적이라고 볼 수 있다.

102 노동공급을 결정하는 요인 4가지를 쓰고 설명하시오.

점 수	4~5점 배점 문제로 출제됩니다.
문제해결 키워드	• 노동공급은 일정기간 동안 노동자가 팔기를 원하는 노동의 양을 말합니다. • 임금변동에 따른 노동시간과 여가시간의 증감 정도는 소득효과와 대체효과의 크기에 따라 달라 집니다.
기출데이터 ★★☆	2018년 3회 14번, 2011년 1회 3번, 2011년 2회 18번, 2010년 1회 15번, 2008년 1회 13번

>> 모범답안

① 인구 또는 생산가능인구의 크기(인구 수) : 어떤 국민경제의 총인구 또는 생산가능인구가 증가할수록 노동공급도 증가하게 된다.

② 경제활동참가율 : 만 15세 이상의 생산가능인구에서 경제활동인구가 차지하는 비율을 말한다. 경제활동참가율이 높을수록 노동공급이 증가하게 된다.

③ 노동시간(노동공급시간) : 동일한 생산가능인구나 경제활동참가율을 가진 두 개의 국민경제에 있어서도 노동시간의 차이에 따라 공급되는 노동량은 달라진다. 노동시간이 증가할수록 노동공급도 증가한다.

④ 노동력의 질(노동인구의 교육정도) : 노동생산성을 결정하는 요소로서 노동자의 지식, 기술, 숙련도 등에 영향을 받는다. 교육, 훈련을 통해 많은 능력과 기술이 축적되어 있다면 다양한 분야로 진출할 수 있기 때문에 노동공급이 늘어날 수 있다.

⑤ 일에 대한 노력의 강도 : 노동자가 일에 대한 노력을 많이 기울일수록 노동공급도 증가한다.

>> 유사문제유형

• 노동공급의 결정요인 5가지*를 기술하시오.
• 노동공급에 영향을 미치는 결정요인 5가지를 기술하시오.
• 노동공급의 결정요인을 5가지만 쓰시오.

─────────────────────────────

★   모범답안에 다음 '임금지불방식' 또는 '동기부여와 사기'를 추가하여 답안을 작성할 수 있습니다.
    • 임금지불방식 : 직무가 개별 노동자들의 능력에 크게 의존하는 경우에는 개별성과급제도를, 기업 전체의 집단적인 생산성을 도모하기 위한 경우에는 집단성과급제도를 실시하여 노동공급의 증대효과를 도모한다.
    • 동기부여와 사기 : 종업원의 사기앙양과 회사에 대한 충성심을 고양시킴으로써 노동공급에 영향을 미친다.

➕ PLUS   **노동의 공급곡선**

일반적으로 소득—여가의 개념을 배제한 전통적인 노동공급곡선은 우상향한다.

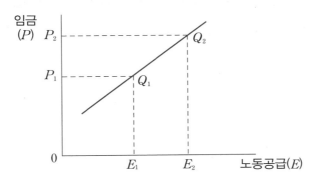

➕ PLUS

노동수요의 결정요인을 5가지 쓰시오.

① 노동의 가격(임금)

② 상품(서비스)에 대한 소비자의 수요

③ 다른 생산요소의 가격변화

④ 노동생산성의 변화

⑤ 생산기술의 진보

103 기혼여성의 경제활동참가율을 결정하는 요인 6가지와 그 상관관계를 설명하시오.

점 수	5~6점 배점 문제로 출제됩니다.
문제해결 키워드	'기혼여성의 경제활동참가율을 낮게 하는 요인', '기혼여성의 노동참가에 영향을 주는 요인', 'OECD국가 중 우리나라 기혼여성의 노동참가율에 영향을 주는 요인' 등 기존에 출제된 문제들은 말만 차이가 있지 사실 같은 내용을 묻고 있으므로 혼란스러워할 필요가 전혀 없습니다. 기혼여성의 경제활동참가율에 영향을 미치는 요인들 때문에 기혼여성의 경제활동참가율이 낮아지기도 하고, 높아지기도 하기 때문입니다.
기출데이터 ★★★★★	2023년 2회 17번, 2021년 1회 18번, 2018년 3회 16번, 2014년 2회 8번, 2012년 1회 6번, 2011년 3회 8번, 2010년 3회 1번, 2007년 1회 1번, 2005년 3회 3번, 2003년 1회 13번

>> 모범답안

① 법적 · 제도적 장치의 유무 : 육아 및 가사를 위한 법적 · 제도적 장치가 부족한 경우 기혼여성의 경제활동참가율은 감소한다.
② 시장임금의 증감 : 시장임금이 감소하는 경우 기혼여성의 경제활동참가율은 감소한다.
③ 남편(배우자) 소득의 증감 : 남편의 소득이 증가하는 경우 기혼여성의 경제활동참가율은 감소한다.
④ 자녀수의 증감 : 자녀수가 증가하는 경우 기혼여성의 경제활동참가율은 감소한다.
⑤ 가계 생산기술의 발달 여부 : 노동절약적 가계 생산기술이 낙후된 경우 기혼여성의 경제활동참가율은 감소한다.
⑥ 고용시장의 발달 여부 : 고용시장이 경직된 경우 기혼여성의 경제활동참가율은 감소한다.

>> 유사문제유형

• 기혼여성의 경제활동참가율을 결정하는 요인을 5가지 쓰시오.
• 기혼여성의 경제활동참가율을 높이는 요인을 7가지 쓰시오.
• 기혼여성의 경제활동참가율을 낮추는 요인을 6가지 쓰시오.
• 기혼여성의 경제활동참가율을 낮추는 요인을 7가지 쓰시오.
• 기혼여성의 노동참가에 영향을 주는 요인을 3가지 쓰고, 각각에 대해 간략히 설명하시오.

⊕ PLUS 기혼여성의 경제활동참가율에 변화를 미치는 요인

기혼여성의 경제활동참가율을 높이는 요인	기혼여성의 경제활동참가율을 낮추는 요인
• 법적 · 제도적 장치의 확충(육아 및 유아교육시설의 증설) • 시장임금의 상승 • 남편(배우자) 소득의 감소 • 자녀수의 감소(출산율 저하) • 가계생산기술의 향상(노동절약적 가계생산기술의 향상) • 고용시장의 유연화(시간제근무 또는 단시간근무 기회의 확대) • 여성의 높은 교육수준	• 법적 · 제도적 장치의 부족(육아 및 유아교육시설의 부족) • 시장임금의 감소 • 남편(배우자) 소득의 증가 • 자녀수의 증가(출산율 상승) • 가계생산기술의 낙후(노동절약적 가계생산기술의 낙후) • 고용시장의 경직(시간제근무 또는 단시간근무 기회의 축소) • 여성의 낮은 교육수준

104

여가와 소득의 선택 모형에서 여가의 대체효과와 소득효과의 의미를 쓰고, 여가가 열등재일 때 소득증대에 따른 노동공급의 변화를 설명하시오.

점 수	5~6점 배점 문제로 출제됩니다.
문제해결 키워드	기회비용은 특정한 선택을 하였기 때문에 포기한 나머지 선택의 가치를 말합니다. 기회비용이 발생하는 이유는 한정된 생산요소(노동, 자본 등)를 가지고 다양한 선택을 해야 하는 상황이 존재하기 때문입니다.
기출데이터 ★★☆	2019년 1회 16번, 2017년 1회 18번, 2012년 1회 16번, 2010년 4회 8번, 2009년 2회 4번

>> 모범답안

(1) 대체효과와 소득효과의 의미

① '대체효과'는 임금 상승으로 여가에 활용하는 시간이 상대적으로 비싸지게 됨으로써 근로자가 여가시간을 줄이는 동시에 노동시간을 늘리는 것이다.

② '소득효과'는 임금 상승으로 실질소득이 증가하여 근로자가 노동시간을 줄이는 동시에 여가시간과 소비재 구입을 늘리는 것이다.

(2) 여가가 열등재일 때 노동공급의 변화

① 여가가 정상재인 경우 노동공급곡선은 실질임금이 낮은 수준에서는 우상향하다가 임금이 일정한 수준을 넘어서면 후방으로 굴절한다.

② 여가가 열등재인 경우 노동공급곡선은 후방굴절하는 것이 아니라 임금수준과 무관하게 우상향한다.

>> 유사문제유형

• 여가가 열등재일 경우 노동공급곡선은 '우상향한다'[*1]라는 말이 참인지, 거짓인지를 쓰고 그 이유를 설명하시오.

• 임금상승률에 따라 노동공급곡선은 '우상향한다'[*2]라는 말이 참인지, 거짓인지, 불확실한지 판정하고, 여가와 소득의 선택모형에 의거하여 이유를 설명하시오.(2020년 2회 18번, 2016년 3회 8번)

• 회사원인 A씨는 복권에 당첨되어 100억원의 당첨금을 받게 되었다. A씨의 복권 당첨에 따른 노동공급과 여가선호의 변화를 대체효과와 소득효과를 사용하여 여가가 정상재인 경우와 여가가 열등재인 경우[*3]로 비교하여 설명하시오.(2017년 1회 18번)

[*1] ① 참 또는 거짓? 참

② 이유 : 열등재인 경우 대체효과가 소득효과를 압도하여 임금수준과 무관하게 노동공급이 증가하는 양상을 보이기 때문이다.

[*2] ① 참, 거짓 또는 불확실 판정? 불확실

② 이유 : 대체효과와 소득효과와의 관계, 여가를 정상재로 볼 것인지 열등재로 볼 것인지에 따라 노동공급에 미치는 영향이 다르므로, 임금률이 상승함에 따라 노동공급곡선이 우상향한다고 단정지을 수 없다.

[*3] ① 여가가 정상재인 경우 : 대체효과에 의해 여가소비를 줄이고 노동공급을 늘릴 수도, 소득효과에 의해 노동공급을 줄이고 여가소비를 늘릴 수도 있다. 다만, A씨의 경우 복권당첨으로 인한 비노동소득의 증가로 소득효과만 있으므로, 노동공급을 줄이고 여가소비를 늘릴 것이다.

② 여가가 열등재인 경우 : 대체효과가 소득효과를 압도하므로 비노동소득에 의한 실질소득의 증가에도 불구하고 여가소비를 줄이고 노동공급을 늘릴 것이다.

노동공급곡선은 실질임금이 낮은 수준에서는 우상향하다가 임금이 일정한 수준을 넘어서면 후방으로 굴절하는 형태를 띠게 되는데, 이를 '후방굴절 노동공급곡선'이라고 한다.

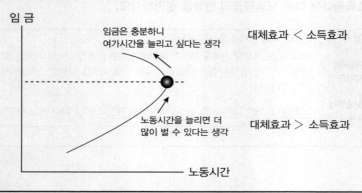

105 내부노동시장의 형성요인을 3가지 쓰고, 각각에 대해 간략히 설명하시오.

점 수	5~6점 배점 문제로 출제됩니다.
문제해결 키워드	• 내부노동시장은 기업 내의 규칙이나 관리가 노동시장의 기능을 대신함으로써 노동시장 기능이 기업 내로 옮겨진 현상을 의미합니다. • 노동자의 배치, 훈련, 승진 등이 기업 내의 규칙에 의해 이루어지며, 노동자로서의 기능은 해당 기업에 국한되어 통용됩니다.
기출데이터 ★★★★	2023년 2회 18번, 2022년 3회 17번, 2018년 1회 18번, 2016년 2회 16번, 2015년 2회 6번, 2010년 3회 16번, 2009년 3회 7번, 2008년 3회 2번

>> 모범답안

① 숙련의 특수성 : 기업 특수적 숙련을 유지하기 위해 내부노동력을 특별히 유지할 필요가 있다.
② 현장훈련 : 실제 직무수행에 이용되는 기술 및 숙련이 전임자에게서 후임자에게로 개인전수된다.
③ 기업 내의 관습 : 관습은 고용의 안정성에서 형성된 것으로, 고용의 안정성은 사용자나 근로자 양측에 모두 중요하다.

>> 유사문제유형

• 내부노동시장의 형성요인과 장점[*1]을 각각 3가지씩 쓰시오.(2016년 2회 16번)
• 내부노동시장의 단점[*2]을 5가지 쓰시오.

[*1] ① 우수한 인적자본의 확보 및 유지
    ② 승진 또는 배치전환을 통한 동기유발 효과
    ③ 고임금 및 장기고용 유지를 위한 지불능력 보유

[*2] ① 인력의 경직성
    ② 관리비용의 증가
    ③ 높은 노동비용
    ④ 핵심역량에 대한 집중 곤란
    ⑤ 공정성 규범으로 인한 보상차등화의 곤란
    ⑥ 급격한 기술변화로 인한 재훈련비용의 증대
    ⑦ 노동조합과 정규직 근로자에 대한 의존성 증대

⊕ PLUS

도린거와 피오르(Doeringer & Piore)는 내부노동시장의 형성요인으로 숙련의 특수성(Skill Specificity)을 제시하였다. 숙련의 특수성을 구성하는 2가지 측면을 쓰고, 각각에 대해 간략히 설명하시오.
① 직무의 특수성(Job Specificity) : 어떤 직무를 행함에 있어서 작업팀의 협조적 요소가 필요하다든지, 어떤 작업장에서 환경에 친숙해진다든지 등 직무와 관련된 특수성을 말한다.
② 기술의 특수성(Technology Specificity) : 어떤 작업장에서 기계나 장비를 다룸에 있어서나, 어떤 특정의 장소에서 원료의 종류, 생산기간, 제조환경 등 생산에 관련된 모든 활동에 있어서 요구되는 기술적인 특수성을 말한다.

106 노동시장의 분석이론 중 내부노동시장이론, 이중노동시장이론, 인적자본이론의 의미를 간략히 설명하시오.

점 수	6점 배점 문제로 출제됩니다.
문제해결 키워드	• 내부노동시장이론은 노동시장을 '내부노동시장'과 '외부노동시장'의 관점에서 기술하는 반면, 이중노동시장이론은 노동시장을 '1차 노동시장'과 '2차 노동시장'의 관점에서 기술합니다. • 내부노동시장에 관한 이론은 미국의 노동경제학자인 던롭(Dunlop)과 커(Kerr)에게서 비롯됩니다. 그들은 대기업과 노동조합의 성장에 따라 내부노동시장이 형성·발전되는 현상에 주목하였습니다. 이후 도린거와 피오르(Doeringer & Piore)가 그들의 연구를 확대·발전시켜 이를 보다 구체화하였습니다.
기출데이터 ★☆	2020년 2회 16번, 2011년 1회 2번, 2009년 1회 14번

▶▶ 모범답안

① 내부노동시장이론 : 기업 내의 규칙이나 관리가 노동시장의 기능을 대신함으로써 노동시장 기능이 기업 내로 옮겨진 현상을 말한다.
② 이중노동시장이론 : 노동시장이 1차 노동시장과 2차 노동시장으로 구분되며, 양 시장이 서로 독립적이고 임금 및 고용의 구조에도 차이를 보인다는 것이다.
③ 인적자본이론 : 노동자들 간에 서로 다른 생산성을 나타내는 이유를 밝히며, 인적자본의 효율적인 투자에 의한 생산성 향상을 강조한다.

▶▶ 유사문제유형

이중노동시장에서 1차 노동시장의 직무 혹은 소속 근로자들이 가지는 특징*을 5가지 쓰시오.(2019년 1회 17번)

★   ① 고임금, ② 고용의 안정성, ③ 승진 및 승급 기회의 평등(공평성), ④ 양호한 근로조건, ⑤ 합리적인 노무관리

⊕ PLUS   노동시장의 분석이론

내부노동시장이론	• 기업 내의 규칙이나 관리가 노동시장의 기능을 대신함으로써 노동시장 기능이 기업 내로 옮겨진 현상을 말한다. • 내부노동시장에서는 고용과 임금이 분리되어 결정되는데, 여기서 임금은 상하한의 범위 내에서 노동통제, 협상력, 관습 등 사회학적 요인에 의해 결정된다. 따라서 외부시장과의 사이에서 임금격차가 발생하게 되며, 그로 인해 소득불평등이 유발될 가능성이 높다.
이중노동시장이론	• 노동시장이 1차 노동시장과 2차 노동시장으로 구분되며, 양 시장이 서로 독립적이고 임금 및 고용의 구조에도 차이를 보인다는 것이다. • 1차 노동시장은 상대적으로 고임금, 2차 노동시장은 상대적으로 저임금에 해당한다.
인적자본이론	• 인적자본의 투입량과 생산성 사이에 정비례 관계가 있다고 주장하며, 근로자의 임금이 그의 타고난 노동력과 그에 대한 인적자본투자량에 의해서 결정된다고 본다. • 노동자들 간에 서로 다른 생산성을 나타내는 이유를 밝히며, 인적자본의 효율적인 투자에 의한 생산성 향상을 강조한다.

107 교육의 사적 수익률이 사회적 수익률보다 낮을 경우 정부의 개입방법을 쓰시오.

점 수	6점 배점 문제로 출제됩니다.
문제해결 키워드	교육의 사적 수익률은 개인이 교육에 투자한 비용 대 소득의 비율을 의미하고, 사회적 수익률은 정부가 교육에 투자한 비용 대 생산성을 나타냅니다.
기출데이터 ★	2010년 3회 15번, 2004년 3회 2번

>> 모범답안

교육의 사적 수익률이 사회적 수익률보다 낮을 경우 개인이 교육을 통해 얻는 이익은 상대적으로 적다. 따라서 정부는 연구개발에 대한 투자 장려, 교육투자 비용에 대한 세제혜택, 평생교육 및 평생직업능력 개발체제 구축 등 인적자본에 대한 투자정책을 확대함으로써 교육을 통한 사적 수익의 기대감을 높일 필요가 있다.

>> 유사문제유형

교육의 사적 수익률이 사회적 수익률보다 낮을 때 정부의 인적자본투자의 방향*을 설명하시오.

....

★
- 연구개발에의 투자 장려
- 교육투자 비용에 대한 세제혜택
- 학습휴가제의 지원 및 권장
- 효율적인 직업알선체제 구축
- 평생교육 및 평생직업능력 개발체제 구축
- 교육시설에 대한 교육비 보조 및 연구개발보조금 지급
- 공교육의 내실화와 사교육비 지출 감소를 위한 입시제도 개선 등

108 최저임금제의 기대효과(장점)를 4가지 쓰시오.

점 수	5~6점 배점 문제로 출제됩니다.
문제해결 키워드	• 최저임금제는 국가가 근로자의 보호를 위해 법적 강제력으로 임금의 최저한도를 정한 제도입니다. • 우리나라는 헌법 제32조 제1항에서 "국가는 법률이 정하는 바에 의하여 최저임금제를 시행하여야 한다"고 규정하고 있습니다.
기출데이터 ★★★★☆	2022년 1회 18번, 2021년 2회 17번, 2018년 2회 18번, 2018년 3회 17번, 2016년 3회 14번, 2015년 2회 11번, 2011년 3회 1번, 2007년 1회 18번, 2004년 3회 8번

>> 모범답안

① 소득분배의 개선 : 지나친 저임금, 산업·직종 간의 임금격차를 개선한다.
② 노동력의 질적 향상 : 생활의 전반적인 개선과 근로의욕 향상으로 인해 노동생산성이 증대된다.
③ 기업의 근대화 촉진 : 저임금에 의존하는 기업에 충격을 주어 경영합리화 및 효율화를 촉진한다.
④ 공정경쟁의 확보 : 저임금에 의존한 값싼 제품의 제조·판매로 공정거래 질서를 해하는 기업을 정리한다.
⑤ 산업평화의 유지 : 노사분규를 방지하고 노사관계를 안정시킨다.
⑥ 경기 활성화 : 소득증대로 한계생산성이 높은 유효수요의 확보가 가능해진다.

>> 유사문제유형

• 최저임금제의 긍정적 효과(기대효과)를 3가지 쓰시오.
• 최저임금제의 기대효과(장점)를 3가지 쓰시오.
• 최저임금제의 기대효과 5가지를 쓰시오.
• 최저임금제의 기대효과(긍정적 효과)를 5가지 쓰시오.
• 최저임금제의 기대효과(장점)를 6가지 쓰시오.
• 최저임금제의 기대효과 6가지를 쓰고 설명하시오.
• 최저임금제의 기대효과 7가지*를 쓰시오.

....

★ 모범답안에 '복지국가의 실현 : 최저임금제의 실시는 근대 복지국가의 사회복지제도의 기초가 된다'를 추가하여 답안으로 작성합니다.

⊕ PLUS 최저임금제 도입으로 인해 발생할 수 있는 부정적 효과

• 고용 감소 및 실업 증가
• 노동시장 내에서의 차별
• 지역 및 업종 간 경제활동 배분의 왜곡, 전체적인 생산량 감소
• 소득분배의 역진적 효과
• 노동력의 질적 저하 및 생산성 저하

109 임금의 하방경직성의 의미를 설명하고, 임금의 하방경직성이 되는 이유 5가지를 쓰시오.

점 수	6~7점 배점 문제로 출제됩니다.
문제해결 키워드	임금의 하방경직성은 경제여건이 변해도 한 번 오른 임금이 낮아지지 않고 계속 유지하려는 성질을 의미합니다.
기출데이터 ★★★★★	2024년 3회 18번, 2023년 1회 18번, 2020년 3회 18번, 2018년 2회 19번, 2017년 3회 17번, 2012년 3회 13번, 2011년 3회 7번, 2010년 2회 6번, 2009년 1회 13번, 2004년 1회 5번

>> 모범답안

(1) 임금의 하방경직성의 의미

　한 번 오른 임금이 경제여건의 변화에도 불구하고 떨어지지 않은 채 그 수준을 유지하려는 경향

(2) 하방경직의 이유

① 화폐환상
② 장기 근로(노동)계약
③ 강력한 노동조합의 존재
④ 노동자의 역선택 발생 가능성
⑤ 최저임금제의 실시

>> 유사문제유형

· 임금의 하방경직성에 대해 설명하고, 임금의 하방경직성이 되는 이유 4가지를 쓰시오.

· 임금의 하방경직성에 대해 설명하고, 임금의 하방경직성이 되는 이유를 쓰시오.

· 임금의 하방경직성의 의미와 이에 영향을 미칠 수 있는 요인에 대해 쓰시오.

110 부가급여의 의미를 설명하고, 사용자와 근로자가 선호하는 이유를 각각 2가지 쓰시오.

점 수	6~7점 배점 문제로 출제됩니다.
문제해결 키워드	• 부가급여는 사용자가 종업원에게 개별적 또는 단체적으로 지급하는 경상화폐임금 이외의 현물 보상, 연기된 보상 등을 의미합니다. • 경상화폐임금과 부가급여의 합은 기업차원에서 노동자의 보수가 됩니다.
기출데이터 ★★★	2018년 1회 16번, 2015년 3회 14번, 2014년 1회 1번, 2011년 1회 15번, 2010년 1회 2번, 2004년 3회 4번

>> 모범답안

(1) 부가급여의 의미

　사용자가 근로자에게 지급하는 경상화폐임금 이외의 현물보상, 연기된 보상 등으로서 사업주 부담의 퇴직연금 적립금, 사회보험료 부담금, 교육훈련비 등이 있다.

(2) 부가급여의 선호 이유

　① 사용자 : 근로자의 장기근속 유도 및 생산성 향상, 조세나 보험료의 부담 감소
　② 근로자 : 근로소득세 부담 감소, 연기된 보상의 조세상 혜택

>> 유사문제유형

• 부가급여의 의미를 예를 들어 설명하고, 사용자가 부가급여를 선호하는 이유를 4가지 쓰시오.
• 부가급여의 의미와 종류를 설명하고, 사용자가 부가급여를 선호하는 이유 4가지[*]를 제시하시오.

---

[*]　① 정부의 임금규제 강화에 대한 회피수단
　　② 양질의 근로자 혹은 사용자가 선호하는 근로자 채용
　　③ 근로자의 장기근속 유도 및 생산성 향상
　　④ 조세나 보험료의 부담 감소

⊕ PLUS

임금은 정액급여, 초과급여, 특별급여로 구성된다. 이 3가지 급여를 각각 구분하여 설명하시오.

① 정액급여 : 근로계약, 단체협약 또는 취업규칙 등으로 소정근로시간에 대하여 미리 정한 기본급과 통상적 수당, 기타 수당(연차수당 포함)으로 지급한 총액
② 초과급여 : 근로기준법에 따라 연장 · 휴일 · 야간근로에 대한 수당으로 지급한 총액
③ 특별급여 : 상여금, 성과금, 임금인상 소급분, 학자금(대출금 제외) 등 정기 또는 비정기적으로 지급한 총액

111

보상적 임금격차의 발생원인을 3가지만 쓰고 설명하시오.

점 수	4~6점 배점 문제로 출제됩니다.
문제해결 키워드	• 꾸준히 많이 출제되는 부분이므로, 꼭 암기하도록 합니다. • 산업 · 직종 · 학력 · 성별 임금격차가 발생하는 원인을 PLUS에서 확인하고, 학습하는 것이 효과적입니다.
기출데이터 ★★★	2016년 1회 17번, 2013년 3회 3번, 2011년 1회 5번, 2010년 4회 5번, 2005년 1회 7번, 2002년 1회 9번

>> 모범답안

① **고용의 안정성 여부(금전적 위험)** : 고용이 불안정한 직업의 종사자에게는 보다 높은 임금을 지불해 주어야 한다.
② **작업의 쾌적함 정도(비금전적 차이)** : 작업내용이 위험하고 작업환경이 열악한 직업의 종사자에게는 보다 높은 임금을 지불해 주어야 한다.
③ **교육훈련비용의 여부(교육훈련의 차이)** : 교육 및 훈련비용이 들어가는 직업의 종사자에게는 보다 높은 임금을 지불해 주어야 한다.
④ **책임의 정도** : 막중한 책임이 동반되는 직업의 종사자에게는 보다 높은 임금을 지불해 주어야 한다.
⑤ **성공 또는 실패의 가능성** : 장래가 불확실한 직업의 종사자에게는 보다 높은 임금을 지불해 주어야 한다.

>> 유사문제유형

• 보상적 임금격차가 발생하는 원인 3가지를 쓰시오.
• 보상적 임금격차의 의미*와 원인을 쓰시오.

★   아담 스미스(A. Smith)는 노동조건 · 소득안정성 · 직업훈련비용의 차이 등 각종 직업상의 비금전적 불이익을 견디는 데 필요한 정도의 임금 프리미엄을 '보상적(균등화) 임금격차'라고 하였다.

⊕ PLUS   임금격차가 발생하는 원인

• **산업별 임금격차가 발생하는 원인(2022년 3회 18번, 2019년 3회 18번, 2013년 1회 8번)** : 산업 간 노동생산성의 차이, 노동조합의 존재, 산업별 집중도의 차이, 단기적 노동공급의 비탄력성 등
• **직종별 임금격차가 발생하는 원인** : 보상적 임금격차, 과도적 임금격차, 비경쟁집단의 존재 등
• **학력별 임금격차가 발생하는 원인** : 노동시장의 학력별 분단 구조, 학력 간 노동공급사정의 차이, 학력의 선별 장치로서의 기능, 학력 간 임금격차의 전통적 관념, 승급 · 승진과 관련된 노무관리상의 차별 등
• **성별 임금격차가 발생하는 원인** : 학력 · 연령 · 경력 등의 차이에 따른 노동생산성의 차이, 남녀 간 차별대우의 전통적 의식 또는 사회적 편견 등
• **기업규모별 임금격차가 발생하는 원인** : 1인당 부가가치생산성의 차이, 생산물시장에서 독과점력의 차이, 노동조합 조직률의 차이, 우수노동력의 확보 가능성, 자본 · 기술의 우위 등

112 생산성 임금제에 의하면 명목임금의 상승률을 결정할 때 부가가치 노동생산성 상승률과 일치시키는 것이 적정하다고 하였다. 어떤 기업의 2010년 근로자 수가 40명, 생산량이 100개, 생산물단가는 10원, 자본비용이 150원이었으나, 2011년에는 근로자 수는 50명, 생산량은 120개, 생산물단가는 12원, 자본비용은 200원으로 올랐다고 가정하자. 생산성 임금제에 근거할 때 이 기업의 2011년 적정임금상승률을 계산하시오(단, 소수점 발생 시 반올림하여 소수 첫째 자리로 표현하시오).

점 수	6점 배점 문제로 출제됩니다.
문제해결 키워드	• 생산성 임금제는 각 근로자가 상품생산에 기여한 공헌도를 토대로 임금을 결정하는 방식입니다. • 이 문제에서는 자본이 아닌 노동이 기여한 부분에 대해 임금으로써 근로자에게 배분하는 부가가치 노동생산성에 관한 것이므로, 자본비용은 고려하지 않습니다.
기출데이터 ★★	2020년 4회 18번, 2014년 3회 8번, 2012년 1회 14번, 2009년 1회 8번

>> 모범답안

• 적정임금변화율(상승률) ≤ 근로자 1인당 부가가치 노동생산성 변화율(상승률)

• 부가가치 노동생산성 $= \dfrac{\text{부가가치}}{\text{노동투입량}}$

• 부가가치 노동생산성 변화율(%) $= \left(\dfrac{\text{당해 근로자 1인당 부가가치 노동생산성}}{\text{이전 해 근로자 1인당 부가가치 노동생산성}} - 1 \right) \times 100$

① 2010년 근로자 1인당 부가가치 노동생산성
  • 근로자 수 : 40명   • 생산량 : 100개
  • 생산물단가 : 10원   • 자본비용 : 150원

  ∴ 2010년 부가가치 노동생산성 $= \dfrac{100 \times 10}{40} = 25(\text{원})$

② 2011년 근로자 1인당 부가가치 노동생산성
  • 근로자 수 : 50명   • 생산량 : 120개
  • 생산물단가 : 12원   • 자본비용 : 200원

  ∴ 2011년 부가가치 노동생산성 $= \dfrac{120 \times 12}{50} = 28.8(\text{원})$

다만, 여기서는 순수한 부가가치 노동생산성만을 구하므로, 기업이 특정한 자본을 조달하는 대가로 부담하게 되는 자본비용은 고려하지 않는다.

③ 2010년에서 2011년에 이르는 부가가치 노동생산성 변화율

부가가치 노동생산성 변화율(%) $= \left(\dfrac{28.8}{25} - 1 \right) \times 100 = 15.2(\%)$

결과적으로 생산성 임금제에 의해 적정임금상승률을 부가가치 노동생산성 변화율과 결부시키고 있으므로, 적정임금상승률은 부가가치 노동생산성 변화율인 15.2%에 해당한다.

113

실업의 유형 중 경기적 실업, 마찰적 실업, 구조적 실업에 대하여 각각 설명하시오.

점수	• 5~6점 배점 문제로 출제됩니다. • 경기적 실업, 마찰적 실업, 구조적 실업의 의미를 설명하라는 문제가 주로 출제되며, 이때 답안 하나당 2점이 배점됩니다.
문제해결 키워드	**실업의 구분** • 수요부족실업 : 총수요 부족에 따른 노동력 수요의 감소에서 비롯됨(**예** 경기적 실업) • 비수요부족실업 : 그 원인이 총수요의 부족에서라기보다는 노동시장의 불균형이나 마찰 등에 의해 비롯됨(**예** 마찰적 실업, 구조적 실업)
기출데이터 ★★☆	2024년 2회 17번, 2015년 2회 16번, 2009년 3회 8번, 2007년 3회 14번, 2001년 3회 8번

≫ 모범답안

① **경기적 실업** : 불경기시에 나타나는 실업으로서, 생산물시장에서의 총수요감소가 노동시장에서 노동의 총수요감소로 이어지면서 발생한다.
② **마찰적 실업** : 신규 또는 전직자가 노동시장에 진입하는 과정에서 직업정보의 부족으로 인해 일시적으로 발생한다.
③ **구조적 실업** : 경제구조 자체의 변화 또는 지역(산업) 간 노동력 수급의 불균형현상에 의해 발생한다.

≫ 유사문제유형

실업의 유형 중 마찰적 실업과 구조적 실업의 원인과 대책*을 쓰시오.(2018년 1회 17번, 2013년 3회 16번)

★ **경기적 실업, 마찰적 실업, 구조적 실업의 대책**

경기적 실업의 대책	마찰적 실업의 대책	구조적 실업의 대책
• 재정금융정책을 통한 총수요 증대 정책(유효수요의 확대) • 세율 인하 등의 경기활성화 정책 • 공공사업 등의 고용창출사업 확대 • 교대근무, 연장근무, 휴일근무 등 근무제도 변경방법 등	• 구인 · 구직에 대한 전국적인 전산망 연결 • 구인 · 구직 정보시스템의 효율성 제고 • 직업안내 및 직업상담 등 직업알선기관의 활성화 • 고용실태 및 전망에 대한 자료제공 • 기업의 퇴직예고제 • 구직자 세일즈 등	• 산업구조 변화예측에 따른 인력수급정책 • 노동자의 전직과 관련된 재훈련(교육훈련프로그램 또는 직업전환훈련프로그램) • 지역 간 이동을 촉진시키는 지역이주금 보조 • 인접지역 및 타 지역의 일자리정보 제공 • 미래의 각 부문별 노동력 수급의 예측 등

114 던롭(Dunlop)이 제시한 노사관계를 규제하는 3가지 여건을 쓰고, 각각에 대해 설명하시오.

점 수	5~6점 배점문제로 출제됩니다.
문제해결 키워드	던롭은 노사관계를 구성하는 주체들이 노사관계를 규제하는 여건들에 직접·간접적으로 영향을 받으면서 행동을 하게 된다고 주장하면서, 노사관계의 3가지 주체와 노사관계를 규제하는 3가지 여건을 제시하였습니다.
기출데이터 ★	2024년 2회 18번, 2016년 3회 16번

>> 모범답안

① 기술적 특성 : 주로 생산현장에서의 근로자의 질이나 양, 생산과정 및 생산방법 등이 노사관계에 영향을 미친다.
② 시장 또는 예산제약 : 제품시장의 형태와 기업을 경영하는 조건으로서 비용·이윤 등이 노사관계에 영향을 미친다.
③ 각 주체의 세력관계 : 노사관계를 포함하여 더욱 광범위한 사회 내 주체들의 세력관계가 노사관계에 영향을 미친다.

⊕ PLUS

'노사관계이론' 영역은 기존 직업상담사 2급 출제기준에서 '4과목 노동시장론'의 주요 항목에 포함되어 있었으나, 2025년부터 적용되는 변경된 출제기준에서 공식적으로 제외되었습니다. 다만, 그와 같은 출제기준 변경에도 불구하고 기존 기출문제를 재출제하는 과정에서 더 이상 유효하지 않은 출제영역의 문항을 다시 등장시킬 가능성을 완전히 배제할 수 없으므로, 2024년 기출문제는 수록하였습니다. '모범답안'을 암기해 두시기 바랍니다.

요컨대, 이 문제는 던롭(Dunlop)의 시스템이론에 관한 것으로, 던롭은 노사관계를 구성하는 주체들이 노사관계를 규제하는 여건들에 직접·간접적으로 영향을 받으면서 행동을 하게 된다고 주장하면서, 다음과 같이 노사관계의 3가지 주체와 노사관계를 규제하는 3가지 여건을 제시하였습니다.

노사관계의 3가지 주체	• 노동자(근로자) 및 노동조합 • 사용자 및 사용자단체 • 노사문제관련 정부기구
노사관계를 규제하는 3가지 여건	• 기술적 특성 • 시장 또는 예산제약 • 각 주체의 세력관계

부록편

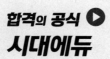

부 록　직업상담사례형 출제예상문제

001

다음 보기의 사례는 생애진로사정의 구조 중 '전형적인 하루'의 면담 예이다. 사례의 내용을 읽고 물음에 답하시오.

6점

> **상담자** : 선생님이 하루 동안 무엇을 했는지, 일상적으로 보내는 하루에 대해 잠시 생각해 보세요. 예를 들어, 아침에 일어날 때 알람시계 때문에 잠에서 깼는지, 다른 누군가가 깨워줬는지, 아니면 <u>스스로 일어났는지요?</u>
>
> **내담자** : 스스로 일어났어요. 전날 밤 샤워를 해서 오늘 아침에는 출근 준비를 위해 간단히 세수를 하고 화장을 한 후 옷을 입고 아침을 챙겨먹었죠. 아침에는 늘 빵과 우유를 먹는데요, 위 궤양이 있어서 우유를 많이 마시는 편이에요. 그리고 전화가 와서 통화를 했어요.
>
> **상담자** : 누가 전화를 했나요?
>
> **내담자** : 직장동료 중 한 사람이요.
>
> **상담자** : 만약 아침에 일어나서 딱히 할 일이 없다고 가정한다면, 과연 무슨 일을 할까요?
>
> **내담자** : 무엇을 할 거냐고요? 글쎄요… 그냥 간단히 식사를 하고 TV를 보겠죠.
>
> **상담자** : 평소 TV 보는 것을 좋아하나요?
>
> **내담자** : 그럼요.
>
> **상담자** : 주로 어떤 프로그램을 좋아하죠?
>
> **내담자** : 저는 드라마를 좋아해요. 드라마 3개를 한 주도 빼놓지 않고 챙겨보고 있지요.
>
> **상담자** : 드라마에서 무엇을 좋아하나요?
>
> **내담자** : 우선 스토리 자체를 좋아하고요. 그리고 무슨 일이 일어날지에 대한 긴장감을 즐기죠. 특히 요즘 한 드라마를 재방송까지 보고 있는데요, 대기업 회장의 사주를 받은 납치범이 아이의 엄마를 찾아가서 아이의 엄마를 비롯해서 아이의 출생의 비밀을 알고 있는 사람들을 모조리 해치려고 하죠.
>
> **상담자** : 선생님은 그 드라마에 빠져들 수 있나요? 마치 자신에게도 어떤 일이 일어나고 있다는 생각이 들기도 하나요?
>
> **내담자** : 예, 드라마에 너무 열중한 나머지 발을 구르면서 '멈춰!'라고 소리를 지르기도 해요. 생각해 보세요. 범인이 칼을 들고 문 뒤에 숨어있는데 조마조마하지 않겠어요? 경찰에 신고하고 싶어질 겁니다.

(1) 전형적인 하루의 탐색 목적을 기술하시오.

(2) 전형적인 하루에서 검토되어야 할 성격차원을 2가지 쓰시오.

(3) 위의 면담 장면에서 내담자의 성격차원의 특성을 간략히 기술하시오.

(1) 전형적인 하루의 탐색 목적을 기술하시오.
개인이 자신의 생활을 어떻게 조직하는지를 발견한다.

(2) 전형적인 하루에서 검토되어야 할 성격차원을 2가지 쓰시오.
① 의존적–독립적 차원
② 자발적–체계적 차원

(3) 위의 면담 장면에서 내담자의 성격차원의 특성을 간략히 기술하시오.
① 의존적–독립적 차원은 다른 사람에 대한 의존 정도, 의사결정에 있어서 타인의 영향력 정도를 반영한다. 또한 자발적–체계적 차원은 자신의 생활을 체계적으로 조직하는지 아니면 매일 자발적으로 반응하는지를 반영한다.
② 면담 장면에서 내담자는 아침에 스스로 일어나서 출근 준비를 위해 매일 아침 안정된 일상행동을 반복하고 있으며, 그 밖의 다른 일은 계획하고 있지 않다. 이는 내담자가 책임 있고 체계적인 성향을 가지고 있으나, 회사 생활 이외에 자신의 생활을 창의적으로 영위하지 못하는 것으로 미루어 볼 때 어느 정도 의존적이고 수동적인 성향을 가진 것으로 볼 수 있다.
③ 내담자는 TV 드라마를 통해 자신의 사회적 흥미를 표출하고 있는데, 이는 즉각적인 환경에서 즐거움을 찾는 성향을 나타내는 것으로 볼 수 있다. 특히 내담자가 TV 드라마 속 이야기에 열중하는 것은 자기 자신을 타인과 쉽게 관련지으면서 동일시하는 성향에서 비롯된 것으로 볼 수 있는데, 이는 내담자가 수동적인 입장에서 누군가에 의해 조정을 당함으로써 사회관계 문제에 빠질 수 있음을 시사한다.

이렇게 외우세요

(1) 전형적인 하루의 탐색 목적
개인이 자신의 생활을 어떻게 조직하는지를 발견한다.

(2) 전형적인 하루에서 검토되어야 할 성격차원 2가지
의존적–독립적 차원, 자발적–체계적 차원

(3) 내담자의 성격차원의 특성
창의적이지 못한 반복적 일상수행은 체계적이고 의존적인 성향을 반영한다.

002

다음 보기의 사례를 읽고 물음에 답하시오.　　　　　　　6점

> 구직 활동 중인 최모 씨는 몇 차례 취업 기회에도 불구하고 취업 면접에서 지나친 불안으로 인해 실패를 거듭해 왔다. 상담자는 면접상황에서 내담자인 최모 씨의 불안을 완화시키지 않고서는 취업에 이르지 못할 것이라 판단하게 되었다.

면접상황에서 불안을 경험하는 최모 씨에게 체계적 둔감화를 사용하여 상담하는 절차를 설명하시오.

(2021년 1회 3번, 2017년 3회 3번, 2016년 2회 7번, 2015년 1회 2번, 2013년 2회 8번, 2010년 3회 13번, 2008년 1회 8번, 2008년 3회 15번, 2005년 1회 5번, 2004년 3회 9번, 2000년 3회 5번)

① 제1단계 - 근육이완훈련(Relaxation Training)
- 근육이완 상태에서는 불안이 일어나지 않는다는 원리를 토대로 한다.
- 상담자(치료자)는 수 회에 걸쳐 내담자가 근육의 긴장을 이완할 수 있도록 훈련시킨다.

② 제2단계 - 불안위계목록 작성(Creating an Anxiety Hierarchy)
- 상담자는 내담자가 가지고 있는 불안과 공포에 대한 구체적인 정보와 함께 각각의 증상과 관련된 행동들을 파악한다.
- 불안과 공포를 일으키는 유발상황에 대한 위계목록은 대략 10~20개 정도로 작성한다.

③ 제3단계 - 불안위계목록에 따른 둔감화 또는 실제적 둔감화 실행(Actual Desensitization)
- 상담자는 역조건형성을 통해 내담자로 하여금 이완상태에서 불안을 유발하는 상황을 상상하도록 유도한다.
- 불안을 유발하는 상황을 상상하는 순서는 위협을 가장 적게 느끼는 상황에서부터 시작하여 가장 위협적인 상황으로 옮겨가는 것이 바람직하다.
- 이 과정은 불안유발자극과 불안반응의 관계가 완전히 소거될 때까지 반복적으로 실시한다.

이렇게 외우세요

① **근육이완훈련(제1단계)** : 근육이완훈련을 통해 몸의 긴장을 풀도록 한다.
② **불안위계목록 작성(제2단계)** : 낮은 수준의 자극에서 높은 수준의 자극으로 불안위계목록을 작성한다.
③ **불안위계목록에 따른 둔감화(제3단계)** : 불안유발상황을 단계적으로 상상하도록 유도하여 불안반응을 점진적으로 경감 또는 제거시킨다.

003 다음 보기의 사례를 읽고 물음에 답하시오.

> (내담자는 침울한 표정으로 고개를 숙이고 있다)
>
> **내담자** : 이번 시험은 완전히 망쳤어요.
>
> **상담자** : 그래서 표정이 좋지 못한 거로군요. 시험 성적이 기대에 미치지 못했나요?
>
> **내담자** : 다른 과목들은 모두 A학점인데, 심리학 과목만 B학점을 받았어요.
>
> **상담자** : 글쎄요, 그 정도면 장학금을 받을 수 있을 만큼 좋은 성적이 아닌가요?
>
> **내담자** : 전 과목에서 A학점을 받지 못한다면, 결국 이번 학기는 실패한 것이나 다름없는걸요.

(1) 위의 사례에서 밑줄 친 내용과 연관된 벡(Beck)의 인지적 오류의 유형을 쓰시오.

(2) (1)의 인지적 오류를 수정하는 데 가장 보편적으로 사용되는 치료기법을 쓰고 간략히 설명하시오.

---

(1) 위의 사례에서 밑줄 친 내용과 연관된 벡(Beck)의 인지적 오류의 유형을 쓰시오.

이분법적 사고(Dichotomous Thinking) 또는 흑백논리(Black-or-white Thinking)

(2) (1)의 인지적 오류를 수정하는 데 가장 보편적으로 사용되는 치료기법을 쓰고 간략히 설명하시오.

척도화 기법(Scaling Technique) 또는 척도화하기(Scaling)

① 이분법적 사고 또는 흑백논리는 완벽주의(Perfectionism)의 기저에서 흔히 발견되는 인지적 오류로서, 성공이 아니면 실패, 100점이 아니면 0점을 가정하여 완벽하지 못할 바에 아예 그 일을 시작하지 못한다.

② 모든 사건이나 경험에 대해 극단적인 해석을 유도하는 이분법적 사고를 극복하도록 하기 위해 가장 보편적으로 사용되는 치료기법은 '척도화 기법(Scaling Technique)'이다.

③ 척도화 기법은 전형적인 이분법적 사고를 극복하도록 하기 위해 극단적인 해석을 차원적인 해석으로 변환시키는 것이다. 탈 이분법적 인지치료 전략에서 비롯된 것으로서, 내담자로 하여금 어떤 사건이나 경험을 판단할 때 양단 결정을 하지 않고 이를 비율(%)로 제시하도록 하여 중간지대를 떠올려 보도록 한다.

④ 예를 들어, 보기의 사례에서 내담자가 성공 아니면 실패를 강조할 때, 상담자(치료자)는 내담자에게 구체적인 점수 또는 학점, 석차 등을 일정한 척도를 기준으로 이야기하도록 함으로써, 그와 같은 성적 또는 성과가 성공 또는 실패 여부를 떠나 자신에게 어떠한 의미를 지니는지 생각해 보도록 할 수 있다.

척도화 기법(Scaling Technique)의 예

(내담자는 평소 남편과의 갈등으로 인해 슬픔에 빠져있다)

치료자 : 슬픔의 척도를 1~100까지로 볼 때, 현재 당신은 어느 정도로 슬픕니까?

내담자 : 95 이상은 되는 것 같아요.

치료자 : 매우 높은 수준이군요. 그렇다면 지금껏 살아오면서 가장 슬펐던 때는 언제였나요?

내담자 : 가장 친했던 친구가 교통사고로 세상을 떠났을 때예요.

치료자 : 그럼 그 슬픔의 정도를 100으로 볼 수 있겠네요. 자, 이번에는 슬프지 않았던 때, 즉 즐거웠던 때를 떠올려 보세요. 그것이 언제였나요?

내담자 : 남편과 함께 신혼여행을 갔을 때예요.

치료자 : 그럼 그 슬픔의 정도를 0으로 볼 수 있겠네요. 이제 두 가지 사건, 즉 친구를 잃었을 때와 남편과 신혼여행을 갔을 때를 비교해 본다면, 현재 당신은 얼마나 슬픈가요?

내담자 : 글쎄요... 그 때의 일들과 비교해 본다면 대략 50 정도 될 것 같네요.

이렇게 외우세요

(1) 인지적 오류의 유형

이분법적 사고 또는 흑백논리

(2) 대표적인 치료기법

척도화 기법(척도화하기) : 전형적인 이분법적 사고를 극복하도록 하기 위해 극단적인 해석을 차원적인 해석으로 변환시킨다.

004

다음 보기의 사례를 읽고 물음에 답하시오.

6점

> 내담자 : 난 자격시험에 합격할 수 없을 것 같아요.
> 상담자 : 그동안 선생님은 자격시험 공부를 매우 열심히 하신 걸로 아는데요.
> 내담자 : 하지만 단념했어요. 내 친구는 자격시험이 어렵다고 했어요.
> 상담자 : 선생님은 자격시험에 불합격할 것이라고 생각하고 있군요. 그 이유는 친구분이 어렵다고 했기 때문이고요. 그러면 선생님과 친구분과의 공통점을 알아보기로 하죠.

위의 사례에서 인지적 명확성이 부족한 내담자의 유형을 쓰고, 그에 대한 상담자의 적절한 개입방법을 2가지 쓰시오.

(1) 인지적 명확성이 부족한 내담자의 유형

가정된 불가능(불가피성)

(2) 상담자의 적절한 개입방법

논리적 분석, 격려

가정된 불가능(불가피성)은 내담자의 위축, 자신감 및 용기 부족 등으로 인해 내담자가 근거 없이 자신의 능력과 역량에 대해 부정적인 심상을 가지는 것이다. 이 경우 상담자는 내담자가 그와 같이 생각하는 이유에 대해 논리적으로 분석하고 내담자를 격려하여 자신에 대해 자긍심을 가지도록 도울 수 있다. 참고로 논리적 분석은 내담자의 개념이나 주장이 논리적으로 타당한지 분석하여 오류가 있는 경우 이를 지적하고 개선하도록 유도하는 기법이다.

⊕ PLUS

인지적 명확성이 부족한 내담자의 유형을 5가지만 쓰시오.(2021년 1회 5번, 2016년 1회 2번, 2007년 3회 19번)

① 단순 오정보

② 구체성의 결여

③ 가정된 불가능

④ 파행적 의사소통

⑤ 강박적 사고

005 다음 보기의 사례를 읽고 물음에 답하시오. `4점`

> (내담자는 알코올중독으로 인해 직장생활에 어려움을 겪고 있으며, 이 문제를 상의하고자 ○○상담소를 찾았다)
>
> 내담자 : 저는 우리 아버지를 꼭 닮았어요. 아버지는 회사에서도 술을 드세요. 사람들은 저를 보고 아버지를 닮아서 그렇다고들 해요. 저도 요즘은 그 말이 사실이라는 생각이 들어요.
>
> 상담자 : ＿＿＿＿＿＿＿＿＿＿＿＿＿

위의 사례에서 내담자는 자신의 알코올중독 문제를 마치 아버지의 영향 때문인 것으로 말하면서 아버지에 대해 우회적으로 비난을 일삼고 있다. 이에 대해 상담자는 '직면'의 개입기술로써 내담자의 견해에 반박하고자 한다. 상담자의 적절한 반응을 서술하시오.

내담자의 '비난하기'에 대한 상담자의 개입기술로서 '직면'의 활용 예

> 상담자 : 선생님의 술과 관련된 문제가 아버지 때문이라는 소리로 들리는군요. 과연 그것이 사실인지 생각해 보세요. 물론 알코올중독이 유전적 요인을 가지고 있다고 하니 선생님의 부친이 어느 정도 문제 상황에 일조한 것이 사실일 수 있겠지요. 그렇지만 선생님은 그동안 문제해결을 위해 무엇을 했나요?

인지적 명확성이 부족한 내담자의 유형으로서 '비난하기'는 내담자가 문제의 원인과 그 책임을 자기 자신이 아닌 다른 사람에게 전가할 때 나타난다. 이에 대한 상담자의 유효적절한 개입기술로서 '직면'과 '논리적 분석'이 있다.

알아두기

직면(Confrontation)
- 상담자가 내담자로 하여금 행동의 특정 측면을 검토 · 수정 · 통제하도록 하는 것이다.
- 내담자의 말이나 행동이 일치하지 않은 경우 또는 내담자의 말에 모순점이 있는 경우 상담자가 그것을 지적해 주는 것으로, 내담자가 모르고 있거나 인정하기를 거부하는 생각과 느낌에 대해 주목하도록 한다.
- 내담자로 하여금 상담자나 외부에 비친 자신의 모습을 되돌아보고 통찰의 순간을 경험하도록 하는 직접적이고 모험적인 자기대면의 방법이다.
- 직면을 사용할 경우 내담자의 강한 감정적 반응을 야기할 수 있으므로, 내담자가 받아들일 준비가 되어있을 때를 이용하여 시기적절하게 이루어져야 한다. 또한 내담자에 대해 평가하거나 비판하는 인상을 주지 않도록 해야 하며, 이를 위해 내담자가 보인 객관적인 행동과 인상에 대해 서술적으로 표현하는 것이 바람직하다.

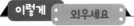
이렇게 외우세요

비난하기 – 직면, 논리적 분석

006

다음 보기의 사례를 읽고 물음에 답하시오. 8점

(내담자는 자신이 다니는 회사에 대한 불만을 상담자에게 표출하고 있다)

내담자 : 직원들의 회사에 대한 불만이 누적되어 퇴사자가 빈번히 발생하고 있으니, 새로운 신입직원들로 기존 업무들을 처리하는 데 많은 지장이 있어요.

상담자 : 그렇다면 다른 회사들이 써 본 결과 많은 효과가 입증된 그런 투쟁 해결방법을 써보도록 하지요. 특히 이 방법은 K주식회사에서 직원들의 이직률을 감소시키는 데 큰 효과가 있었습니다.

내담자 : 글쎄요. 그게 어떤 방법이지요?

상담자 : 회사와 직원들 간의 소통이 이루어질 수 있는 인터넷 커뮤니티를 만들어서 회사의 발전 방향에 대해 자유롭게 토론할 수 있도록 하는 거예요.

내담자 : 매우 흥미로운 일이군요. <u>그러나 그 방법은 K주식회사에서는 효과가 있었는지 몰라도 우리 회사에서는 안 될 겁니다.</u>

위의 사례에서 밑줄 친 부분과 관련하여 내담자의 정보 및 행동에 대한 이해와 해석을 위해 사용할 수 있는 기법을 쓰고, 이를 해결하기 위한 전략을 3가지 설명하시오.

---

(1) 내담자의 정보 및 행동에 대한 이해와 해석을 위한 기법

① 내담자의 정보 및 행동에 대한 이해와 해석을 위한 상담기법으로서 '저항감 재인식하기 및 다루기'는 내담자가 동기화되지 않거나 저항감을 나타내는 경우, 방어기제를 사용하거나 의도적으로 의사소통을 방해하는 경우 내담자를 이해하는 방법이다.

② 내담자의 저항감은 책임에 대한 두려움, 방어기제, 의사소통의 고의적인 방해 등으로 나타나는데, 특히 위의 사례 내용은 내담자가 완전한 의사소통을 회피함으로써 자신의 비활동을 정당화하고 행동상의 자유를 얻고자 하는 의도로 볼 수 있다.

③ 보통 사람들은 자신의 제한된 지식과 도덕적 판단에 근거하여 다른 사람의 말을 듣게 된다. 위의 사례의 내담자 또한 상담자의 의도를 있는 그대로 받아들이려고 하기보다는 자신의 입장에서 변화의 과정이 급속도로 이루어지는 것에 대해 거부감을 가지고 이른바 '불신의 전술'을 펼치고 있다. 다시 말해 내담자는 스스로 책임이 있는 곳에서 빠져나와 험담 등의 부정적인 의사표현을 사용하면서 제시된 조건을 공격 또는 부인하고 있는 것이다.

(2) 해결전략

① 내담자의 변형된 오류를 수정한다.
- 내담자의 저항감은 책임에 대한 두려움, 방어기제의 사용, 의사소통의 고의적인 방해 등으로 나타난다.
- 상담자는 내담자가 회피하고자 하는 것 또는 책임에서 벗어나고자 하는 것을 규정함으로써 보다 명확한 행동계획이 수립될 수 있도록 한다.

② 내담자와 친숙해진다.
- 내담자는 생애과제와 연관된 다양한 사건들을 경험하면서 그로 인해 피할 수 없는 고통, 어려움, 긴장 등을 경험해 왔을 수 있다. 이와 같은 내담자 개인의 삶의 문제는 내담자의 진로선택에 영향을 미치게 된다.
- 상담자는 내담자와 친숙해지기 위해 노력함으로써 내담자의 생애에 있어서의 역할, 단계, 생애과제와 연관된 사건들을 총체적으로 이해하며, 내담자로 하여금 안정된 관계 속에서 변화를 위해 노력하고 문제에 대한 책임감을 받아들일 수 있도록 돕는다.

③ 은유를 사용한다.
- 시, 소설, 신화, 우화, 영화, TV 광고 등 다양한 형태의 이야기 매체들은 은유를 통해 듣는 사람으로 하여금 이 야기 속에서 자신이 경험한 유사한 내용들을 발견하고 이를 자신의 관심사와 연결시켜 통찰할 수 있는 기회를 제공한다.
- 상담자는 저항적인 내담자에게 이야기 속에서의 문제해결 방법을 포착하도록 하여, 이를 자신의 문제를 해결하기 위한 실마리로 활용할 수 있도록 돕는다.

④ 대결을 통해 내담자의 저항에 직접 맞선다.
- 내담자의 저항적인 태도에 직접적으로 맞서는 방법은 상당한 주의를 필요로 하지만, 구체적인 행위를 표적으로 시기적절하고 노련하게 직면하는 방법이 효과적인 경우도 있다.
- 상담자는 내담자와 친숙한 관계가 형성된 후 내담자가 정서적으로 받아들일 수 있는 범위 내에서 대결한다. 이 때 긴장을 완화하기 위해 유머나 과장을 사용할 수도 있다.

> **이렇게 외우세요**
>
> (1) 내담자의 정보 및 행동에 대한 이해와 해석을 위한 기법
> 저항감 재인식하기 및 다루기
>
> (2) 해결전략
> ① 내담자의 변형된 오류 수정 : 내담자의 방어기제 사용이나 의사소통 방해 등 책임회피를 위한 행동을 규정하여 명확한 행동계획이 수립될 수 있도록 한다.
> ② 내담자와 친숙해지기 : 내담자와의 안정된 관계 속에서 내담자의 변화를 유도하며, 책임감을 받아들이도록 돕는다.
> ③ 은유 사용하기 : 내담자로 하여금 다양한 이야기 매체들에서의 은유를 자신의 관심사와 연결시키는 동시에 문제 해결의 실마리로 활용할 수 있도록 돕는다.

007 다음 보기의 사례를 읽고 물음에 답하시오.   6점

> A군은 올해 18세로 고등학교를 이제 막 졸업한 후 처음으로 노동시장에의 입직을 시도하였다. A군의 영어발음은 적당하나 작문표현은 빈약하였고, 다른 기능 또한 부족한 편이었다. A군은 자신이 원하는 직업을 절대 얻지 못할 것이라는 생각으로 인해 우울감을 느끼고 있으며, 가장 최근의 면접시험에서도 거절당했다고 말하였다. A군은 자신의 수행을 타인에게 증명하지 못할 경우 무례한 사람으로 평가될 수 있다는 근거 없는 신념을 가지고 있다.

위의 사례에서 내담자인 A군의 근거 없는 신념을 확인하고 이를 치료하기 위한 과정을 엘리스(Ellis)의 ABCDEF 모델로 설명하시오.

① A(Activating Event) - 선행사건으로서 활성화된 경험
 나는 면접시험에 잘 대응하지 못했고, 그로 인해 취업에 이르지 못했다.
② B(Belief System) - 신념체계로서 이성적 믿음과 근거 없는 믿음
 • 이성적 믿음(원하거나 욕망하는 것) : 그 직업을 좋아하므로 거절당해서는 안 되며, 이는 매우 귀찮은 일이다. 면접을 그렇게 못 본 것은 불행한 일이다. 기대에 어긋나지 않도록 열심히 구해 보겠다.
 • 근거 없는 믿음(요구 및 명령) : 거절당한다는 것은 두렵고 견딜 수 없는 일이다. 이는 내가 무례한 사람이라는 것을 의미한다. 앞으로도 면접시험을 잘 못 볼 것이고, 그로 인해 원하는 직업을 절대 얻지 못할 것이다.
③ C(Consequence) - 활성화된 경험에 관한 신념의 (정서적) 결과
 나는 우울하고 가치 없는 존재이며, 희망도 없다.
④ D(Dispute) - 근거 없는 신념의 토론과 논쟁(논박)
 직업을 갖지 못하는 것을 그렇게 두려워하는 이유는 무엇인가? 거절당하는 것을 견디지 못한다면 어떤 일이 일어나겠는가? 왜 원하는 직업을 절대 얻지 못할 것이라 생각하는가? 왜 면접시험을 잘 못 볼 것이라 생각하는가?
⑤ E(Effect) - 근거 없는 신념의 토론과 논쟁(논박)에 의한 인지적 · 정서적 · 행동적 효과
 • 인지적 효과 : 거절을 두려워 할 필요는 없다. 모든 사람들이 자신이 원하는 직업을 얻는 것도 아니다. 거절당한다는 것은 단지 그 특별한 직업을 가질 수 없다는 것을 의미할 뿐이지, 무례한 사람으로 평가되는 것은 아니다. 아직 나이가 어리므로 기회는 얼마든지 있다.
 • 정서적 효과 : 비록 원하는 직업을 얻지 못한 것에 대해 실망감을 느낄지언정 우울해하지는 않는다.
 • 행동적 효과 : 앞으로 면접시험에 더욱 열심히 도전한다. 면접 때 어떻게 행동할 것인지 직업상담사에게서 지도도 받고, 동료들과 함께 연습도 한다. 고용센터에 구직자 등록을 하며, 지역사회 고용관련 프로그램에 참여한다.
⑥ F(Feeling) - 새로운 느낌(감정)
 비현실적이고 미성숙하며 절대적인 사고를, 현실적이고 성숙하며 합리적인 새로운 느낌으로 전환시킨다.

이렇게 외우세요

① A(선행사건으로서 활성화된 경험) : 면접시험에 잘 대응하지 못하여 취업에 실패함
② B(신념체계로서 근거 없는 믿음) : 거절당한다는 것은 견딜 수 없는 일이며, 무례한 사람임을 의미함
③ C(활성화된 경험에 관한 신념의 결과) : 우울감, 무가치감, 희망 결여
④ D(근거 없는 신념의 토론과 논쟁) : 원하는 직업을 절대 얻지 못할 것이라 생각하는 이유에 대해 질문형태로 진술함
⑤ E(인지적 · 정서적 · 행동적 효과) : 누구나 자신이 원하는 직업을 가질 수 있는 것도 아니고, 그에 대해 우울해할 필요도 없으며, 보다 철저히 준비하여 새롭게 도전하면 됨
⑥ F(새로운 느낌) : 현실적이고 성숙하며 합리적인 새로운 느낌으로 전환함

008 다음 보기의 사례를 읽고 물음에 답하시오. 6점

> (상담자는 내담자에게 선택할만한 직업들 가운데 몇 가지를 제시하였고, 그에 대해 내담자는 자신이 '영업직'에 능력이 있음을 주장하고 있다)
>
> **상담자** : 선생님은 본인이 선택 가능한 직업들 가운데 영업직에 대해 이야기를 했습니다. 만약 극히 어려운 수준을 1점으로, 극히 쉬운 수준을 10점으로 가정할 때, 영업직은 몇 점이나 된다고 생각합니까?
>
> **내담자** : 당연히 10점이지요.
>
> **상담자** : 그렇다면 이번에는 선생님께서 영업직을 실제로 수행한다고 가정합시다. 고과 성적을 가장 높은 수준의 A에서, 가장 낮은 수준의 E로 분류할 때, B 이상으로 수행할 가능성은 10점 만점 중 몇 점 정도 될 거라 생각합니까?
>
> **내담자** : 글쎄요, 그건 만만치 않은 문제지만요. 그래도 7점 정도는 될 거라 생각합니다. 저는 계산하는 거나 사람 만나는 것에는 자신이 있거든요.
>
> **상담자** : 그렇군요. 그럼 한 가지 더 질문하겠습니다. 방금 전에 영업직에 대해 여러 가지 세부 업무 내용들을 이야기하는 과정에서 '상품기획', '매장관리', '고객응대' 등이 언급되었죠. 이와 같은 세부 업무별 고과 성적을 B 이상으로 수행할 가능성은 10점 만점 중 각각 몇 점 정도 될 거라 생각합니까?
>
> **내담자** : 일단 '고객응대'는 제가 워낙 사람 만나는 걸 좋아하니 확실히 10점이고요, '매장관리'는 예전에 아르바이트 경험도 있으니 9점 정도 될 겁니다. '상품기획'은 아직 직접적인 경험은 없지만 평소 쇼핑이나 물품 광고에 관심을 가지고 있어서 한 6점 정도는 될 거라 확신합니다.

위의 사례에서 상담자는 내담자에게 과제 수행에 대한 본인의 능력 정도를 이야기하도록 하고 있다. 상담자가 사용하고 있는 측정방법의 명칭을 쓰고, 그에 대해 간략히 설명하시오.

자기효능감 측정(Self-Efficacy Measurement) 혹은 자기효능감 척도(Self-Efficacy Scale)

① 반두라(Bandura)가 사회학습이론을 통해 제시한 '자기효능감(Self-Efficacy)'은 원하는 결과를 도출하기 위해 요구되는 일련의 활동들을 자신이 과연 성공적으로 수행해 낼 수 있는지에 관한 주관적인 확신을 가리킨다.

② 자기효능감은 자신의 능력을 상회하는 활동이나 과제는 회피하는 반면, 낮은 능력을 요구하는 활동이나 과제는 수행하도록 만드는 동기적 힘을 의미하는 것으로서, 내담자의 직업선택에 관한 의사결정이나 구직활동 등에 상당한 영향을 미친다.

③ 자기효능감 측정은 어떤 수준의 과제를 수행할 수 있는 능력에 대한 자신의 판단과 연관된다. 즉, 어떤 과제를 어느 정도 수준으로 수행할 수 있는 능력을 갖추었다고 스스로 판단하는지의 정도를 측정한다.

④ 우선 내담자에게 수행해야 할 과제를 제시하여 내담자로 하여금 그 과제의 난이도와 자신이 그 과제를 잘 수행할 수 있는지의 확신도를 말하도록 한 다음, 관련된 상황에서 그 수행 수준을 측정하는 과정으로 이루어진다.

이렇게 외우세요

자기효능감 측정(자기효능감 척도) : 어떤 과제를 어느 정도 수준으로 수행할 수 있는 능력을 갖추었다고 스스로 판단하는지의 정도를 측정한다.

009

다음 보기의 사례를 읽고 물음에 답하시오.

5점

> A군은 상담학 전공 대학원생으로, ㅇㅇ상담센터에서 실습을 하고 있다. A군은 자신이 개발한 청소년을 위한 진로개발 프로그램을 상담에 적용해 보려던 차에, 마침 평소 자신이 호감을 가지고 있던 한 여학생이 상담센터를 찾아와 상담을 신청한 사실을 알게 되었다. A군은 그 여학생과의 상담을 자신이 맡겠다고 제안하였다.

위의 사례에 제시된 A군의 행동이 윤리적으로 타당한지의 여부를 쓰고, 그에 대한 이유를 제시하시오.

(1) 윤리적 타당성 여부(상담을 진행해도 되는가?)

윤리적 문제 동반(상담 불가)

(2) 이 유

① 전문가로서의 태도 – 전문적 능력과 성실성의 결여

- 상담자는 자기 자신의 교육과 수련, 경험 등에 의해 준비된 범위 안에서 전문적인 서비스와 교육을 제공해야 한다. 또한 상담자는 자신의 신념체계, 가치, 제한점 등이 상담에 미칠 영향력을 자각하고 있어야 한다. 이는 전문적 능력과 성실성을 요구하는 전문가로서의 올바른 태도에 해당한다.
- A군은 상담학 전공 대학원생이지만 아직 교육과 수련, 경험 등에서 완벽히 준비된 전문가로 보기 어렵다. 또한 A군이 스스로 개발한 프로그램은 그 효과나 한계점 등이 입증되지 않았으므로, 이를 실제 내담자에게 적용할 때 나타날 수 있는 부작용이나 위험성을 충분히 고려하고 있다고 볼 수 없다.
- 따라서 A군은 자신이 제공할 수 있는 전문적인 도움의 한계, 자신이 개발한 새로운 프로그램이 내담자에게 미칠 수 있는 위험 등을 인식하고 지도감독자의 도움을 요청하는 것이 바람직하다. 즉, 상담자는 전문인으로서의 능력과 효율성에 대한 자기반성이나 평가가 있어야 하며, 자신의 이익이 아닌 내담자의 이익을 최우선으로 하여 내담자를 도울 수 있는 방법을 강구해야 하는 것이다.

② 상담관계 – 이중관계의 위험

- 상담관계의 부적절한 유형으로서 이중관계는 상담자가 내담자와 함께 '상담자–내담자'로서의 관계를 맺는 것 이외에 다른 관계를 맺는 것을 말한다. 금전이나 상품의 거래관계, 친구나 친척 등 지인과의 친밀관계, 이성친구나 애인과의 성적관계 등이 대표적인 이중관계에 해당한다.
- A군은 평소 자신이 호감을 가지고 있던 여학생을 대상으로 자신이 상담을 하겠다고 제안하고 있으나, 현 상황에서 A군이 자신의 개인적 욕구와 함께 그것이 상담에 미칠 영향력을 충분히 고려하고 있다고 볼 수 없다.
- 따라서 A군은 내담자에 대한 자신의 개인적 욕구와 영향력을 충분히 자각하고 있어야 하며, 어떠한 경우에도 상담관계에서 비롯된 내담자의 신뢰와 의존을 자기 자신을 위해 이용해서는 안 된다. 즉, 상담자는 내담자와의 이중관계 혹은 상담자 자신의 전문적 판단에 영향을 미칠 수 있는 다른 관계를 맺지 않도록 노력해야 하는 것이다.

이렇게 외우세요

- **전문가로서의 태도** : 전문가로서 상담자에게는 전문적 능력과 성실성이 요구된다.
- **상담관계** : 상담자는 자신의 전문적 판단에 영향을 미칠 수 있는 이중관계 등을 피해야 한다.

010

다음 보기의 사례를 읽고 물음에 답하시오.   4점

> 김 대리는 업무능력이 높고 남보다 승진이 빠르다. 그러나 사소한 실수를 했다. 상사나 다른 동료
> 들은 아무렇지 않다고 말했지만 김 대리는 아니었다. 김 대리는 "실수하면 안 된다", "실수하면 회
> 사생활은 끝이다"라는 생각을 했고, 그로 인해 심리적 혼란을 겪었다. 그래서 전직(轉職)을 위해 직
> 업상담사를 찾았다. 상담사는 RET 기법으로 김 대리를 상담하면 될 것 같아 그렇게 하기로 했다.

이 내담자를 상담할 때의 목표를 기술하고, 이 내담자가 전직을 하기로 결심하게 된 이유를
엘리스(Ellis)의 RET 이론으로 설명하시오.   (2018년 3회 5번)

① 이 내담자를 상담할 때의 목표를 기술하시오.
- 내담자의 비합리적 신념을 합리적 신념으로 바꾸도록 한다.
- 성취 또는 성공 여부에 따라 자신에 대한 가치 수준을 평가하는 조건적 자기수용에서 벗어나 내담자로 하여금 자기 자신이 아닌 자신의 생각과 행동을 평가하도록 유도한다.

② 이 내담자가 전직을 하기로 결심하게 된 이유를 엘리스(Ellis)의 RET 이론으로 설명하시오.
- "나는 실수해서는 안 된다", "나는 실패해서는 안 된다", "나는 반드시 훌륭하게 일을 수행해 내야 한다" 등은 비합리적 신념의 뿌리를 이루는 세 가지 당위성 중 '자신에 대한 당위성(I must)'과 연관된다.
- 자신에 대한 당위성은 자기 자신에게 현실적으로 충족되기 어려운 과도한 기대와 요구를 부과하는 것이다.
- 인간은 누구나 실수하거나 실패할 수 있기 때문에 그와 같은 신념은 현실에서 실현되기 어려운 비합리적 신념이며, 이는 결국 내담자로 하여금 자기파멸 혹은 자기패배의 부정적인 사고와 감정을 유발한다.

이렇게 외우세요

(1) 이 내담자를 상담할 때의 목표를 기술하시오.
내담자의 비합리적 신념을 합리적 신념으로 바꾸도록 하며, 이를 위해 내담자로 하여금 조건적 자기수용에서 벗어나 자신의 생각과 행동을 평가하도록 유도한다.

(2) 이 내담자가 전직을 하기로 결심하게 된 이유를 엘리스(Ellis)의 RET 이론으로 설명하시오.
내담자는 '자신에 대한 당위성'으로 인해 사소한 실수에도 불구하고 자기패배의 부정적인 사고와 감정을 가지게 되었다.

다음 보기의 사례를 읽고 물음에 답하시오. 　　　　　　　　　　　　　　　　　　6점

> 올해 고등학교 졸업 예정인 A군은 대학에 진학하기보다는 일찌감치 취업에 도전할 생각이다. 이에 A군은 학교 진로상담실을 찾았고, 진로상담교사는 우선 A군의 직업적성을 확인하기 위해 홀랜드 유형 직업적성검사를 실시하였다. 그리고 그 결과는 다음과 같았다.
>
> | 성격유형 | R | I | A | S | E | C |
> |---|---|---|---|---|---|---|
> | 결 과 | 17 | 39 | 72 | 81 | 45 | 14 |
>
> (1) A군의 성격유형 특성과 함께 이상적인 직업을 1가지 이상 제시하시오.
>
> (2) A군에게 적합하지 않은 직업을 1가지 이상 제시하시오.

(1) A군의 성격유형 특성과 함께 이상적인 직업을 1가지 이상 제시하시오.

① 홀랜드유형 직업적성검사의 RIASEC 프로파일은 특히 그 분화 정도로서 변별도를 고려하여 해석할 수 있다. 즉, 첫 번째 코드와 두 번째 코드 혹은 세 번째 코드 간의 점수 차이가 10점 이상이 되고 프로파일상의 높낮이 구분이 현저한 경우 변별도가 높은 반면, 그것이 평평한 분포를 이루는 경우 변별도가 낮다고 볼 수 있다.

② A군의 경우 6가지 유형 중 'S'와 'A'가 다른 유형에 비해 현저히 높은 점수를 보이고 있으며, 이들 간의 점수 차이가 10점 미만에 해당하므로 1차 코드는 'S-A' 유형, 2차 코드는 'A-S' 유형으로 구분할 수 있다.

③ 'S'는 사회형(Social Type)을 의미하는 것으로서, 사람들과 함께 일하는 것을 좋아하며, 원만한 대인관계를 맺는다. 또한 'A'는 예술형(Artistic Type)을 의미하는 것으로서, 새로운 방식에 대한 표현과 상상적 · 창조적인 것을 지향한다.

④ 사회형 조합코드로서 'S-A'는 자신의 주장을 지지해 줄 수 있는 사람들과 집단을 형성하며, 사회적인 영향력을 행사하고자 한다. 자신의 신념을 굳건히 밀고 나가며, 능숙한 언변을 통해 다른 사람들을 설득하려고 한다. 이러한 유형을 가진 사람은 상담치료사, 사회사업가, 간호사, 연극배우 등의 직업이 이상적이다.

(2) A군에게 적합하지 않은 직업을 1가지 이상 제시하시오.

① A군의 경우 6가지 유형 중 'C'와 'R'이 다른 유형에 비해 현저히 낮은 점수를 보이고 있다.

② 'C'는 관습형(Conventional Type)을 의미하는 것으로서, 구조화된 상황에서 구체적인 정보를 토대로 정확하고 세밀한 작업을 요하는 일을 선호한다. 또한 'R'은 현실형(Realistic Type)을 의미하는 것으로서, 현장 활동 또는 자신의 손이나 도구를 활용하는 활동을 선호한다.

③ 관습형 조합코드로서 'C-R'은 본래 독립적인 투철한 책임감을 토대로 자신에게 주어진 임무를 독자적으로 수행하고자 하며 회계 · 재무 관리자, 통계학자, 사진제판기사, 인쇄기사 등의 직업이 이상적이다. 따라서 A군에게는 이와 같은 직업이 적성에 맞지 않는 것으로 볼 수 있다.

이렇게 외우세요

(1) A군의 성격유형 특성 및 이상적인 직업
집단을 형성하고 사회적인 영향력을 행사하고자 하며, 능숙한 언변으로 다른 사람들을 설득하려고 한다. 상담치료사, 사회사업가 등이 이상적이다.

(2) A군에게 적합하지 않은 직업
회계 · 재무 관리자, 통계학자 등

012

다음 보기의 사례를 읽고 물음에 답하시오. 6점

> 올해 48세인 A씨는 약 20년간 ○○은행에 다니다가 재작년 정리해고로 실직하였다. A씨는 ○○은 행에서도 제법 실적이 높은 우수 직원이었던 만큼 자신이 실직하였다는 사실 자체를 인정하기 어 려웠다. 그래도 한 집안의 가장으로서 가족의 생계를 책임져야 했으므로, 퇴사하면서 받은 퇴직금 을 이용하여 작은 프랜차이즈 사업을 하였다. 그러나 그마저도 경기불황으로 인해 사업자금 대부 분을 잃게 되면서 폐업을 하게 되었고, 현재는 고용센터에서 폐업한 자영업자를 위한 실업급여를 받으면서 재취업을 준비하고 있다.

위의 사례에서 A씨에게 적합한 직업상담 프로그램의 유형을 3가지 쓰고, 그에 대해 간략히 설명하시오.

① 실업충격 완화 프로그램
- 실업은 여러 가지 요인에 의해 결정될 수 있다. 특히 A씨와 같이 구조조정에 따른 정리해고나 경기불황에 따른 사 업실패 등은 실업의 주요 요인으로 볼 수 있다.
- 실업충격 완화 프로그램은 실업의 원인에 대한 이해와 실업에서 오는 충격을 확인하고 이를 완화시키는 기술을 제 공한다. 또한 실업의 대처능력을 함양시키고 실업에 대해 긍정적인 태도를 가질 수 있도록 돕는다.

② 직업복귀훈련 프로그램
- A씨가 정리해고를 당한 이후 새로운 사업에서 실패를 경험하기까지 대략 2년의 시간이 경과되었다. A씨와 같이 실직 후 자영업을 하다가 재취업을 시도할 경우 직업복귀에 더욱 많은 어려움이 따를 수 있다.
- 직업복귀훈련 프로그램은 특히 장기간의 실업기간을 가진 실업자에 대해 직업복귀를 위한 준비사항을 제공하며, 필요시 직업훈련 프로그램을 안내함으로써 직업관을 정립시킬 수 있도록 돕는다.

③ 취업알선 프로그램
- A씨는 현재 자영업자를 위한 실업급여를 수급하면서 새로운 직업을 찾고 있는 구직자이다. 따라서 A씨에게는 취 업을 위한 준비 과정이 필요하다.
- 취업알선 프로그램은 구직자에게 취업처에 대한 정보를 제공하고 취업을 알선하며, 취업에 필요한 기술을 갖추도 록 취업처의 조직문화와 노동시장의 정보 등을 제공한다.

이렇게 외우세요

① **실업충격 완화 프로그램** : 실업에서 오는 충격을 확인하고 이를 완화시키는 기술을 제공함
② **직업복귀훈련 프로그램** : 장기간의 실업기간을 가진 실업자에 대해 직업복귀를 위한 준비사항을 제공함
③ **취업알선 프로그램** : 취업처에 대한 정보를 제공하고 취업을 알선함

013

다음 보기의 사례를 읽고 물음에 답하시오.

6점

> ㅇㅇ물산 생산 1팀에 근무하는 A팀장에게는 요새 한 가지 고민이 생겼다. 회사의 다소 엄격한 분위기에도 불구하고 최근 매출 하락에 따라 팀 생산성을 높이도록 부하직원들을 더욱 철저히 감독하라는 사장의 지시가 있었다. 하지만 부하직원들은 평소 회사의 엄격한 근무환경에 대해 불만을 가지고 있었고, 이에 A팀장에게도 일을 자발적으로 할 수 있는 분위기를 만들어 달라고 요청한 바 있다.

위의 사례에서 A팀장은 역할갈등을 경험하고 있다. 역할갈등의 의미와 함께 A팀장이 경험하고 있는 역할갈등의 유형을 쓰시오.

(1) 역할갈등의 의미
역할담당자가 자신의 지위(직위)와 역할전달자의 역할기대가 상충되는 상황에서 지각하는 심리적 상태이다.

(2) A팀장이 경험하고 있는 역할갈등의 유형
송신자 간 갈등(Intersender Conflict)

알아두기

역할갈등(Role Conflict)
- 역할담당자가 자신의 지위(직위)와 역할전달자의 역할기대가 상충되는 상황에서 지각하는 심리적 상태이다.
- 둘 또는 그 이상의 사회적 지위를 가지고 있는 사람이 상반된 기대 역할을 요구받을 때 경험하게 된다.
- 어떤 직무의 역할수행이 개인의 다른 역할과 갈등을 일으킬 때 역할갈등이 발생한다. 즉, 한 가지 역할을 수행하게 되면 다른 역할의 수행이 힘들게 되거나 반대가 되는 갈등장면에 처하게 된다.
- 공식적이고 구조적인 조직에서는 주로 구조적 변수(의사결정의 참여, 부하의 폭 등) 때문에 역할갈등이 발생하는 반면, 비공식적이고 비구조적인 조직에서는 인간관계 변수(동료와의 관계 등) 때문에 역할갈등이 발생한다.
- 이와 같은 역할갈등은 다음의 4가지 유형으로 구분된다.

> - 개인 간 역할갈등(Inter-role Conflict) : 직업에서의 요구와 직업 이외의 요구 간의 갈등에서 발생한다.
> - 개인 내 역할갈등(Person-role Conflict) : 개인의 복잡한 과제, 개인이 수행하는 직무의 요구와 개인의 가치관이 다를 때 발생한다.
> - 송신자 간 갈등(Intersender Conflict) : 두 명 이상의 요구가 갈등을 일으킬 때 발생한다.
> - 송신자 내 갈등(Intrasender Conflict) : 업무 지시자가 서로 배타적이고 양립할 수 없는 요구를 요청할 때 발생한다.

이렇게 외우세요

(1) 역할갈등의 의미
자신의 지위(직위)와 역할기대 간의 상충에서 비롯되는 심리적 상태

(2) A팀장이 경험하고 있는 역할갈등의 유형
송신자 간 갈등 : 두 명 이상의 요구가 갈등을 일으킬 때 발생

014

갈등은 크게 접근 경향과 회피 경향으로 대별할 수 있으며, 이를 통해 갈등의 4가지 유형을 구분할 수 있다. 다음 보기의 4가지 예문이 나타내고 있는 갈등의 유형을 순서대로 쓰시오.

4점

> ① 승진을 하려면 지방근무를 해야만 하고, 서울근무를 계속하려면 승진기회를 잃을 수 있다.
> ② 학교에 가기 싫어하는 학생이 부모에게 꾸중을 들을까 봐 집에 있을 수도 없다.
> ③ 여름휴가를 산으로 갈 것인지 바다로 갈 것인지 그것이 문제로다.
> ④ 친구는 같이 술을 마시자고 하고 아내는 집에 빨리 들어오라고 하는데, 친구의 말을 듣자니 아내가 싫어할 테고, 아내의 뜻에 따르자니 친구가 싫어할 테지.

① 접근-회피 갈등
② 회피-회피 갈등
③ 접근-접근 갈등
④ 이중 접근-회피 갈등

알아두기

갈등의 유형

- 접근-회피 갈등 : 동일한 행동목표가 정적 유의성과 부적 유의성을 동시에 나타내 보이는 경우 발생한다.
- 회피-회피 갈등 : 두 개의 부적 유의성을 띠고 있는 상호배타적인 행동목표가 동시에 나타나는 경우 발생한다.
- 접근-접근 갈등 : 두 개의 정적 유의성을 띠고 있는 바람직하면서도 상호배타적인 행동목표가 동시에 나타나는 경우 발생한다.
- 이중 접근-회피 갈등 : 접근-회피 갈등을 보이는 두 개의 행동목표 중 어느 하나만을 선택할 수밖에 없는 경우 발생한다.

※ 참고 : 유의성(Valence)은 본래 레빈(Lewin)이 처음 사용한 개념으로, 심리적 상황에서 개체의 요구에 응해 그 요구 목표가 되는 대상에 끌려가거나 반발하는 성질을 말합니다. 예를 들어, 공복 상태는 개체로 하여금 음식물 섭취에 대한 요구를 유발하는데, 개체는 그 요구에 응해 구체적인 음식섭취의 행동을 하게 됩니다. 유의성은 그것에 의해 일어나는 행동의 방향에 따라 두 종류로 구분되는데, 그 하나는 대상에 심리적으로 접근하려는 '정적 유의성', 다른 하나는 대상에 심리적으로 멀어지려는 '부적 유의성'입니다.

이렇게 외우세요

① **접근-회피 갈등** : 동일한 행동목표가 정적 유의성과 부적 유의성을 보임
② **회피-회피 갈등** : 상호배타적인 행동목표가 두 개의 부적 유의성을 보임
③ **접근-접근 갈등** : 상호배타적인 행동목표가 두 개의 정적 유의성을 보임
④ **이중 접근-회피 갈등** : 두 개의 행동목표가 접근-회피 갈등을 보임

015

다음 보기는 우리나라의 최근 연간 고용동향이다. 주어진 조건을 보고 다음을 계산하시오 (단, 소수점 둘째자리에서 반올림하고, 계산 과정을 제시하시오). `6점`

(단위 : 천명, %, %p, 전년대비)

구 분	2015년	2016년	증 감	증감률
⊙ 15세 이상 인구	43,017	43,416	398	0.9
▣ 경제활동인구	26,913	(B)	335	1.2
(참가율)	(62.6)	(62.8)	(0.2p)	
○ 취업자	25,936	26,235	299	1.2
고용률	60.3	(C)	0.1p	
○ 실업자	976	1,012	36	3.6
실업률	(A)	3.7	0.1p	
▣ 비경제활동인구	16,105	16,169	64	0.4

* 주) 통계표에 수록된 자료는 반올림되었으므로 전체 수치와 표내의 합계가 일치되지 않는 경우도 있을 수 있음

(1) A에 들어갈 2015년도 실업률은?

(2) B에 들어갈 2016년도 경제활동인구 수는?

(3) C에 들어갈 2016년도 고용률은?

---

(1) A에 들어갈 2015년도 실업률은?

실업률을 산출하기 위한 공식은 다음과 같다.

$$실업률(\%) = \frac{실업자\ 수}{경제활동인구\ 수} \times 100$$

$$실업률(\%) = \frac{976}{26,913} \times 100 ≒ 3.62650 \qquad ∴ 3.6\%$$

(2) B에 들어갈 2016년도 경제활동인구 수는?

경제활동인구 수를 산출하기 위한 공식은 다음과 같다.

$$경제활동인구\ 수 = 15세\ 이상\ 인구\ 수 - 비경제활동인구\ 수$$

$$경제활동인구\ 수 = 43,416 - 16,169 = 27,247 \quad ∴ 27,247(천명)$$

(3) C에 들어갈 2016년도 고용률은?

고용률을 산출하기 위한 공식은 다음과 같다.

$$고용률(\%) = \frac{취업자\ 수}{15세\ 이상\ 인구\ 수} \times 100$$

$$고용률(\%) = \frac{26,235}{43,416} \times 100 ≒ 60.42703 \qquad ∴ 60.4\%$$

016

다음 보기의 사례를 읽고 물음에 답하시오. [6점]

> A씨는 대학을 졸업한지 올해로 만 3년이 지났으나 아직 취업을 하지 못한 상태이다. 대학교 3학년 때부터 대기업 및 공사·공단 입사시험을 준비하였으나 번번이 낙방하였다. 우리나라에서는 A씨와 같이 취업준비를 전업으로 하는 이른바 '취업준비자'들을 곳곳에서 살펴볼 수 있다. 통계청 추산에 따르면, 우리나라의 취업준비자 수는 2016년 12월 기준 65만 8천명으로, 이는 전년 동월대비 3만명 증가한 것으로 나타났다.

(1) A씨와 같은 취업준비자는 원칙적으로 경제활동인구 혹은 비경제활동인구 중 어느 범주로 분류되는지를 쓰고, 그 이유를 간략히 설명하시오.
(2) '취업준비자'는 실업의 유형 중 잠재실업으로 분류된다. 만약 잠재실업자들을 모두 취업시키도록 경기부양대책을 쓸 경우 나타날 수 있는 문제점을 설명하시오.

(1) A씨와 같은 취업준비자는 원칙적으로 경제활동인구 혹은 비경제활동인구 중 어느 범주로 분류되는지를 쓰고, 그 이유를 간략히 설명하시오.

'취업준비자'는 원칙적으로 비경제활동인구로 분류된다. 그 이유는 취업의 의사가 있더라도 취업준비만 하고 구체적인 구직활동을 하지 않는 경우 비경제활동인구로 분류되기 때문이다.

(2) '취업준비자'는 실업의 유형 중 잠재실업으로 분류된다. 만약 잠재실업자들을 모두 취업시키도록 경기부양대책을 쓸 경우 나타날 수 있는 문제점을 설명하시오.

잠재실업자들을 모두 취업시키기 위해서는 상당한 인플레이션의 위험이 따른다. 이와 관련하여 기틀로우(Gitlow)도 미국의 경우를 예로 들면서, 잠재실업자의 구제를 목적으로 경기부양의 팽창정책을 쓸 경우 과도한 인플레이션이 초래될 것이라 주장하였다. 기틀로우에 따르면, 잠재실업자들은 두 개의 집단으로 구성된다. 하나는 미숙련·미경험 근로자 내지 기업의 입장에서 기피 대상이 되는 근로자들이며, 다른 하나는 가정주부, 학생, 은퇴자 등 요구임금률이 상대적으로 높은 집단이다. 기틀로우는 이와 같은 조건하에서 전자의 집단(미숙련·미경험 근로자 등)의 경우 경기부양보다는 교육훈련 등의 방법을 효과적인 대처방법으로 보았으며, 후자의 집단(가정주부, 학생, 은퇴자 등)의 경우 그들을 모두 취업시키기 위해 지나치게 적극적인 고용대책 내지 경기부양대책을 쓸 경우 결과적으로 인플레이션을 초래할 것이라 주장하였다.

이렇게 외우세요

(1) 취업준비자의 범주 분류

취업의 의사가 있더라도 취업준비만 하고 구체적인 구직활동이 없으므로 비경제활동인구로 분류된다.

(2) 잠재실업자들을 모두 취업시키도록 경기부양대책을 쓸 경우 나타날 수 있는 문제점

잠재실업자의 구제를 목적으로 경기부양의 팽창정책을 쓸 경우 과도한 인플레이션이 초래될 수 있다.

017

탤런트 A양은 대기업 회장의 외아들 B씨와 결혼을 하게 된다. 결혼이 A양의 경제활동참가에 어떠한 영향을 미치는지 여가와 소득의 모형을 이용하여 설명하시오(단, 여가는 정상재이다).

5점

(2010년 1회 8번, 2010년 2회 13번)

① 탤런트 A양은 고소득자로 예상할 수 있는 대기업 회장의 외아들 B씨와 결혼을 하게 된다. 이때 탤런트 A양이 결혼 후 남편인 B씨의 소득과 관계없이 보다 더 적극적으로 경제활동에 참여함으로써 근로소득을 증가시킬 수도 있겠으나, 고소득자인 남편의 영향으로 인해 경제활동에 소극적인 채 자신의 근로와 관계없이 발생하는 비노동소득(비근로소득)에 영향을 받을 확률이 높다.

② 이는 여가-소득의 선택모형에서 남편의 임금률에 따른 기혼여성의 경제활동참가율의 문제와도 밀접하게 연관된다. 즉, 고소득자인 남성과의 결혼을 남편의 임금률 상승과 유사한 것으로 간주할 수 있는 것이다.

③ 소득의 증가에 따른 노동시간의 효과는 대체효과와 소득효과로 설명할 수 있다. 여기서 대체효과는 임금이 상승하게 되는 경우 여가에 활용하는 시간이 상대적으로 비싸지게 됨으로써 노동자가 여가시간을 줄이는 동시에 노동시간을 늘리는 것이다. 반면, 소득효과는 임금 상승에 따라 소득이 증가하여 노동자가 노동시간을 줄이는 동시에 여가시간과 소비재 구입을 늘리는 것이다.

④ 일반적으로 노동자는 임금이 인상되는 경우 대체효과에 의해 노동시간을 늘림으로써 노동공급을 증가시키지만, 임금 상승이 매우 높은 수준을 보이는 경우 소득효과에 의해 노동시간을 줄임으로써 노동공급을 감소시키기도 한다. 특히 여가와 소비재 구입에는 현금 소비는 물론 시간 소비 또한 요구되므로, 소비가 늘어나는 만큼 경제활동참가율이 감소하게 된다.

⑤ 또한 비노동소득이 증가할수록 개인의 보상요구임금 수준이 높아지게 되며, 보상요구임금 수준이 높아질수록 경제활동참가율은 감소하게 된다. 즉, 탤런트 A양은 대기업 회장의 외아들 B씨와의 결혼으로 인해 비노동소득이 증가하게 됨으로써, 자신의 출연료나 광고료 수입 등에 있어서 보다 높은 희망임금을 기대하게 되어 자신의 보상요구임금 수준을 높이게 된다. 그로 인해 탤런트 A양은 경제활동참가에 있어서 소극적인 양상을 보일 수 있는 것이다.

이렇게 외우세요

① '대체효과'는 임금 상승에 따라 근로자가 여가시간을 줄이는 동시에 노동시간을 늘리는 것이다.
② '소득효과'는 임금 상승에 따라 근로자가 노동시간을 줄이는 동시에 여가시간을 늘리는 것이다.
③ 일반적으로 임금 상승시 대체효과가 우세하지만, 임금 상승폭이 큰 경우 소득효과가 우세해진다.
④ 탤런트 A양의 고소득자와의 결혼에 의한 비노동소득의 증가는 소득효과만 발생시키므로 경제활동참가에의 소극적인 태도를 유발할 수 있다.

018

다음은 A기업에서의 노동공급, 시간당 임금수준 및 노동의 한계수입생산을 가치로 나타낸 것이다. 다음의 물음에 답하시오. [6점]

노동공급(단위)	시간당 임금(원)	한계수입생산(원)
3	4,000	20,000
4	5,000	18,000
5	6,000	17,000
6	7,000	15,000
7	8,000	14,000
8	9,000	12,000
9	10,000	11,000

(1) A기업이 노동공급을 5단위에서 6단위로 증가시킬 때 한계노동비용을 구하시오(단, 계산 과정을 제시하시오).

(2) 이윤극대화가 이루어지는 노동공급과 시간당 임금을 구하시오(단, 계산 과정을 제시하시오).

(1) A기업이 노동공급을 5단위에서 6단위로 증가시킬 때 한계노동비용을 구하시오.

한계노동비용(MC_L ; Marginal Cost of Labour)은 노동을 한 단위 추가할 때 드는 총 노동비용의 변화분(증가분)을 나타내는 것으로 단위노동당 임금과 같다. 이러한 한계노동비용(MC_L)을 공식으로 나타내면 다음과 같다.

$$MC_L = \frac{(\triangle C)}{(\triangle L)}$$
단, $\triangle C$는 총 노동비용의 증가분, $\triangle L$는 노동투입량의 증가분

$$MC_L = \frac{(\triangle C)}{(\triangle L)} = \frac{(6 \times 7,000) - (5 \times 6,000)}{6 - 5}$$

$$= \frac{42,000 - 30,000}{1} = 12,000(원)$$

∴ 12,000원

(2) 이윤극대화가 이루어지는 노동공급과 시간당 임금을 구하시오.

노동의 한계수입생산 또는 노동의 한계수입생산물(MRP_L ; Marginal Revenue Product of Labor)은 기업이 부가적 생산물을 판매하여 얻는 총수입의 변화, 즉 생산요소 한 단위를 더 투입함으로써 발생하는 한계수입의 변화분을 말한다. 요컨대, 기업의 이윤극대화의 이해타산은 다음과 같이 나타낼 수 있다.

- $MRPL > MCL$일 때 노동을 한 단위 추가로 고용하면 이윤 증가
- $MRPL < MCL$일 때 노동을 한 단위 추가로 고용하면 이윤 감소
- $MRPL = MCL$일 때 이윤극대화

이와 같이 노동의 한계수입생산(MRP_L)이 한계노동비용(MC_L)과 같은 지점에서 이윤극대화가 이루어지므로, 노동공급 단위당 한계노동비용을 구함으로써 이윤극대화 노동공급을 알 수 있다.

노동공급	시간당 임금		한계노동비용	한계수입생산
3	4,000		–	20,000
4	5,000	$\dfrac{(4 \times 5,000) - (3 \times 4,000)}{4 - 3}$	8,000	18,000
5	6,000	$\dfrac{(5 \times 6,000) - (4 \times 5,000)}{5 - 4}$	10,000	17,000
6	7,000	$\dfrac{(6 \times 7,000) - (5 \times 6,000)}{6 - 5}$	12,000	15,000
7	**8,000**	$\dfrac{(7 \times 8,000) - (6 \times 7,000)}{7 - 6}$	**14,000**	**14,000**
8	9,000	$\dfrac{(8 \times 9,000) - (7 \times 8,000)}{8 - 7}$	16,000	12,000
9	10,000	$\dfrac{(9 \times 10,000) - (8 \times 9,000)}{9 - 8}$	18,000	11,000

위의 도표에서 한계노동비용(MC_L)과 한계수입생산(MRP_L)이 일치하는 지점은 노동공급이 7단위, 시간당 임금이 8,000원일 때이다.

∴ 이윤극대화가 이루어지는 지점은 노동공급 7단위, 시간당 임금 8,000원이다.

이렇게 외우세요

- **한계노동비용(MC_L)의 공식**

  한계노동비용(MC_L) = $\dfrac{\text{총 노동비용의 증가분}(\triangle C)}{\text{노동투입량의 증가분}(\triangle L)}$

- **기업의 이윤극대화 조건**

  노동의 한계수입생산(MRP_L) = 한계노동비용(MC_L)

019

다음 보기의 사례를 읽고 물음에 답하시오. <small>7점</small>

> A기업은 시간당 임금이 4,000원일 때 20,000시간의 노동을 사용했고, 시간당 임금이 5,000원일 때 10,000시간의 노동을 사용했다. 반면, B기업은 시간당 임금이 6,000원일 때 30,000시간의 노동을 사용했고, 시간당 임금이 5,000원일 때 33,000시간의 노동을 사용했다.

(1) A기업과 B기업의 노동수요의 임금탄력성을 각각 구하시오(단, 소수점 발생 시 반올림하여 소수 둘째 자리로 표현하시오).
(2) A기업의 노동조합과 B기업의 노동조합 중 임금교섭력이 높은 노동조합을 쓰시오.
(3) (2)의 노동조합에서 보다 성공적인 임금협상이 이루어질 수 있는 이유를 설명하시오.

(2021년 3회 18번, 2018년 3회 15번)

(1) A기업과 B기업의 노동수요의 임금탄력성을 각각 구하시오(단, 소수점 발생 시 반올림하여 소수 둘째 자리로 표현하시오).

노동수요의 (임금)탄력성을 산출하기 위한 공식은 다음과 같다.

$$\text{노동수요의 (임금)탄력성} = \frac{\text{노동수요량의 변화율(\%)}}{\text{임금의 변화율(\%)}}$$

① A기업의 노동수요의 임금탄력성

[계산식 1]

- 노동수요량의 변화율 $= \dfrac{10,000 - 20,000}{20,000} \times 100 = -50(\%)$

- 임금의 변화율(%) $= \dfrac{5,000 - 4,000}{4,000} \times 100 = 25(\%)$

- 노동수요의 임금탄력성 $= \left| \dfrac{-50(\%)}{25(\%)} \right| = 2.0$

∴ 2.0(단, 절댓값 적용)

[계산식 2]

$$\left| \frac{\dfrac{10,000 - 20,000}{20,000} \times 100}{\dfrac{5,000 - 4,000}{4,000} \times 100} \right| = \left| \dfrac{\dfrac{-10}{20}}{\dfrac{1}{4}} \right| = \left| \dfrac{-40}{20} \right| = 2.0$$

∴ 2.0(단, 절댓값 적용)

② B기업의 노동수요의 임금탄력성

[계산식 1]

- 노동수요량의 변화율 $= \dfrac{33,000 - 30,000}{30,000} \times 100 = 10(\%)$

- 임금의 변화율(%)$= \dfrac{5,000 - 6,000}{6,000} \times 100 ≒ -16.67(\%)$

- 노동수요의 임금탄력성 $= \left| \dfrac{10(\%)}{-16.67(\%)} \right| ≒ 0.60$

∴ 0.60(단, 절댓값 적용)

[계산식 2]

$$\left| \dfrac{\dfrac{33,000 - 30,000}{30,000} \times 100}{\dfrac{5,000 - 6,000}{4,000} \times 100} \right| = \left| \dfrac{\dfrac{3}{30}}{\dfrac{-1}{6}} \right| = \left| \dfrac{18}{-30} \right| = 0.60$$

∴ 0.60(단, 절댓값 적용)

(2) A기업의 노동조합과 B기업의 노동조합 중 임금교섭력이 높은 노동조합을 쓰시오.

B기업의 노동조합

(3) (2)의 노동조합에서 보다 성공적인 임금협상이 이루어질 수 있는 이유를 설명하시오.

탄력적인 노동수요곡선을 가진 노동조합(→ A기업의 노동조합)은 어떤 수준의 임금인상률의 경우에도 상대적으로 더 큰 고용손실률에 직면해야 할 것이며, 이는 더 큰 임금인상을 추구하는 노동조합에게 불리하게 작용하게 된다. 따라서 상대적으로 덜 탄력적인 노동수요곡선을 가진 노동조합(→ B기업의 노동조합)이 그 조합원들의 임금을 인상시키는 데 유리하며, 그에 따라 임금협상을 성공적으로 이끌 수 있다.

이렇게 외우세요

(1) 노동수요의 (임금)탄력성

노동수요의 (임금)탄력성 $= \dfrac{\text{노동수요량의 변화율(\%)}}{\text{임금의 변화율(\%)}}$

(2) · (3) 노동조합의 임금교섭력과 임금협상의 양상

노동수요의 임금탄력성이 낮은 기업의 노동조합이 상대적으로 임금교섭력이 높으며, 임금인상 대비 낮은 고용손실로 임금협상을 성공적으로 이끌 수 있다.

다음 아래의 주어진 표를 보고 물음에 답하시오.

구 분	시간당 임금				
	5,000원	6,000원	7,000원	8,000원	9,000원
A기업 노동수요량	22	21	20	19	18
B기업 노동수요량	24	22	20	18	17

(1) 시간당 임금이 7,000원에서 8,000원으로 인상될 때 각 기업의 임금탄력성을 구하시오(단, 계산 과정을 함께 제시하시오).

(2) A, B 각 기업의 노동조합이 임금인상 협상을 시도할 때 임금인상을 타결할 가능성이 높은 기업은 어디인가?

(3) 그 이유는 무엇인지 설명하시오.

020 아래의 주어진 표를 보고 물음에 답하시오. `5점`

[단위 : 천명]

구 분	15~19세	20~24세	25~29세	30~50세
생산가능인구	3,285	2,651	3,846	22,983
경제활동인구	203	1,305	2,797	17,356
취업자	178	1,181	2,598	16,859
실업자	25	124	199	497
비경제활동인구	3,082	1,346	1,049	5,627

(1) 30~50세 고용률(%)을 계산하시오(단, 소수점 둘째자리에서 반올림하시오).

(2) 30~50세 고용률을 29세 이하의 고용률과 비교하여 분석하시오.

(2022년 2회 17번, 2019년 2회 17번, 2017년 1회 15번, 2011년 2회 9번)

---

(1) 30~50세 고용률(%)을 계산하시오(단, 소수점 둘째자리에서 반올림하시오).

고용률을 산출하기 위한 공식은 다음과 같다.

$$\text{고용률(\%)} = \frac{\text{취업자 수}}{\text{15세 이상 인구 수(생산가능인구 수)}} \times 100$$

$\therefore$ 30~50세 고용률(%) $= \dfrac{16,859(\text{천명})}{22,983(\text{천명})} \times 100 \fallingdotseq 73.4\%$

(2) 30~50세 고용률을 29세 이하의 고용률과 비교하여 분석하시오.

고용률은 근로기준법상 최저 근로연령에 해당하는 만 15세 이상 생산가능인구 중 취업자가 차지하는 비율을 말한다. 한 국가의 노동력 활용 정도를 나타내는 대표적인 고용지표로서, 실업률이나 경제활동참가율에 비해 경기변동의 영향을 적게 받으므로 사회지표로 널리 활용되고 있다.

위의 보기에서 30~50세의 고용률은 약 73.4%로서 아래의 결과와 비교하여 25~29세 고용률에 비해 5.8%, 20~24세에 비해 28.9%, 15~19세에 비해 68.0% 높게 나타나고 있다. 따라서 30~50세가 다른 연령대에 비해 상대적으로 고용창출 능력이 높으며, 가장 활발한 경제활동을 수행하고 있는 것으로 볼 수 있다.

• 25~29세 고용률(%) $= \dfrac{2,598(\text{천명})}{3,846(\text{천명})} \times 100 \fallingdotseq 67.6\%$

• 20~24세 고용률(%) $= \dfrac{1,181(\text{천명})}{2,651(\text{천명})} \times 100 \fallingdotseq 44.5\%$

• 15~19세 고용률(%) $= \dfrac{178(\text{천명})}{3,285(\text{천명})} \times 100 \fallingdotseq 5.4\%$

좋은 책을 만드는 길, 독자님과 함께하겠습니다.

과락을 피하는 법 직업상담사 2급 직업상담실무(2차 실기)

개정9판1쇄 발행	2025년 03월 05일 (인쇄 2025년 01월 24일)
초 판 발 행	2015년 10월 06일 (인쇄 2015년 10월 06일)
발 행 인	박영일
책 임 편 집	이해욱
편 저	직업상담연구소 · 이용석
편 집 진 행	노윤재 · 한주승
표지디자인	조혜령
편집디자인	채현주 · 김혜지
발 행 처	(주)시대고시기획
출 판 등 록	제10-1521호
주 소	서울시 마포구 큰우물로 75 [도화동 538 성지 B/D] 9F
전 화	1600-3600
팩 스	02-701-8823
홈 페 이 지	www.sdedu.co.kr
I S B N	979-11-383-8647-0 (13320)
정 가	20,000원

직업상담사 2급
단계별 합격 로드맵

P.S. 전략적으로 단계별 교재를 선택하기 위한 팁!

동영상 강의 교재

1차 필기·2차 실기
동시대비기본서

기출문제 정복으로 실력다지기

꼼꼼하게 실전마무리

한권으로 끝내기와 함께하면
효율성 up

1단계

2단계

3단계

4단계

한권으로 끝내기

시험에 출제되는 핵심이론부터
최근 기출문제, 필기부터 실기까지
한 권에 담았습니다.

1차 필기 기출문제 CBT 문제은행

전문가의 알찬 해설로 한마디로
개념정리부터 공부 방향까지
한 번에 잡을 수 있으며 '빨·간·키'를
통해 출제경향을 파악할 수 있습니다.

1차 필기 최종모의고사

최신 내용이 반영된
최종모의고사 10회분을 통해
합격에 가까이 다가갈 수 있습니다.

핵심기출 문제은행

기출문제를 심층분석해
만든 합격비밀!
출제유형에 맞춰 반복출제되는
문제만 모아
'70점으로 합격하기 프로젝트'가
시작됩니다.

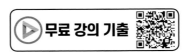
직업상담실무 기본이론 탄탄

수험생들이 가장 어려워하는 2차 실무.
기출문제로 정복

완벽하게 실전 마무리

5단계

6단계

과락잡기

2차 실기 직업상담실무
이론서

기출문제를 분석하여 수록한
꼭 알아야 할 핵심이론과 기출복원문제로
효율적인 학습을 할 수 있습니다.

2차 실기 직업상담실무
기출문제해설

전문가의 연구와 노하우가 담긴 모범답안과
구체적인 해설로 합격을 보장합니다.

과락을 피하는 법
2차 실기

25개년의 기출복원문제를
완벽해부했습니다.

※ 본 도서의 세부구성 및 이미지는 변동될 수 있습니다.